JN044527

沖縄担当2000日の記録

── 平成の沖縄振興 ──

佐藤　裁也

序文　小和田　恆・古川貞二郎
解題　五百旗頭真

信 山 社

序文
沖縄復帰 50 周年に寄せて

I

　太平洋戦争終結の結果締結されたサンフランシスコ平和条約によって米国の施政下に置かれた沖縄が日本に復帰したのは 1972（昭和 47）年 5 月 15 日のことでありました。この時，沖縄は我が国の他の 46 都道府県と同様に「沖縄県」として本土と一体化される日を迎えたのでした。私自身，この佳き日に日米両国による返還記念式典に日本政府を代表して参加された福田赳夫外務大臣に随行して，那覇市の返還式場にあった時のことをありありと思い起こします。

　あれから半世紀の時が流れました。戦争によって失われた領土が交渉によって返還されるのは近代の国際関係史の中でも例がないことだといわれます。そして，この 50 年を振り返って私が強く感ずるのは，契機となった以下の諸点が果たした決定的な重要性です。

① 　返還実現というほとんど不可能だと思われた状況を克服して返還を実現した佐藤栄作総理大臣以下関係者の精根を使い果たすまでの使命感

② 　復帰直後の復帰第一期にあって「本土との一体化」という目標の達成に向けて精力を傾けた関係者の努力

③ 　そして復帰第二期に当たる 1990 年代半ばに「本土並みの沖縄の実現」という目標に向かって沖縄県民とともに考え，その実現に力を尽くした橋本龍太郎，小渕恵三両総理大臣のリーダーシップ

　この半世紀にわたる沖縄の人たちの本土復帰と本土との一体化にかける強い思いと，この思いをともにして一心同体になって働いた方々の献身的努力なしには，沖縄の今日はなかったであろうという感慨を深くするのです。

序文　沖縄復帰 50 周年に寄せて〔小和田 恆〕

　佐藤裁也さんが書き下ろした本書『沖縄担当 2000 日の記録——平成の沖縄振興——』は，まさにこの沖縄復帰第二期に当たる 1990 年代にあって未来の沖縄の発展を視野に置く計画の策定に尽力した橋本・小渕両内閣時代の行動の尖兵となって活躍された筆者の記録と知見です。そこから見えてくるのは，このふたりの総理のリーダーシップを駆り立てた思い，その下でその実現のために献身的な努力を尽くした梶山静六・野中廣務両官房長官，さらにそれを組織の柱となって推進した古川貞二郎官房副長官（事務）を中核とする特別チームの願い　という関係者の方々を貫く強烈な問題意識の存在に他なりません。この特別チームの中核にあって活躍された佐藤さんが当時から記録されていた 2000 日にわたる「奮戦記」にそのことが克明に読み取れることに私は深く心を打たれました。この記録は，橋本・小渕時代の当事者の想いを知る貴重な証言録であるだけではなく，いま復帰 50 周年を契機として目指すべき「復帰第三期」の目標としての沖縄の自立発展を土台とした「明るい沖縄の未来像」をどう描いて行くべきかについて考える貴重な示唆となる指針を与えるものだと私は信じております。この記録の公刊を私が佐藤さんに強く勧めたのも，本書が心ある方々に広く読まれ，「沖縄の発展のためにこれからやらなければならないことは何か」を考える上で，本土に住む人たちと沖縄に住む人たちが一緒になって問題を単に「沖縄の問題」としてではなく「日本の問題」として取り組む仕組みが生まれることを強く願うからにほかなりません。復帰 50 周年に当たって我々が思いを新たにして考えなければならないのは，これからの半世紀を見据えて，沖縄の自力発展の基盤を整備して，「明るい沖縄の未来」を築くための長期的展望を開くことではないでしょうか。

Ⅱ

　沖縄は，琉球王国の時代から本土のどの地域とも比較できないような苦悩と受難の歴史を経験してきました。中でも，沖縄が太平洋戦争の末期には日本の国土の中で唯一の戦場となり，本土防衛のための最後の砦となって多くのその県民の人命を捧げたことは，日本国民だれもが忘れてはなら

ない厳粛な事実だと私は考えております。さらに，その後サンフランシスコ平和条約によって日本から切り離され 27 年にわたって米国の施政下に置かれることになったことも，我々の記憶から決して消え去らない事実です。

　そういう沖縄の苦難の歴史を考える時，我々が阪神・淡路大震災や東日本大震災の被災者となった人たちに寄り添い，この人達の苦しみを自分の苦しみとして共にするのと全く同じように，否，それにもまして，日本国民全体が沖縄の人々の幸福と繁栄のために一緒になって考え，行動することが今日ほど求められていることはないのではないでしょうか。

　私は，出自が沖縄にあるわけでもなければ，沖縄の専門家でもありません。それにもかかわらず，私が沖縄に心を寄せ，沖縄の人たちの幸せを願う契機となったのは，1984（昭和 59）年に在ソ連大使館勤務を終えて帰国し，外務省条約局長の職を仰せつかった時のことでした。条約局（今日の国際法局）の仕事の重要な一部は，我が国の安全保障の基幹をなす日米安全保障条約の法制面を担当する部局としてその円滑な目的達成を確保することです。私がこのポストに就いてまず行ったのは，当時北米局安全保障課長に任命されたばかりの岡本行夫さんと一緒に沖縄を訪れることでした。足掛け 1 週間に互って，私たちは在沖米軍基地の状況を自分の目で視察しました。そして，沖縄の抱える問題について沖縄の有識者の皆さんと懇談することにも多くの時間をかけました。それは，国の安全保障を日米安全保障協力体制の下で確保することを政策の基本とする我が国の立場に立ちつつ同時に沖縄の明るい未来を作って行くためには，何が求められるのかという課題を考えるための訪問だったと申すことができると思います。それ以来私と岡本行夫さんとは，志をともにする「戦友（Comrade-in-Arms）」として沖縄を語りあう日が続きました。そういう関係にあった岡本さんがコロナ禍の犠牲となって倒れたことは，私にとって大きなショックでした。本書の著者佐藤裁也さんとお知り合いになったのもそういう過程の中でのことでした。

　私の沖縄との縁はそういう背景から生まれたものです。それは，その後の沖縄との行き来を通じて多くの沖縄の方々の中にも一緒に語り合う知己

を得ることに発展しました。名桜大学名誉学長の職にある瀬名波栄喜さん，沖縄県知事を務められた大田昌秀さんと稲嶺惠一さん，名護市長だった岸本建男さんなどは，その中でも特に親しくさせていただいた方々です。そして，時には激論を交わしながらも多くのことを学んだ思い出に残る方々です。またこの沖縄訪問の中で生まれたのが「沖縄大使」のポストでした。懇談会の場で，中央政府に対して沖縄の有識者の皆さんの考え方，要望を伝えるチャンネルがない，一緒に語り合う場が必要だという皆さんの強い要望を受けて，我々が東京に持ち帰って生まれたのがこの構想でした。初代の原島秀毅さん，その後を継いだ野村一成さんなどの尽力によって，沖縄大使のポストは，その後の沖縄振興についての考えを推進してゆく上で大きい役割を果たしたと思います。

III

　太平洋戦争終結後，中国での共産政権樹立，北朝鮮による韓国侵攻，ヴィエトナム戦争の勃発と続いた東アジアの緊迫した安全保障環境の中で，米国の施政下にあった沖縄は在日米軍基地の中核的役割を担う状況下におかれました。日本復帰後の沖縄の人たちにとって，沖縄に置かれた基地の整理統合にどう向き合うのかという問題は，最大の関心事の一つであったことは当然ともいえるかもしれません。復帰後半世紀の沖縄問題をめぐる歴史は，そのことを如実に物語っております。

　この状況は今日も続いているということができます。習近平体制の下で覇権的姿勢を衣の下からちらつかせる中国，核開発の野心を隠そうとしない北朝鮮の動向に緊張の度を高める朝鮮半島，さらに帝政ロシアの栄光の復活を夢見るプーチン下のロシアなど，我が国をとりまく安全保障環境は，今日一層厳しい様相を呈していると言わざるを得ません。そして，そのように変化した国際環境の中で，我が国の防衛・安全保障をどう確保するのかという問題は，いまや我が国全体の存立にかかわる実存的な問題として我々の前に出現しているのです。このような状況において，専守防衛を基幹とする我が国の安全保障政策の戦略にとって，予測される脅威の蓋

然性に即応できる防衛体制を日本の国土全域にわたって維持・強化することが不可避だということができます。沖縄に存在する日米の防衛体制の整備統合の問題も，令和 4 年末に策定が予定されている新防衛計画の中でこのような日本全体の安全を如何に保障するのかという見地に立った基地整備の一環として検討されることが重要になってくるものと思われます。

　そのように考えてくると，「明るい沖縄の未来」の基礎を築くにあたっては，自力で発展する活力を備えた繁栄する沖縄と今日求められる我が国の安全保障上の要請に応える沖縄とを如何に共生させていくのかということが，次の半世紀を見据えた復帰第三期の最大の課題だということになるでありましょう。

　何よりも，沖縄が政治的，経済的，文化的いずれの面から見ても，我が国の東南アジアへの架橋という地位に置かれているという地政学的特質に着目した振興策を策定することが重要だと私は思います。その具体案としてあえて私見ながら一，二の喫緊の重点分野を挙げるとすれば，①IT その他先端科学技術産業をサポートするレベルの人材育成（エストニア，我が国では東北地方の例），②離島の多い沖縄及び東南アジアにおける医療・介護施設強化の態勢（コロナ禍蔓延に見られた問題の克服），③観光資源に恵まれた沖縄を我が国の観光誘致政策の拠点の一つと位置付ける環境の整備（スイス，オランダの例），④多様な文化圏の合流点として生まれた沖縄の多様性に着目したアジア太平洋地域の芸術文化交流の中核となる国際拠点の創設（ハワイ東西センターの例）などが重要だと考えます。

　これらの具体的内容がどうあるにせよ，今最も重要なことは，沖縄の特性を生かした総合的発展計画を立案する場を設けて議論することではないかと私は考えております。これらの問題に応え得る公正かつ適切な青写真を描くためには，中央・地方一体となった「オール・ジャパン」レベルでの知恵を結集する強力な組織の存在が不可欠であると考えるからです。このような組織を創設してその提言を具体的な成果に結び付けることに成功した橋本・小渕時代の経験は，この点で極めて示唆に富むように思われます。本書の出版が契機となって，復帰 50 周年を機に新たな方向付けを策定する中央・沖縄の知恵を結集するこのようなグループが再編成され，そ

こから本書の著者が心血を注いだ橋本・小渕時代の成果をさらに上回るような成果が生まれることを心から期待いたします。

　2022(令和4)年7月

　　　　　　　　　　　　　　元外務事務次官　　小和田　恆

沖縄担当 2000 日を活写した貴重な記録
——本書を読んで沖縄の未来を考えよう——

　昨年の暮，内閣官房で沖縄問題に取り組んだ仲間の佐藤裁也さんから大版の 200 頁に及ぶ資料集が届きました。開いてみると，沖縄の振興策など貴重な記録がびっしり詰まっていました。

　思わず引き込まれて目で追ううちに，わかったことがあります。当時，総理・官房長官に直結するラインとして事務次官会議を司り，沖縄問題に限らず国政全般にわたって様々な対応に追われていた行政出身の副長官の立場からはなかなか見えにくかった沖縄振興等の個々の逐次の動きが本書には活き活きと綴られていて，しかもそうした動きを通じて沖縄問題の核心に迫る大変得がたい資料集だということでした。

　私は早速佐藤さんに電話でお礼を言い，「これは沖縄の将来のためにも一冊の本にして後世に役立つようにした方がいいのでは」と申しました。佐藤さんのお返事は，「今のところそこまでは考えていない」というものでした。たぶん，佐藤さんの気持ちとしては，たとえそういう思いがあったとしても，実現はなかなか無理ではないかと考えていたのだと思います。

　その後，年が改まってしばらくして，ハーグの国際司法裁判所の所長などをなさった旧知の小和田恆さんからたまたまお電話があって，沖縄問題について私から話を聞きたいとのことで，2 月の半ばにお会いすることになりました。

　小和田さんとは 1970 年代，私が福田赳夫内閣の国会担当参事官の頃，総理秘書官を務めておられて一緒に仕事をしたことがあり，長年ご厚誼をいただいてきました。ちょうどそのとき佐藤さんの資料集のことが念頭にあった私は，とても良い参考になるのではと考え，佐藤さんの了解を得て小和田さんにも読んでいただくことにしました。

　案の定，小和田さんは大変興味を示され，すぐ佐藤さんに直接お電話なさってぜひ出版するように奨められ，出版についてもいろいろご助力下さ

いました。こうして本書は，世に出ることになったものです。

　私事を申し上げますと私は平成 7（1995）年 2 月，阪神・淡路大震災の一月ばかり後，村山内閣の半ばに行政出身の官房副長官を仰せつかり，以後，橋本・小渕・森・そして平成 15（2003）年 9 月，小泉内閣の半ばまで 8年 7 か月にわたり務めさせていただきました。沖縄問題に深くかかわるようになったのは，就任した年の 9 月 4 日，沖縄において米兵による痛ましい少女暴行事件が発生，溜りに溜っていた県民の不満が爆発，沖縄米軍基地問題が大きく燃え上がったときからでした。

　沖縄問題に対応するため地元有力者の話を聞きますと，沖縄サイドの大きな不満の一つは，政府内にはいろいろ沖縄関係の役所がある中で，沖縄問題を全体としてしっかり受けとめる部署がないということでした。

　そこで村山総理と大田知事の初めての会談の際，村山総理から知事も参加した関係閣僚との話し合いの場を設けることを提案しました。こうしてできたのが官房長官が主宰し，外務・沖縄開発・防衛の各閣僚と知事をメンバーとする沖縄米軍基地問題協議会でした。その下に副長官を長とし，副知事も参加する幹事会を設けました。

　更に次の橋本内閣では，沖縄振興など幅広く協議するため，直接関係のない北海道開発庁長官を除く全閣僚と沖縄県知事をメンバーとする沖縄政策協議会を設置し，その下に具体的な実務をこなすため防衛施設庁長官はじめ関係局長と副知事などをメンバーとし副長官を長とする幹事会を設けました。

　こうしたやり方は，多分初めてのことだったと思いますが，不信感を避け，実情を率直に話し合い，迅速に方向を決めていくことで沖縄問題の進展に大きく寄与したものと考えます。

　特に意識したのは，単に目先ではなく沖縄が未来に向かって大きく発展していくことを主眼にしたことと，また押しつけではなく，実情に即し沖縄サイドの主体的，自立的な考えと行動をできるかぎり尊重しようというものでした。これは基本理念と申し上げてよいと思います。

　沖縄の特性を考慮し自立的な発展に資するため，空港・高速道路などの

インフラ整備，人材育成，情報通信，観光，ものづくり，それに伝統文化の育成など広汎にわたっていました。組踊り（くみおどり）など伝統文化の継承の場となる「国立劇場おきなわ」や人材育成の場となる国立高専の新設はとりわけ嬉しいことでした。

　梶山官房長官の肝煎りで設けられた沖縄県米軍基地関係市町村懇談会（いわゆる「島田懇」）など大きな成果を上げたと考えます。岡本行夫さんの活躍ぶりなど忘れることはできませんが，新型コロナで亡くなられたことは残念でなりません。

　ほかにも沢山，政府関係者と地元の方々が一緒になった協議の場ができました。これらを通じて地域のニーズを吸い上げ，企画立案し，実施に移していくやり方で，関係者の皆さんが一生懸命取り組んで下さいました。

　そこには，人々の熱情と私心を捨てた高い志，そして限りない努力がありました。

　佐藤さんも，そうした中の一人です。平成 8（1996）年 10 月に沖縄問題担当室に入り，沖縄郵政管理事務所をはさんで，平成 16（2004）年 7 月に沖縄担当政策統括室を辞めるまで，数々後世に遺る仕事をされました。本書には，困難を克服して取り組んだ実績が活き活きと語られています。

　私は，沖縄問題は格差の問題であることを痛感しています。本土と沖縄の格差はもとより，沖縄本島の中にも中南部と北部の格差，本島と島嶼間の格差などなど。これまで大きな努力が払われ，逐次改善はされてきたものの，今日沖縄県の一人当り所得は全国平均の 7 割にとどまり，非正規雇用率は一位，子どもの貧困率は全国との比較で約 2 倍です。地域特性とも深くかかわりますが，格差をなくすためにもこれからやらなければならないことはいっぱいあります。本書がそのための一助になることは間違いないと思いますし，一助にしなければならないと考えています。

　沖縄に関係する人，また，関心をもつ多くの人々が本書を手にとり，沖縄の未来を真剣に考えて下さることを切にのぞみます。

　2022（令和 4）年 7 月

元内閣官房副長官　　古川 貞二郎

目　次

沖縄担当 2000 日の記録

ブリーフケースと4冊の紙ファイル

「岡本行夫」からの伝言

沖縄復帰50周年

本書の内容は，公刊されている文献に加え，私の日記を参考にした。日記は，沖縄の仕事をして以来，畏敬する先輩上司と義母から，つけておくことを強く勧められた。

今年（2022年）5月15日は，沖縄復帰50周年である。現在の緊迫する世界情勢を考えると，これからの沖縄を巡る状況を静思し，沖縄のさらなる発展を考えることは，沖縄にとって，日本全体にとって，最重要な課題の一つである。私は，平成中期，沖縄復帰25周年・30周年の当時，沖縄を担当していた2000日（2098日）を中心に日記を読み返した。

平成の沖縄振興とは何か

平成7（1995）年から平成16（2004）年の間は，沖縄振興の歴史のなかで，復帰前後と並ぶ大きな方向性が示された時代だ。将来的な波及性の高い，目に見える成果が次々に上がった時代だった。

この時期の振興策は，橋本総理，梶山官房長官はじめ，歴代の総理，内閣官房長官，そして内閣官房副長官のラインと総理補佐官，官邸の会議群という特別な仕組みの中で行われた。沖縄県の自主性を尊重しつつ，私が席を置いた内閣官房内閣内政審議官沖縄問題担当室（後に内閣府沖縄政策統括官室）が文字通り政府内の司令塔となり，沖縄県と政府が一体となって編まれた。復帰の時代に次ぎ，沖縄振興にとってもっとも総合的で体系的な施策推進の時代となった。

我が国をリードするハードからソフトまでの事業群が世に出た。通信，空港，港湾の整備，国際経済交流，文化交流の拠点整備，産業や貿易の振興，観光施策の新たな発掘と充実，国際的な学術交流の推進といった幅広い事業群だった。ハードを大事にしつつ，観光，情報通信，ソフト分野に

シフトし，本土並みを超えて，我が国の構造転換事業の先駆けともなった。

　この第二の時代には，官邸によって，沖縄政策協議会（沖政協），島田懇談会，北部振興協議会といった沖縄県，基地所在市町村，沖縄のステークホルダーの入った意思決定のメカニズムが設けられた。沖政協では，当初50億円，小渕総理，野中長官の時に 100 億円の特別調整費が計上され，10 のプロジェクトチームの下での 34 の事業群を「水源」とした将来波及性の高い施策が生まれた。二十数回の沖政協の会合で，ほぼ毎回，5 〜 10 の調整費事業が決定された。島田懇は，沖縄の離島を含む基地所在市町村を訪ね，話を聞き，現地の課題を受け止め，選び出した全 38 事業・47 事案が施行された。平成 16 (2004) 年度の政府予算（内閣府・防衛施設庁・各省庁）では，沖縄振興予算はおよそ五千億円に及んだ。北部振興事業は，平成 9 (1997) 年末のスターターを経て，平成 12 (2000) 年から本格始動し，非公共事業（観光，農林水産，情報通信・金融関連，人材育成・雇用開発，まちづくり）では，平成 15 (2003) 年当時，78 件を数えた。公共事業ではは 72 事業を推進していた。橋本総理以来の累次の投資減税を主体とする例を見ない特区制度も，「山中税調」とのコラボのなか，沖縄の発展を加速させた。

　雇用の確保と人材の育成を旨とする，平成中期のこのダイナミズムによって，入域観光者数，IT 企業の立地数・新規雇用者数，県内総生産が急速に伸びた。さらには，那覇空港乗客数，沖縄自動車道利用台数，有効求人数，1 人当たり県民所得，就業者数，労働力人口，県総人口，北部地域の人口・雇用などに顕著な数字が現れた。今なお，沖縄の 1 人当たり県民所得は本土水準の 7 割程度といわれる。数値比較はシンプルだが，要は，当時，振興策の展開により沖縄経済社会に変化がもたらされたことが重要である。なお，残された課題が少なくない中，現在までの沖縄経済社会をけん引しているこれらの成果は，当時，内外から着目され，沖縄の自信になっていた。

　稲嶺県政の副知事だった牧野浩隆さんの著書のような，この時期の振興のサブ（サブスタンス）とロジ（ロジスティックス）を記した書き物はまれだ。概観するドキュメントになると，図書館やネットを探し回ってもなか

なか見つからない。

　本書の主な範囲，平成中期は，本格的なネット時代に入る前だった。政府も，マスコミも，ホームページをつくり，記事を載せることは一大作業だった。クロス・レファレンスとは，書物に付箋を貼って行う，地道な作業だった。現在，ネット検索をしても，平成後期以降のようには，平成中期の沖縄振興のサブはなかなか出てこない。それ以前，特に復帰の時代は，文献が，書物というハードの形で残っている。復帰時と同様，それ以上に，政府と沖縄県とが，緊張をはらみながらも，手をとりあって，沖縄振興をつくりあげた，諸々の局面が，ネット資料としても再現が難しいことを憂える。一例をあげる。本書執筆時点で，第3章でとりあげた，平成15（2003）年7月5日の「名桜スピーチ」をネット資料として手繰り寄せることはできなかった。

　令和の今，これからの沖縄と日本を考えていく上で，確かな一助となる，この時代の振興策の記録を残せないかと，常々考えていた。

届けられた4冊のファイル

令和2（2020）年4月24日，岡本行夫さんがコロナで逝去された。朝早く，ラジオを聴いていた家内に知らされたが，信じられなかった。沖縄関係の様々な方々から，電話とメールが重なった。翌月29日，岡本アソシエイツの澤藤美子さんから，青色のブリーフケースと，そのなかの4冊の紙ファイルが届いた。ブリーフケースは，岡本さんが自分で使うため外国で購入していたものだそうだ。紙ファイルは，15年ほど前，岡本さんからの依頼で編んだ，平成8（1996）年から平成16（2004）年までの振興を中心とした沖縄の公刊の資料，私が追々編んでいたレジュメなどの4分冊である。

　その1つは，内閣府企画官から総務省に戻る際，平成16（2004）年7月13日，安田充参事官（後の総務事務次官）はじめ内閣府沖縄担当部局幹部の求めで，沖縄担当部局職員に広くレクチュアしたレジュメであった。もう1つは，その年の8月25日，人事院の研修の際，研修同期に発表したレジュメであり，この2つのレジュメが本書のバックボーンになっている。

　今までも，平成中期の頃のことをまとめてみようと思わないわけではな

かった。強く勧める方々もいた。なぜか，筆をとる気にならなかった。そんな時だった。澤藤さんから，きれいに保管されていた岡本さんの4冊の紙ファイルが届いたのである。

　岡本さんに突き動かされるように，令和2（2020）年10月，コロナが最初の小康状態を迎えた頃から筆をとりはじめた。

　翌令和3（2021）年4月，安達俊雄さん（元内閣府沖縄担当政策統括官，元内閣官房沖縄問題担当室長）からは，背中を押すように，「沖縄について思うこと」というレジュメをいただいた。令和元（2019）年9月のとある勉強会でのレジュメである。これもまた，本書を通して，参考とした。

　また，平成8（1996）年来の，沖縄の「先輩」である，上原良幸元副知事からは，現在に至るまで，折々の講演資料やレジュメをいただいてきた。参考文献には，その一つを代表して記した。

　本書が記す平成中期は，私の勤務の移り変わりに合わせて，3つの時期に分けた。①平成12（2000）年の沖縄サミット前，内閣官房内閣内政審議室沖縄問題担当室勤務時代（630日），②サミットの年の沖縄勤務時代（372日），そして，③サミット後，内閣府沖縄政策統括官室時代（1096日）である。第1章，第2章は全ての時期を通して，ロジとサブを中心に俯瞰した。第3章は③の時期に到達した沖縄振興の姿をまとめた。そして，第4章は令和の今につながる世界を描き，第5章は，3つの各時期での私の奮闘の日々を時系列で綴った。

　執筆時は，ただただ，「資料」として「記録」を残すこと自体を旨としていた。その後，冒頭と後記に寄稿いただいたように，思いもかけぬ縁（えにし）のなかで，本書を出版させていただくことになった。大先達（だいせんだつ）である，小和田先生はじめ，御三方に記していただいたように，私の経験と知見に基づく本書が今とこれからに，少しでもお役に立てたらと思う。

　本書のそれぞれの章節は，歴史の積み重ねを念頭に，沖縄のこどもたちの将来に夢をはせながら書き綴った記録集，いわば私見である。

宜野湾スピーチから名桜スピーチへ

1　パンドラの箱が開いた

今，なぜ沖縄の平成中期を振り返るのか　国際情勢が厳しくなるなか，沖縄と本土との関係について，「ガラス細工」のように積み上げてきたこの時代のこと，つまり，平成中期（1995 年～ 2004 年），本土復帰 25 年，30 年前後多くの力が注がれた沖縄振興のことが忘却されようとしている。その時代，危機極まった少女暴行事件以後から，よき沖縄振興策の象徴である国立劇場おきなわの柿落し（こけらおとし）や国立沖縄工業高等専門学校の初めての入学式など，平成 16（2004）年までの出来事を土台に，鳥が大空から俯瞰する視点で筆を進めることにしたい。

　地上の人々の日々の歩みを大切に胸にきざみ，難しくてもやりぬくことで，沖縄県民の幸福と日本の未来が望めると信じ，沖縄問題と沖縄振興とは何かを考えながら，この章では，平成中期の沖縄振興のプロセスを概観する。

岡本行夫氏の 3 本の柱　平成 7（1995）年 9 月 4 日，沖縄県金武（きん）町での痛ましい少女暴行事件の後，やがて，沖縄問題担当総理大臣補佐官となる岡本行夫さんは，これからの沖縄政策について，3 本の柱を提言した。

① 　在沖米軍の存在と活動が住民生活に及ぼす影響を最小限に食い止めること。

② 　沖縄と本土の負担の不均衡を可能な限り緩和すること。

③ 　沖縄が背負う負担に特別な補償がなされること。

当時の背景としては，米軍基地負担比率は，沖縄と本土は，230 対 1 と

いう状況であった。岡本さんの盟友で，沖縄米軍基地所在市町村懇談会
（沖縄問題懇談会・沖縄懇談会・沖縄懇・島田懇談会・島田懇・島懇）の座長となっ
た，慶應大学の島田晴雄教授は，少女暴行事件により，沖縄における問題
がまとめて現実化し，「パンドラの箱」が開いてしまった状況と評した。
翌平成8（1996）年6月1日，官邸（内閣官房内閣内政審議室）には，防衛，外
務，総理府の出向者からなる「沖縄米軍基地問題担当室（担当室）」が置か
れた。

　沖縄（米軍基地）問題担当室は，当時の瀧川哲男沖縄開発事務次官の英
断で，総理府本府4階，沖縄開発庁の庁議に使われた会議室に居を構え
た。瀧川次官は，「復帰事務は，総理府事務で乗り切れたが，今回は，一
段上の内閣事務でないといけない。沖開庁は，調整官庁としての名誉ある
立場から，内閣事務を行う大部屋編成の担当室に一番よい場所を提供しよ
う。」と語っていた。現在の内閣府沖縄担当部局同様，沖縄開発事務次官
と2つの本庁局長のポストには，大蔵省（現，財務省），自治省（現，総務
省），総理府（現，内閣府）の出身者がついていた。嘉手川勇総務局長（後の
沖縄協会会長）は沖縄の出身だった。

島田懇　島田懇は，内閣官房長官の諮問機関として，平成8（1996）年
8月19日に発足した。豊平良一沖縄タイムス社長と宮里昭
也琉球新報社長，県紙2紙トップに参加してもらうため，梶山静六官房長
官と古川貞二郎官房副長官が迎えのため待機した。台風のため，3時間到
着が遅れた。その間，2人は様々なことを腹蔵なく話し合ったと，後日，
古川さんから伺った。当時も今も，個々のマスコミのトップが政府の懇談
会に参加するのは異例であり，至難なこととされている。宮里さんと豊平
さんはそれを引き受けたことになる。

　平成9（1997）年6月9日には，沖縄米軍基地所在市町村に関する懇談会
提言に関する有識者懇談会（島田懇有識者懇・有識者懇）として続く（同月17
日初会合）。メンバーには，後に知事・副知事となる，稲嶺惠一さん（副座
長），牧野浩隆さんをはじめ，県経済界，県紙2紙トップ，連合沖縄会長
など**沖縄のステークホルダーが幅広く参加**した。この懇談会は，特別調整

費同様の一括計上の特別事業費配分機能を，官房長官から実質的に委ねられ，防衛施設庁（現，防衛省地方協力局）はじめ，各省庁への予算配分は担当室が担った。

　平成 9（1997）年になり，島田懇事業の各々の調査計画が実施に向けて動き始めた。**島田懇は，東京と沖縄との人的ブリッジとなり，長く人的アセットともなった懇談会となり，平成中期の沖縄のハードとソフトを創っただけでなく，今，まさに大事な本土と沖縄との人の絆を構築した。**該当市町村には，「チーム未来」といったテクノクラート（仕事師）の集まりも生まれた。島田先生は自分の名で呼ばれ，目立つことを嫌い，沖縄懇と呼んでほしいと言っていた。担当室を主宰する及川内閣審議官から，岡本補佐官の依頼，施設庁の了解もあるということで，担当室員全員が，基地所在市町村を分担し担当するように，ということとなった。及川さんは，比嘉名護市長が望む NTT104 センターのこともあり，名護市担当として，私を指名した。1 人，3 〜 4 の市町村というので，郵政省が支援をはじめている，沖縄こどもの国のある沖縄市，そして石垣市の担当となった。さらに，恩納村，渡名喜村，北大東村も担当だったか。都市計画技官の織田村達さんは，嘉手納ロータリー再開発のある嘉手納町の主担になった。この時点で，北部の主邑である名護市，中部の中心地の沖縄市との調整交渉が私の本務の一つになった。

沖縄問題　「沖縄問題は解決できるのか」という岡本さんの当時の論考は，梶山静六官房長官の目にとまり，岡本さんが，平成 8（1996）年 11 月 12 日，行革担当の水野清先生と並び，初代の総理大臣補佐官として，沖縄問題を担当する機縁となった。論考では，復帰以降の沖縄振興の成果を評価しつつ，国全体の安全のために背負っている過重負担への見返りとして，沖縄への補償という理念を提示し，その理念に基づき，今に至るいくつかの振興策の種を提案している（「沖縄問題は解決できるのか」平成 8（1996）年 6 月・56 頁）。橋本龍太郎総理・梶山長官の官邸では，行革本部も世の注目を浴びていた。2 人しかいない初代の総理補佐官の配置からも，沖縄問題と行革問題とが両輪のように最重要課題とされたが，

内政，外政，安保の総体である沖縄問題は根の深い国政問題だったと言えるかもしれない。

　思い起こすと，この時代，昭和 47（1972）年の沖縄の本土復帰以来のことだが，よき関係を再構築する人々の営為が徐々に大切にされていった。人々の営為と言えば，大田知事の移設拒否表明の 4 日後，平成 10（1998）年 2 月 10 日，沖縄復帰時の沖縄初代担当大臣の山中貞則先生は，「沖縄には人が創っていかないと未来は拓けない」と，自民党本部でコメントした。

　「平成七年九月には沖縄で米軍人による女子児童暴行という痛ましい事件が発生した。以来，副長官時代を通じて沖縄問題が僕の大きな課題の一つになり，ある時期には仕事の半分近くを占めるという気さえするほどだった。」（古川貞二郎『霞が関半生記』197 頁）

　「沖縄問題にはどう苦心しても一口には語れない思いがある。平成十三年一月，森内閣の下での省庁再編で沖縄担当大臣ができるまで，この問題は，官房長官の所管だったため，補佐役の僕は文字通り各省庁を通じての事務方のとりまとめ役だった。」（古川貞二郎『霞が関半生記』210 頁）

　「人情家の梶山静六官房長官は決断が早く，沖縄の人からも厚い信頼があった。」「沖縄問題では梶山さんの信頼が厚く，また，いわゆる「島田懇談会」の中心となるなど大きな役割を果たした外交評論家の岡本行夫さんの活躍も忘れられない。」（古川貞二郎『私の履歴書』92 頁）

　「私が思い出すのは，沖縄・普天間飛行場の移設が決まった経緯です。当時，アメリカ側は「安全保障面から言っても，普天間を日本側に返還することはできない」と主張し，現状維持を正当化する理由は山ほどありました。しかし，すべての情報，状況を検討したうえで，当時のペリー国防長官が発した 1 つの質問が流れを変えました。「皆が言うことはわかった。ただ，どうしてあの狭い島の真ん中に 2 つも飛行場が必要なのか？」この非常に単純な質問に誰も明確に答えることができず，移設が決まったという話をアメリカ関係者から聞きました。」（岡本行夫『日本にとっての最大の危機とは』191 頁）

　「岡本さんのことは，橋本内閣の官房長官をされていた梶山静六さん抜きには語れない。1996 年の秋，二人で沖縄問題を話し合っていたとき，梶山さんから「岡本さんに沖縄担当の首相補佐官に就任するよう話してくれませんか」

と言われた。梶山さんは以前から岡本さんをよくご存知で，その識見，力量を高く評価されていた。」「早速私は，講演で地方に出かけておられた岡本さんに電話した。多忙の中で何か思うところがあるのか慎重な岡本さんに対して「非常勤でもいいからぜひ。梶山長官が強くのぞんでいる」旨熱心に口説いた。」（中略）「岡本さんは，首相補佐官，内閣官房参与として官邸中枢に助言，提言をするだけでなく，自ら困難な仕事の真中にとび込み全力を尽くす人だった。梶山さんもそうした岡本さんに強く期待されたものと思う。沖縄振興問題では現地に何度も足を運び，つぶさに実情を把握し，地元関係者ととことん語り合い，沖縄全体やその地域の現在，将来を見据えて心血を注がれた。万事がそうであったと思う。岡本さんの仕事は各省庁にまたがることが多く，私は副長官としてできるだけ岡本さんが仕事がしやすいよう腐心した。」（古川貞二郎『岡本行夫・現場主義を貫いた外交官（追悼文庫版）』391・392頁）

「普天間返還はその後難航するとはいえ，橋本の交渉は官邸主導による外交の模範だ。動きはこの二週間ほど前から始まった。梶山が七十歳の誕生日を迎えた三月二十七日，モンデールが官邸の官房長官室を訪ねた。モンデールは，四月十六日から来日する米大統領クリントンからの橋本充ての親書を手渡すとともに，保険など経済問題での譲歩を強く要請した。続いてこの日夜，官邸と棟続きの首相公邸で橋本，梶山，モンデールが会った。」（中略）「橋本はこう振り返る。「普天間が帰ってくるかもしれないというシグナルは，梶さんの誕生日だった。モンデールが梶サンに『経済問題が進んでいない』と言った。普通は外務大臣に言うことだろう。逆に経済をうまくやれば基地の方がいけるんじゃないかと思った。梶サンには『俺は基地を獲ってくるから，ほかは任せた』と言い，僕は死にものぐるいで交渉した」（田崎史郎『梶山静六・死に顔に笑みをたたえて』422・423頁）

「沖縄問題が頭から離れないんだ。オキナワ，オキナワ……」「梶山は誰彼となく，呪文のようにこうつぶやいた。どうやって（沖縄の米軍基地使用に関する）特措法改正を成立させるか，沖縄問題が梶山の思考の大半を占めていた。」（田崎史郎『梶山静六・死に顔に笑みをたたえて』457頁）

2　宜野湾スピーチ

沖縄県民へのメッセージ　平成8（1996）年9月8日の県民投票後，大田昌秀沖縄県知事は，この当時，公告・縦

覧の代行手続きについて，苦渋の決断をした。橋本総理は，同年9月17日，県民に対するメッセージ，いわゆる宜野湾メッセージ（スピーチ）（「沖縄県民へのメッセージ」）と言われた，沖縄コンベンションホールにおける講演で，沖縄の痛みを国民全体で分かち合うことを総理談話として宣明した。沖縄県の「21世紀・沖縄のグランドデザイン」についての，政府と沖縄県との共同作業による具体化と，その後の「特別な補償」のストーリーが始まった。

　総理談話では，県のグランドデザイン構想を踏まえ，通信，空港，港湾の整備，国際経済交流，文化交流の拠点整備，自由貿易地域の拡充による産業や貿易の振興，観光施策の新たな発掘と充実，亜熱帯の特性に配慮し，医療，環境，農業等の分野を中心とした国際的な学術交流の推進と関連産業の振興が謳われた。これらのプロジェクトについて沖縄県とともに検討を行い，沖縄県が**地域経済として自立し**，**雇用が確保され**，**沖縄県民の生活の向上に資する**よう，我が国経済社会の発展に寄与する地域として整備されるよう，与党の協力を得て全力を傾注する，とされた。総理談話では，「通信，空港，港湾」の順にインフラが列挙されているが，これは，当時では，ありえないことだった。港湾，空港という公共分野が先にあって，公共事業からみたらつかみどころのない非公共の分野，それも通信という得体のしれないものは埒外，というのが予算でも税制でも常識だった。

沖政協　平成8（1996）年9月17日の閣議決定で，官房長官が主宰し，総理と北海道開発庁長官を除く全省庁の大臣，沖縄県知事によって構成される沖縄政策協議会が設置された。「政策協」「沖政協」と略称された沖縄政策協議会の幹事会は事務の官房副長官が主宰し，各省庁の局長，沖縄県副知事，県政策調整監，そして，沖縄県の強い要望で，国際都市形成推進室長（県部長級）が参加した。調整は，同年9月24日に，内閣官房内閣内政審議室に分室（「室内室」）としておかれた沖縄問題担当室（先に置かれた沖縄米軍基地問題担当室の拡充改組）が担った。この当時，官邸の事務方の知恵袋とされた内政審議室に特別のタスクフォースが設けられ

るのは稀有なことだった。内政審議室は，内閣官房と総理府それぞれに属する二枚看板だったが，沖縄問題担当室だけは，沖縄米軍基地問題担当室時代から，**内閣官房のみの一枚看板**で組織されていた。現在の内閣官房直属の多種多様な事務局のさきがけとなる。

　沖政協の「島」の補佐・主査は，それぞれ各省庁を分担した。私は，郵政省のほか，運輸省，農林水産省，警察庁を担当し，北原貴志雄補佐は，大蔵省主計局との調整，石山英顕主査は自治省財務局との連絡を特に担当した。まもなく，北原補佐から，特別調整費のとりまとめの資料の作成を任された。予算はお願いする方で，査定調整を行ったことはなく，驚いたが，査定に関わる調整ができる人物か，どこかで見られていたのだろう。北原さんは，特別調整費の制度設計で知恵を絞り，素人の私をたたき台に，ロジックを固めるため，穏やかだが剛腕投手の北原さんと私とで，問答のキャッチボールをした。一括計上の後，その時々に配分する理屈付けもハードルが高く，年末に配分した場合，年内に全て執行とはいかない。種子島のロケット打ち上げの時の漁業補償の考え方など，主計の長年の知恵を教えてもらいながらのキャッチボールだった。

沖縄問題担当室　平成13（2001）年の中央省庁改革以前，総理府事務と裏表の関係にない，純粋の内閣事務はまれな存在だった。平成9（1997）年9月1日，NIRA報告調査事務を行い，沖縄復帰25周年記念式典という政府の儀式の準備を行うため，沖縄問題担当室員は，総理府事務官の併任を受けた。当時，調査事務と式典事務とを行うことは，総理府本府の本来事務とされていた。「内閣事務」専任の内閣事務官であることは，総理府事務官の発令を単に忘れただけだよと言う向きもあったが，大蔵省（現，財務省）から出向の井置一史内閣審議官からは，「あえてそうなったのだ。復帰時にワンストップ行政を期待された沖縄開発庁を大事にしつつ，内政のみならず，安保外政にわたる沖開庁以上の調整事務を必要に応じて行うためなのだよ。」とも教えられた。

　自治省（現，総務省）出身の久元喜造神戸市長が内閣審議官（現在の内閣参事官）として担当室の組成を担当した。私の記憶にある「室内室」は，海

外経済協力会議担当室（後の経協インフラ戦略会議担当室）や，原子力災害専門家グループなどいくつもない。沖政協の取りまとめ・調整業務などから，名称も，沖縄問題担当という大看板になった。担当室は平成10（1998）年2月6日の大田知事の受け入れ拒否表明後，いったんは業容・人員を縮小したが，稲嶺県政時，九州・沖縄サミット当時，再び拡充拡張し，第二霞が関ビルにオフィスを置いた。

　内閣官房内閣内政審議室沖縄問題担当室という，18文字の舌を噛む組織は，平成13年の省庁再編直前には，総括・総合調整班，北部振興班，跡地対策班，法制班（沖縄新法（沖振法改正）担当）の4班編成となっていた。それぞれの企画官・室長クラスの班長は，外務省，総務省（旧郵政省），総務省（旧自治省），国交省（旧運輸省）が務めた。さらに，沖政協，島田懇に加え，北部12市町村に対する北部振興協議会，名護市，東村，宜野座（ぎのざ）村に対する移設先・周辺地域振興協議会，宜野湾市をはじめとする跡地対策協議会の事務局となった。これらの協議会は沖政協同様の特別な調整費スキームや幹事会にあたる連絡会議をもっていた。調整費スキームのなかで，移設先・周辺地域の振興調整費は，北部振興の調整費の内数だった。平成13（2001）年の中央省庁改革で，担当室は内閣府沖縄担当政策統括官のなかの組織となり，平成15（2003）年1月現在の，沖縄担当政策統括官室には，内閣補助事務を担う陣容として，政策統括官の下に，1官房審議官，1参事官（沖縄総合調整担当），2企画官（総合調整総括・総合振興＋北部振興，跡地対策），10補佐，4主査，1事務官が置かれていた。出身省庁も，経済産業省，総務省，防衛省，財務省，国土交通省，農林水産省，文部科学省，内閣府と幅広く，稲嶺県政時代の沖縄県庁も選りすぐりの若手人材を研修生として，ローテーションを組んで派遣した。

沖縄大使と沖縄四長官　平成12（2000）年のサミットの頃，総理，官房長官の訪沖は頻繁になり，官房長官の那覇空港の送迎，車列には，沖縄の4人の行政の長が随行するようになった。岡本補佐官も注力し，平成9（1997）年2月に実現した沖縄担当大使（沖縄大使），そして，那覇防衛施設局長（現，沖縄防衛局長），沖縄総合事務局長，

沖縄郵政管理事務所長（現，総務省沖縄総合通信事務所長・日本郵便沖縄支社長）の４人の「代官」が，そのメンバーとなる。地元沖縄からは，沖縄四長官と好意的に呼ばれた。

　サミット時の大使は野村一成さんで，初代の原島秀毅大使に続き，政府代表，４長官の座長として，沖縄を広く温かく見守っていた。野村さんはドイツ大使，ロシア大使，東宮大夫の後，沖縄協会の会長を務めた（令和3（2021）年7月5日逝去。）。協会の副会長は，尚弘子先生，今は上原良幸元副知事が務めている。平成12（2000）年・13（2001）年の沖縄勤務でも，四長官の随行に連なり，自分の職務として，官邸，政府全体との絆を持ち続けることができた。

　<u>**特別の調整費**</u>　平成中期の沖縄振興の手段として整えられた特別調整費は，調査費にも事業費にも使える重宝で貴重な手法だった。担当室を主管に一括計上され，沖縄県と連絡調整したあと，沖縄のための施策予算として各省庁に配分される。配分された省庁は，執行官庁として，沖縄県の担当部局と綿密な調整検討を行い，共同して調査・事業を推進した。

　沖縄県から寄せられた，調整費案件は骨太のものもあったが，**玉石混淆の魔境**でもあった。県庁内外の調整も大変だったろう。沖開庁からは調整官庁として，主に公共事業に関しての様々な案件の相談があった。県庁各部局と霞が関の各省庁とで調整がついたもの，**一緒にやりましょうという成約が出来た案件**を沖縄問題担当室に寄せてもらった。県庁内では国際都市形成推進室が調整を行い，担当室は推進室と相談し，県庁内のとりまとめに遺漏がないよう見守った。今でもお付き合いのある，上原副参事（後の副知事）はじめ，企画調整畑を中心に，仕事のできる人材が，推進室に集められていた。推進室は，稲嶺県政で，企画調整部門（企画開発部企画調整室）に吸収される。

　<u>**特別調査会**</u>　与党自民党本部に，特別のタスクフォースとして，「沖縄県総合振興対策等に関する特別調査会」が設けられ，

総裁（総理）以外の幹事長，総務会長，政調会長，参議院幹事長といった
そうそうたる職位の先生方が正式メンバーとなった。復帰時の初代の沖縄
担当相で，沖縄の父と言われた山中貞則先生が最高顧問となった。党幹事
長が主宰し，幹事長代理だった野中廣務先生が司会し，事務局の総括は，
党政調の重鎮の田村重信さんが担った。平成9（1997）年の年末には，自民
党沖縄県議団が招かれた会合があり，自民党沖縄県連として，投資減税に
よる新たな振興税制や国立マルチメディア高等専門学校（現在の国立沖縄工
業高等専門学校）新設などの要望を伝えた，意義深い会合となった。

島田懇提言の実現　平成8（1996）年9月11日，島田懇は提言を出し，
代表的な構想として，嘉手納タウンセンター，名
護市人材育成センター，沖縄子供未来館などがクローズアップされる。嘉
手納町の嘉手納タウンセンター（仮称）は，嘉手納ロータリー周辺の総合
開発として実現し，沖縄防衛局の嘉手納移局をもたらした（平成20（2008）
年7月5日整備完了）。名護市の名護市人材育成センター（仮称）は，やんば
る（山原）唯一の大学である名桜大学の施設拡充の形で具体化し，島田懇
における名桜大の施設拡充は，北部振興による施策につながっていく。沖
縄市の子供未来館（仮称）は，沖縄こどもの国の質的充実として実現した
（平成16（2004）年3月開館）。これらは，防衛施設庁（現，防衛省），建設省
（現，国土交通省），郵政省（現，総務省）と，自治体，内閣官房との共助共演
により，北部振興事業など他のスキームとも連携しながら実現した。

雇用の創出と人材の育成　沖政協と島田懇とで，政府・沖縄県双方に
より有効性のある振興策の徹底的な分析検
証が行われ，その際，「雇用の創出」と「人材の育成」という，2つの最
重要課題が浮き彫りになった。この2つの手ごわい最重要課題の解決は，
究極の沖縄振興策であり，今に至るまで変わらない沖縄問題解決のための
処方箋でもある。沖政協では，省庁横断的な10のプロジェクトチーム
（PT）の下，沖縄県から要望があった88の施策の種を磨き，34の柱とな
る施策に収斂させた。柱となる施策群は，即応性あるもののほか，将来的

な波及効果が高く見込まれるものであり，株が増えるように，さらなる柱を次々に打ち立てていった。

NIRA レポート　大田知事，吉元政矩副知事の下，沖縄県は，一国二制度的な主張もある国際都市形成構想などの勉強会（全県 FTZ 構想に関する田中直毅委員会）を立ち上げていた。平成 9（1997）年 9 月，総合研究開発機構（NIRA：当時は経済企画庁（現，内閣府）主管の特殊法人）において，香西泰座長の下，官房長官の私的諮問機関として，「沖縄振興中長期展望についての検討調査研究会」が設けられ，いわゆる NIRA レポートがまとめられる。担当室が事務方を務め，NIRA へ調査研究を委託した。大田県政では，特に吉元副知事の主唱で，一国二制度議論が大きな焦点となり，平成 8（1996）年当時の雰囲気では，特別県制論というようなものも沖縄側から聞こえてきた。梶山長官からは，「蓬莱経済圏」という言葉も使って，沖縄が日本でなくなる制度はダメだが，沖縄の特性を活かした 1.5 制度はできないか，と言われたこともある。

　担当室では，省庁別の担当も決めていたが，私は，郵政省のほか，運輸省，農水省，警察庁を担当した。沖縄県の一国二制度論のなかに，沖縄の内航海運を外航海運に開放するというものがあり，カボタージュ制度の緩和という議論となった。この制度には，歴史的な経緯があるとともに，内航海運は，国内の港で陸揚げを行う強い組織に支えられている。この話の結末はあっけなかった。沖縄の内航海運業者である琉球海運と有村産業との 2 社ともに，全く望んでいない，というより反対の立場で，さらに，受け手がない話だった。県庁との政策・制度論議では，そういうこともままあった。

　沖縄復帰時の要綱には，海運では，地元琉球資本を守るようにと書かれてあり，今でも，金融では，沖縄県内の都市銀はみずほ（第一勧銀）の県庁前にある一支店だけだ。現状では，鹿児島銀行の支店ができたり，琉球銀行と沖縄銀行とが業務提携したり，新たな競争状況が生まれている。平成 13（2001）年時の金融特区の議論では，山中先生はじめ有識者が内々願ったのは，内地の地銀，信金，信組などが相乗りの形で，データセンターの

ようなものをつくることだったと記憶している。リアルな雇用と波及効果を考えてのことだ。沖縄資本を大事にしつつ，健全な競争状況の下，新たな事業の展開を図ることは，沖縄振興の基本的な姿勢だ。

> 「八運輸・通信　3海運業　一内航貨物航路　沖縄関係貨物航路については，復帰後一定期間，沖縄航路運賃同盟及び先島航路運賃同盟の本土及び沖縄船社による現行輸送秩序を極力尊重し，安定した輸送力の確保を図るものとする」『沖縄復帰対策要綱（第二次分）』昭和 46 年 3 月 23 日閣議決定

　那覇空港や那覇港で，沖縄県民に特別の身分証を持ってもらうような状況になるのではという議論も出た。復帰前は，本土との行き来には，琉球列島米国民政府高等弁務官が発給する日本渡航証明書という一種のパスポートが必要だった。復帰前に戻るかのような状況は絶対に嫌だ，というのが，今につながる沖縄県民の日常の気持ちだと思う。沖政協で内容を詰めていき，NIRA での調査研究を進めていき，このなかで，我が国の制度を沖縄の特性を活かして伸ばす。それで充分に対応できる，というようになっていった。

　平成 9 (1997) 年 10 月 17 日，県庁内の政争だったか，県議会との関係だったか，一国二制度を強く主張してきた吉元副知事が職を離れた。大田県政はこれ以後，県庁内外で様々な矛盾を抱えるようになり，知事のガバナンスも相当に難渋して見えた。行政官の立場から見ても，1 年住んだ元県民としての実感からも，沖縄の問題課題を解決するためには，県，広域，市町村，地区という 4 つのレベルの四元連立方程式を解く不断の努力をしなければならず，基地問題だけでなく，振興問題も，その解を得るには，石を一つ一つ積み上げていく努力を怠ってはならない。この頃だったろうか，自民党の加藤紘一幹事長は，「沖縄問題は難しい。多元の連立方程式を解くようだ。」とマスコミにコメントした。

　香西先生は，座長就任を再三固辞された。官邸側の文字通りの三顧の礼で，座長を引き受けられ，「よき関係」の構築に尽力された。この NIRA レポートが，沖縄経済振興 21 世紀プランの基本理念となり，沖縄新法，4 次振計へと繋がっていく。平成 10 (1998) 年 3 月 27 日，国会内で，村岡兼

造官房長官に香西先生から最終報告書が提出された。報告では，「雇用の創出」と「人材の育成」のため，県経済が自ら成長していける「成長のエンジンの内蔵」（当時の沖縄問題担当室長である安達俊雄内閣審議官の創語）が目指された。稲嶺惠一沖縄県経営者協会会長（島田懇委員，後の県知事）の，「魚ではなく，魚を釣る釣り竿を持ちたい。」というコメントにも沿うことだった。**ハードを大事にしつつ，観光，情報通信，ソフト分野へのシフト**といった，その後，政府全体の施策のなかでもトレンドとなっていく方向性が構築された。

NIRA レポートは，沖縄のアジアのハブとしての**地理的優位性を前提に比較優位論に基づく新規分野施策の充実**を提唱した。沖縄を単なる玄関口でなく，**日本におけるアジアの交流拠点として位置付けた**。稲嶺会長は，雇用創出と人材育成について，沖縄の「得意なこと，好きなこと」を「選択と集中」で進め，沖縄振興の大計を図りたいと語った。NIRA レポートの取りまとめと，沖政協の 10 の PT の推進とは，同じ時間と空間のなかで営まれた，理念と施策，志と所作，唇歯と輔車との関係だった。NIRA 研究会は毎回真剣に行われた。安達審議官の下，宮内庁主計課長になった井置さんの後，小鞠昭彦審議官が担当し，私と石山主査が補佐した。NIRA では，レポート担当として沖縄県庁と NTT（NTT 西日本）からの出向者も参加した。

> 「筆者は同委員会（註，NIRA が設置した沖縄振興中長期展望調査会）としてその報告を PR する立場にあった。その要旨は，沖縄経済の自立とは成長の原動力（エンジン）を県経済が内蔵するようになることであり，具体的には「人材，創業，ネットワーク」の三つが県内で活発な展開を見せることを目指すべきだと考えた。その場合，振興政策もこうした自立を準備し，促進することを狙いとすべきことになる。」「（前略）九九年に入って状況が一変し，再び沖縄振興が重要なテーマになるにつれて，相応の注目を集めることになった。前掲（沖縄経済振興）二十一世紀プランには，筆者自身が直接関係するところではなかったが，同報告の内容が随所に生かされ，当然のことながら政策がより具体化，詳細化されている。これを知ることが出来るのは筆者の喜びである。筆者の考えは基本的に当時と変化していない。（後略）」（香西泰『沖縄経済今後の展望』36 頁）

3　国は約束を違えなかった

南北格差問題　　当時の沖縄県は，本島中南部が100万都市圏，名護が中心である北部「やんばる」（山原）が10万人，宮古・八重山（先島）が10万人という人口構成だった。秋田県出身の村岡兼造官房長官に，北部振興の位置付けとその重要性を説明したことがある。仙台市役所勤務の経験があったので，東北地方の地勢に当てはめてお話しした。本島中南部は東京・大阪を擁する「白河以南」の本土，先島は沖縄の沖縄，そして，「やんばる」は東北地方ですと比べると，村岡長官は合点がいったと深く頷いておられた。沖縄本島では，中南部と北部との南北格差問題は，琉球王国時代に遡る話となり，琉球王朝時代も，当時の南北格差是正のための首里から名護への「遷都」案があった。今でも，名護には，これをボツにした，後世二度とこのようなことを起こさないよう，という戒めの碑文がある。

北部振興策の始まり　　平成9（1997）年12月24日の比嘉鉄也名護市長の官邸での辞意表明を経て，県土の均衡ある発展を求めた，今に至る政府の北部振興策が本格的に始まった。復帰25周年式典の総理式辞でその展開が約され，「北部地域の振興に向けて」（平成9年12月8日（一部12月6日））では，沖政協・島田懇両事業含め，普天間基地移設先の名護市（久辺（くべ）三区）を中心とする地元要望に即した事業が列挙された。

国営沖縄記念公園海洋博覧会地区の整備充実（本部（もとぶ））／NTT番号案内センター（名護）／情報通信特別地域制度／名護東道路／二見（ふたみ）バイパス／古宇利（こうり）大橋／国立高専／名桜（めいおう）大学機能強化／やんばる野生生物保護センター整備
追加事業として，沖縄自動車道の料金割引の検討，ラジオ・テレビ難視聴対策事業が記された。

　これら事業のすべてがほぼ要望通り実現している。比嘉鉄也名護市長は、「国は約束を違えなかった。」と言い、普天間基地移設の原動力となった。基地か振興策かという、シンプルなバーター論を越えた、「振興策」として、**歴史、人文、地理に基づいたずっしりと重みあるもの**だった。その根幹には、地元の思いを十分に踏まえ、**若い世代の活躍の場を開き、将来へのよき波及を考えた遠望**がある。北部振興の源には、歴史的問題である南北格差是正があることを忘れてはいけない。**比嘉名護市長の辞意表明と北部全体の振興への注力の要請は、平成9（1997）年時という時間を超え、今に至る歴史的なものだった**。名護市民、北部の住民の幸福の追求は無論、さらに、**沖縄と本土との紐帯を保ち持たせるもの**だった。

　「（島田）懇談会が力を入れたポイントの一つは、沖縄県北部の「やんばる」地方です。名護市以北の市町村は、72年の本土復帰時に本部町で沖縄海洋博が開かれたものの、その後は沖縄の経済発展から取り残されていました。「やんばる」地方の最大の都市は人口5万人の名護市ですが、ここはヘリポート建設を受け入れようと受け入れまいと、北部振興の要であることは明らかでした。」「沖縄北部の振興開発で重要なのは、市町村間のネットワークです。名護市の比嘉鉄也市長は「北部の離島をぜひ回っていただきたい」と頼んできました。それで僕は伊平屋島、伊是名島、伊江島などを訪問し、それぞれの島の産業振興について村役場や漁業組合の人たちの話を聞いてまわりました。」（岡本行夫『岡本行夫・現場主義を貫いた外交官』223・224頁）

　「岡本さんは、首相補佐官として、いの一番に「北部十二市町村どこから見聞したらいいでしょうか」と仰られました。私が沖縄県の北部の事情、戦前、終戦、そして現在にいたるまでの十二市町村の教育、経済、福祉、産業、軍用地についてのご説明をしました。そして、まず離島から見ていただき、市町村長、漁業組合長、その他の責任者と話し合ってくださいと申し上げました。岡本さんはすぐ現場に行き、地元の人間の要望を聞いてくださり、調査後に北部十二市町村の人口増加への施策を、国も協力して実行できるよう努力すると仰ってくださったのです。」「離島の伊平屋村の漁業組合には初めての養魚場が完成し、毎日、本島のリゾートホテルに高級魚を出荷して大成功しているようです。山林が多く耕地面積が少ない北部に、高等教育機関の名桜大学が北部市町村の協力で開学しています。毎年人口が減少していく東海岸の辺野古方面に、何か良い施設が考えられませんか、高等専門学校はどうですか、辺野古地域の発展に何か考えられませんかという住民からの要望が

ありました。私もこれを実現してみたいと思い文部省に聞いてみたところ，「高等専門学校は全国一巡して終わった。沖縄県は当時の屋良知事が琉球大学に医学部を設置してくれたら高等専門学校はいらないと言った」という返事でした。日本の都道府県に高等専門学校を設置する事業は終了しましたが，それでも私は実現に向けて努力したいと思い，結果的に「国立高等専門学校」が開校し，いまも名桜大学と連携して成果をあげています。」（比嘉鉄也『岡本行夫・現場主義を貫いた外交官（追悼文庫版）』395・396頁）

「一九九七年（平成9年）は，政府と県の間でよりストレートに基地対策と経済振興策が結びつき，名護市でも，普天間飛行場移設と北部振興策がより重なっていく。」「その媒体となったのが，例えば，海上ヘリポート案が議論されるようになった頃，表舞台に登場した岡本行夫・首相補佐官（沖縄問題担当）などの《パイプ役》だった。マスコミで取り上げられなかった人物やルートも含めて，政府と県，政府と名護市，県と名護市を結ぶ《パイプ役》たちが，結果的に，基地対策と経済振興策，普天間飛行場移設と北部振興策とをより結び付けて，政治判断の俎上に載せる役割を果たしていく。」（普天間基地移設10年史出版委員会『沖縄普天間飛行場代替施設問題10年史「決断」』27頁）

沖縄経済界と沖縄懇話会　　　平成9（1997）年末，政府と大田県知事との溝が深まるなか，沖縄経済界では危機感が増し，主要6団体が一緒となったアクションをとるようになった。琉球銀行の会長だった崎間晃さんが「議長」になった。崎間さんは，小禄邦男琉球放送会長（現，最高顧問）とともに，沖縄経済界を代表して，沖縄中長期展望についての調査研究会の委員となり，NIRAレポートを香西座長とともに編んだ。同年12月20日，那覇市内で，崎間議長の下，沖縄経済界の枢要な方々との意見交換会があり，岡本補佐官，安達審議官，私も席に連なった。島田懇委員であった稲嶺さん（後の知事），沖縄電力の仲井眞弘多（ひろかず）さん（後の知事），島田懇のメンバー選考で力を尽くした米村幸政那覇商工会議所専務理事，銘苅三郎さん，津波保光さん，宮城弘岩さんが出席した。政務の指示を受けて，担当室は，県政は無論，県経済界とのディーテールにわたったコミュニケーションも欠かさなかった。

　これからの沖縄のために，投資税額控除制度を，観光，情報通信，加工

貿易などに活用することが議論されていた。観光ではホテルが目玉なのに、この時期の沖縄経済界は、投資減税の活用をしてほしくないと言う。不思議な話だと思い、崎間さんに直接聞いてみた。「外資や本土資本がホテルをつくっても、県民はそこに使われるだけ。沖縄の若者は、雇用されても、マネージャークラスになるのも難しい。そういう実態を県民はよく知っているのですよ。」「観光で沖縄（県）資本の力がついてからの話に。」ということだった。確かに、その頃の沖縄資本のリゾートは、恩納村の國場組系のムーンビーチと名護市東海岸の白石家のカヌチャがあるくらいだった。

　平成12（2000）年のサミット前に名護市西海岸に國場組系のブセナビーチリゾート（ザ・ブセナテラス）ができ、平成16（2004）年頃には、観光業界は沖縄資本が中核となって伸びていった。國場は戦前からの会社で、沖電や琉石とともに、沖縄経済をリードしてきた。当時の会長は國場幸一郎氏（平成31（2019）年4月11日逝去）で、現在の会長の國場幸一氏は、仲井眞県政期の那覇商工会議所会頭を務めた。ブセナテラスは、ザ・テラスホテルズ（國場幸伸社長）に発展する。琉球大学には、国立大として初めての観光科学科もできた。外資系ホテルが、那覇にもリゾート地にも増え、沖縄資本と本土資本とのコラボも当然になった。

　平成2（1990）年10月9日、小禄さんと中山素平興銀頭取とが中心となって沖縄懇話会が誕生し、沖縄・本土の錚々たる経済人が集い、沖縄の経済文化振興を論じた。沖縄振興では復帰時と平成中期との幕間を埋める役割も担い、小禄さんとともに崎間さんが代表幹事となり、沖縄側の代表幹事は、稲嶺さんや知念榮治さん（現、沖縄経営者協会会長）も務めた。懇話会には、平成18（2006）年12月29日に逝去された諸井虔太平洋セメント相談役はじめ、井上礼之ダイキン工業会長、稲盛和夫京セラ会長、牛尾治朗ウシオ電機会長、椎名武雄日本アイ・ビー・エム会長、宮内義彦オリックス社長といった錚々たる経済人が名を連ねた。日本IBM、オリックスのコールセンター・BPOセンターが生まれ、稲盛さんは沖縄セルラー電話創業を主唱した。諸井さんは、「沖縄州」を道州制論で示した第28次地方制度調査会の会長となった。井上さんと小禄さんとにより、ダイキンオー

キッドも続いている。懇話会は令和の今，次の大きな動きが期待される大事な枠組みだと思う。

> 「県内外の経済界のリーダーで構成される「沖縄懇話会」のラウンドテーブルが2年ぶりに開かれました。那覇市のハーバービューホテルで2年ぶりに開催された沖縄懇話会。2021年は対面とオンラインのハイブリッド方式で，県内外から多くの財界人が出席しました。（後略）」（2021年11月27日：琉球朝日放送HP）

沖縄がフロントランナーに

平成10（1998）年11月，稲嶺県政となり，第4次沖縄振興計画が編まれた（平成14（2002）年7月施行）。県庁，基地所在市町村，北部市町村，基地跡地想定市町村，経済界といった，様々な枠組みでの政府との重層的な対話のなかで，国と県との共創が行われ，沖縄に施策立案の自信が深まっていった。47都道府県のうちの単なる一県，それも47番目の県ということではなく，沖縄県民が「得意なこと，好きなこと」を行うことで，**沖縄が47都道府県のフロントランナーとなるような施策が次々に姿を現した。**

　パンドラの箱は開いたが，希望の光が灯ってきたかのように，沖縄タイムスと琉球新報の県紙2紙，NHK沖縄，琉球放送，沖縄テレビ放送，琉球朝日放送，ラジオ沖縄といった地元テレビ・ラジオも，振興策に紙面と放送時間を割くことが多くなった。このような雰囲気のなか，47都道府県のなかで最後尾にあるといった意識から，そうでもないかも知れない，いやいや今はそうではないな，といった自問自答の世界が生まれる。それが，沖縄県内の空気として出てきたことを実感した。

1次，2次，3次を経て，よきシステムの出現

復帰時の1次振計（振興計画）は，沖縄各界の意見を受け止めて，政府の方で書き下していったと聞く。2次振計（昭和57（1982）年8月5日）も主たる書き手は霞が関のなかにいた。3次振計（平成4（1992）年9月23日）でも国主導の状況には変わりがなかった。**4次**

振計では，県庁が書き手となり，内閣府を通じて，各省がバックアップするというスキームとなった。基本的コンセプトも，「本土との格差是正」から，民間投資も促しつつ「自立型経済を構築すること」に大転換し，平成中期の沖縄振興策を実現していくなかで，沖縄県に力量が備わってきた。

　4次振計の11の分野別計画のなか，観光振興計画，情報通信産業振興計画，農林水産業振興計画，職業安定計画の4計画はじめ，産業振興計画，文化振興計画，福祉保健計画，教育推進計画，社会資本整備計画，国際交流・協力推進計画，環境保全実施計画の各計画でも，県が主体的に指標と目標値を設定した。県の意欲が現れた「振興」「推進」「実施」といった前向きなフレーズが並び，高失業率を乗り越える雇用では「安定」が求められた。

　沖政協，島田懇はじめ，平成中期の沖縄振興の根本理念は，沖縄が自ら描く沖縄の将来デッサンを政府が支援することにあり，沖縄からの要望要求の確保の前提に，「自ら助けるものを助ける」ことに重きが置かれた。このようなステージで，47都道府県のリード・オフに相応しい状況が生まれていた。県庁企画開発部（企画調整室）はじめ，優秀な県職員層が誕生した。このテクノクラート（仕事師）集団が厚く充実すれば，沖縄県の未来は明るくなると思われた。テクノクラート集団を，政府がキャッチアップして，沖縄振興に実を結ぶ，よきシステムが姿を現しつつあった。

　琉球処分，復帰，少女暴行事件といった修羅場，難局を乗り越えるためにも，沖縄関係の人財アセットは，県内だけでなく，県外にも厚くしていかなければならない。苦しいなかで，共につくった場の記憶を相互に忘れず，大事にリレーしていかなければならない。国政から見れば，それは日本の国威・国力であり，国際場裡では日本の貴重なアセットとなる。県政から見れば，47都道府県をリードする沖縄の優位性の強化に直結する。

　内政，外政，安保上の容易でない沖縄の種々の課題の解決は，日本全体の様々な課題の解決にも，当時も今も将来も極めて有用有益である。平成中期には，施策実現を通じての解決システムが確かに存在していた。

図1 「沖縄復帰対策機関」機構図（平成47(1972)年当時）：外政・内政の2局面からの機構

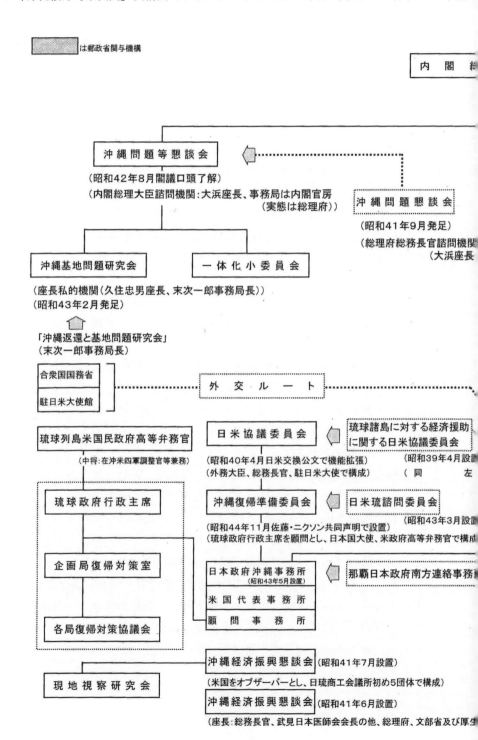

は郵政省関与機構

内 閣 総

沖 縄 問 題 等 懇 談 会

（昭和42年8月閣議口頭了解）
（内閣総理大臣諮問機関：大浜座長、事務局は内閣官房
（実態は総理府））

沖縄問題懇談会

（昭和41年9月発足）

（総理府総務長官諮問機関
（大浜座長

沖 縄 基 地 問 題 研 究 会   一 体 化 小 委 員 会

（座長私的機関（久住忠男座長、末次一郎事務局長））
（昭和43年2月発足）

「沖縄返還と基地問題研究会」
（末次一郎事務局長）

合衆国国務省

駐日米大使館

外 交 ル ー ト

琉球列島米国民政府高等弁務官

（中将:在沖米四軍調整官等兼務）

日 米 協 議 委 員 会

（昭和40年4月日米交換公文で機能拡張）
（外務大臣、総務長官、駐日米大使で構成）

琉球諸島に対する経済援助
に関する日米協議委員会

（昭和39年4月設置
（ 同   左

琉 球 政 府 行 政 主 席

沖 縄 復 帰 準 備 委 員 会

（昭和44年11月佐藤・ニクソン共同声明で設置）
（琉球政府行政主席を顧問とし、日本国大使、米政府高等弁務官で構成

日米琉諮問委員会

（昭和43年3月設置

企 画 局 復 帰 対 策 室

日本政府沖縄事務所
（昭和43年5月設置）

米 国 代 表 事 務 所

顧 問 事 務 所

那覇日本政府南方連絡事務

各 局 復 帰 対 策 協 議 会

沖 縄 経 済 振 興 懇 談 会 （昭和41年7月設置）

（米国をオブザーバーとし、日琉商工会議所初め5団体で構成）

現 地 視 察 研 究 会

沖 縄 経 済 振 興 懇 談 会 （昭和41年6月設置）

（座長：総務長官、武見日本医師会会長の他、総理府、文部省及び厚生

参考文献「追補版, 沖縄問題関連基本対策資料集 (310頁)」などから編んだ図。
図2「沖縄問題・沖縄振興対策機関」機構図と比較対象できるように作成。

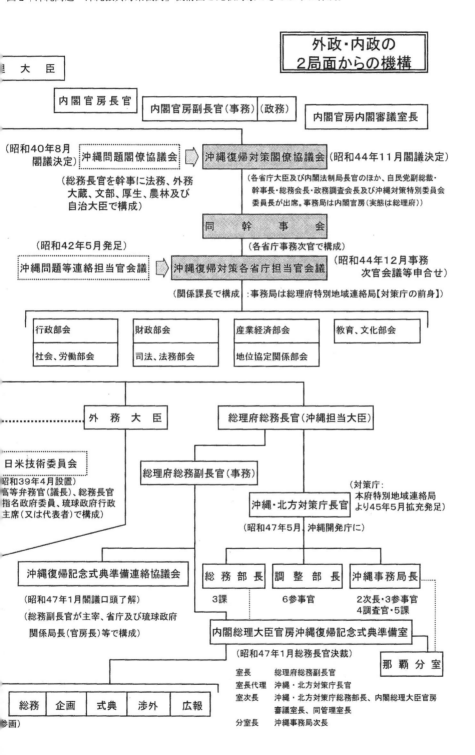

外政・内政の
2局面からの機構

大 臣

内閣官房長官　　内閣官房副長官(事務)(政務)　　　　内閣官房内閣審議室長

(昭和40年8月　沖縄問題閣僚協議会　⇨　沖縄復帰対策閣僚協議会(昭和44年11月閣議決定)
閣議決定)

(総務長官を幹事に法務、外務　　　　　(各省庁大臣及び内閣法制局長官のほか、自民党副総裁・
大蔵、文部、厚生、農林及び　　　　　幹事長・総務会長・政務調査会長及び沖縄対策特別委員会
自治大臣で構成)　　　　　　　　　　委員長が出席。事務局は内閣官房(実態は総理府))

同　　幹　　事　　会

(昭和42年5月発足)　　　　　　(各省庁事務次官で構成)

沖縄問題等連絡担当官会議　⇨　沖縄復帰対策各省庁担当官会議　　(昭和44年12月事務
　　　　　　　　　　　　　　　　　　　　　　　　　　　　　　　　次官会議等申合せ)

(関係課長で構成：事務局は総理府特別地域連絡局【対策庁の前身】)

| 行政部会 | 財政部会 | 産業経済部会 | 教育、文化部会 |
| 社会、労働部会 | 司法、法務部会 | 地位協定関係部会 | |

外　務　大　臣　　　　　総理府総務長官(沖縄担当大臣)

日米技術委員会　　　　　　総理府総務副長官(事務)

(昭和39年4月設置)　　　　　　　　　　　　　　　　　　　　(対策庁：
高等弁務官(議長)、総務長官　　　　　　　　　　　　　　　　本府特別地域連絡局
指名政府委員、琉球政府行政　　　沖縄・北方対策庁長官　　より45年5月拡充発足)
主席(又は代表者)で構成)
　　　　　　　　　　　　　　(昭和47年5月、沖縄開発庁に)

沖縄復帰記念式典準備連絡協議会　　| 総 務 部 長 | 調 整 部 長 | 沖縄事務局長 |

(昭和47年1月閣議口頭了解)　　　　　　3課　　　　　6参事官　　　2次長・3参事官
(総務副長官が主宰、省庁及び琉球政府　　　　　　　　　　　　　　　　4調査官・5課
関係局長(官房長)等で構成)

内閣総理大臣官房沖縄復帰記念式典準備室

(昭和47年1月総務長官決裁)　　　　　　　　　　　　　　　　那　覇　分　室

| 総務 | 企画 | 式典 | 渉外 | 広報 |

参画)

室長　　　総理府総務副長官
室長代理　沖縄・北方対策庁長官
室次長　　沖縄・北方対策庁総務部長、内閣総理大臣官房
　　　　　審議室長、同管理室長
分室長　　沖縄事務局次長

4　過去への報いと現在の苦渋に対する償い

琉球処分と沖縄戦　少女暴行事件以降の沖縄問題・沖縄振興の解決の道筋に到る前史を振り返る。明治5（1872）年の琉球処分の後，明治12（1879）年に沖縄県が設置された。明治27（1894）年の日清戦争を経て，明治29（1896）年，県区制が導入される。琉球王国時代の間切（まぎり）制が町村制に変わったのは明治41（1908）年のことで，大正10（1921）年，那覇区と首里区に同時に市制が施行された。戦前の沖縄県では，沖縄戦時の鉄血勤皇隊（県立第一中学校）やひめゆり部隊（県立第一高等女学校）で知られる旧制中学校・高等女学校が最高学府であり，帝国大学は，沖縄県でなく，隣の台湾にあった。昭和20（1945）年の沖縄戦では，県民の4人に1人が亡くなった[※]。琉球王国の版図であり，ともに米軍の施政下だった奄美群島が先に本土に復帰した。

　※米軍上陸前の県人口は約45万人。一般住民の死没者は9.4万人，県出身の軍人軍属の死没者は2.8万人。

復帰三大事業　昭和47（1972）年の復帰前から，佐藤栄作総理の信頼を厚く受けた，山中初代沖縄担当大臣のリーダーシップの下，沖縄振興開発に関する強力なワンストップ行政が展開した。中長期的な波及効果を考えた復帰三大事業が計画・実行され，昭和50（1975）年にいずれも実現した。①海洋博の開催，②那覇（国内）空港ターミナルの新設，③沖縄自動車道の敷設，の三本柱で，空港から本部の海洋博会場までの動線を自動車道で南北に縦貫するという，将来の沖縄本島の発展を考えた事業群となっていた。当時目抜きの公共事業によって，本土との社会資本・経済の格差是正，本島の南北格差の是正をダブルでねらったものだ。

　この時代，施策立案にあたって，山中大臣自ら，スタッフとともに，各省庁を説得・善導するためあらゆる知恵を絞った。平成中期の沖縄振興でも，復帰の時と同様に，官邸主導，政務主導の下，あらゆる知恵があふれ出た。復帰時に引き続き，平成中期も，山中先生が沖縄の父として，大き

な眼差しで，政府，沖縄各界を支えていたのも大きかった。**復帰時に残された宿題は，平成中期の沖縄振興課題となった。**

> 「首里城（再建）（（註）平成 4 年 11 月 13 日正殿竣工）ではもうひとつ，設置形態の問題があった。国費で建設省が復元したわけだが，これをどういう形の施設にするかというのである。「国営公園にすればいいじゃないか」というと，（役所は）「海洋博の跡地がすでに国営公園になっています。一県に二つの国営公園はおけません」という。「一県に一つだからいいじゃないか」「いや，二つになります」。こうしたらどうだと，国営沖縄記念公園という名前にし，そこから線を二本引いて片方は海洋博公園，もう一方を首里城公園とした。「これなら沖縄県に国営公園は一カ所，しかし場所は二カ所。それでいいじゃないか」。ごまかしたようだが，「なるほど，それなら一県一カ所の原則に抵触しません」と役所も納得した。」（山中貞則『顧みて悔いなし』166 頁）

国立高専の発端　佐藤内閣は米民政府の創設した琉球大学に医学部を設けることを決定した（昭和 54（1979）年 10 月 1 日開設）。それでも，復帰後最初の知事となる琉球政府の屋良朝苗（やら・ちょうびょう）主席は，技術系人材育成のための国立高専新設をあきらめず，昭和 46（1971）年 11 月 18 日の建議書には沖縄工業高等専門学校の設置が具体的要求にある。平成 9（1997）年末の自民党沖縄県連の要請を経て，平成中期の沖縄振興・北部振興で，国立沖縄工業高専として実現することとなる。復帰前後も，堅調な雇用の創出，県経済の発展，沖縄の抱える不利性克服のための基礎条件の整備という施策群が並び，平成中期と同様，国と県とは意思疎通を重ねながら腐心した。

ワンストップ行政　復帰に伴い，政府には沖縄振興のためのワンストップ行政機関として，山中大臣の下，沖縄開発庁・沖縄総合事務局が設けられた。在沖米軍施設所在市町村での基地負担緩和の行政は防衛施設庁・那覇防衛施設局の仕事だった。基地のフェンスの外と内とで，旗振り役が異なっており，**総合的な視点での振興はまだ存在しておらず，フェンスの内と外との超克が将来課題となった。** そして，

沖縄の有人の島々をすべて訪れた山中大臣の足跡が物語るように，今に至る離島苦＝「しまちゃび」の克服は永遠の課題となる。

　沖縄の国の機関は，当時，沖縄総合事務局（総事局），那覇防衛施設局（施設局）があり，平成中期に，外務省沖縄事務所が加わった。さらに，人事院沖縄事務所，沖縄行政監察事務所（現．沖縄行政評価事務所），沖縄国税事務所，沖縄郵政管理事務所は，総合事務局とは別に置かれていた。復帰時の山中先生の方針で民生官庁の出先は，沖開庁の総事局の各部としてまとめるという，全国的にも例を見ない組織が構築された。沖縄県民が各省庁バラバラの出先に戸惑うことなく，九州の国の機関の一部にされることもなく，という，先生の考えからだ。琉球政府は沖縄県庁と沖開庁・総事局に分離継承され，職員も双方に分かれたが，この時，総事局に入らずに，1つの地方局の門構えとなったのが，人事院，行政監察，国税，郵政だった。郵政の場合は，当時も力を持っていた琉球全逓（後の沖縄全逓）も反対し，沖縄の郵政省として，全国で唯一，郵政局，郵政監察局，電気通信監理局（現．総合通信局）の3局が1つの事務所として存在し，一県一管区の沖縄で，オール郵政の仕事をしていた。

　沖縄管内の郵便局（郵便仮役所・郵便取扱所）は，明治7（1874）年，日本の郵便の往来で沖縄が日本であることを対外的に示し，復帰時も，通貨のドルを円に切り替える際に大切な役割を担った。那覇市東町にある沖縄郵政庁舎の一部は，復帰前，昭和43（1968）年3月から45（1970）年5月まで，日米琉諮問委員会が置かれたところだ。諮問委により，国県事務の分離や資格免許の一体化など，47項目の勧告が行われた。

　平成13（2001）年1月の中央省庁改革の施行により，郵政省は総務省に吸収統合された。郵政省沖縄郵政管理事務所は，業容そのままに，郵政公社発足までの間，総務省沖縄総合通信事務所という名になった（現在の沖縄総合通信事務所は，総合通信事務所電気通信監理部の後身。）。総合通信事務所長には，部下への人事発令の受権が整わず，沖縄の旧郵政省の全職員が，直接，大臣発令になるという珍騒動も起きた。直に規定は整備され，このようなこともなくなったが，全国の郵政の管内で，沖縄郵政だけが，郵政局（事務所）の人事部（総務部）で，普通郵便局も特定郵便局も全体の人事を

行っていた。琉球郵政庁からの伝統だ。**2000人ほどの人事は，何万という
ネットワークにつながり，沖縄県民145万人（当時，130万人）の地縁
血縁を相当に実感することになる。**

「1972（昭和47）年5月15日，沖縄が本土に復帰した。」「本土復帰後の（郵政
省の）沖縄の管理機関については，原則として個別に（郵政）本省直轄のブ
ロック機関を置くこととされ，郵政事業については沖縄郵政管理事務所を置
いた。」（日本郵政グループ『郵政150年のあゆみ』72頁：第2章「高度成長から
安定成長への転換期の郵政事業」：第4節「沖縄本土復帰その他の取組等」）

「（前略）いま，郵政省はけしからんの，郵便は自由化しろだの，民間で郵政
行政やるだのといっていますが，あの時郵便局があったお陰で助かったのは
沖縄でした。最後のどんな小さな離島でも，郵便局の手足でもってすればで
きたんです。もし郵便局が無かったら，琉銀，沖銀あたりにしても，小さい
有人離島全部に，その日の内にチェックできますよという体制はなかったん
です。だからその時の恩を，「ありがたかったなぁ。郵便局があったからでき
た」と私は思っています。」「従って郵政大臣が私どもの直系だから言うわけ
じゃなくて，堀之内（郵政大臣）を守ってやろうと思っています。というの
は，沖縄復帰の時のドルチェックの蔭の功労者は郵便局でした」（山中貞則
『月刊琉球フォーラム第50号「沖縄復帰25周年を語る：郵便局のおかげでドル交
換業務がスムーズに」』15頁）

後世特別ノ御高配ヲ賜ランコトヲ

平成7（1995）年から平成16（2004）
年の間に，沖縄復帰25周年，30周
年の節目を迎え，25年，30年の重みを大事にしながら，琉球・沖縄が刻
んできた歴史の積み重ねを敬いながら，節目の施策が練られた。昭和20
（1945）年6月の大田実海軍中将の海軍次官宛電文「沖縄県民斯ク戦ヘリ，
県民ニ対シ後世特別ノ御高配ヲ賜ランコトヲ」，昭和39（1964）年8月の佐
藤総理の訪沖メッセージ「沖縄の復帰がなされないと，日本の戦後は終わ
りません。」という言葉にこそ，沖縄の問題の持つ重たさがある。平成8
（1996）年の橋本総理の宜野湾メッセージもその重たさを十分に踏まえたも
のだった。

「沖縄でサミットを開催することが決まった時，小渕さんは私にも，「この決

定は大田司令官の電報に対する返事でもあるんだ」と話しておられたものだ。」
「沖縄の中でも名護市になったのは，普天間飛行場の移設先として決まっていたからである。小渕総理が「あそこが一番いい」と言って決められたのだが，気持ちは私も同じだった。二人とも，橋本政権時代に職を辞して海上へリポート基地を受け入れてくれた名護市長の比嘉さんらの思いに，少しでも応えたいと願っていたのだ。」（野中広務『野中広務全回顧録』122・123頁）

沖縄復帰 25 周年記念式典　平成9（1997）年に入り，梶山官房長官を中心に，沖縄復帰25周年記念式典を沖縄で開催しようという動きとなった。橋本総理が，前年の宜野湾メッセージの中間報告を，総理式辞として県民に伝える，そして，米国，中国，沖縄県の移民の多い国々の大使を呼ぶ，ということにもなった。台湾の代表も呼ぶという，**内政外政安保全般にわたる式典**となった。式典日も沖縄復帰ゆかりの11月21日となった。私も式典本部員の委嘱を受け，NIRA調査事務もあり，総理府事務官の併任をここではじめて受け，第二班員として外務省との連絡調整にもあたった。

　大事なのは，総理式辞の「タイピスト」になったことだ。記念式典の式辞は，様々な人の目通しの上，成案となり，当然，橋本総理ご自身が何度も筆を入れた。当時の「沖縄問題担当」の官邸事務方は，古川副長官を頭に，田波耕治内閣内政審議室長，岡本補佐官，安藤隆春総理秘書官，五十嵐邦雄長官秘書官，草加純男長官秘書官，そして，安達審議官（室長）はじめ沖縄問題担当室員だった。何度も何度も打ち直し，完成に近づいていった。

総理式辞　沖縄復帰25周年記念式典・内閣総理大臣式辞（平成9年11月21日），宜野湾のコンベンションホールでの総理の式辞は，県民に対するメッセージから，1年余を経て，その成果を中間報告として伝える内容となった。11月21日とは，昭和44（1969）年，佐藤総理とニクソン大統領との間で，沖縄返還合意がなされた日だ。**沖政協，島田懇**の諸施策や，沖縄振興問題の大計とされた**NIRA中間報告**を踏まえた，

有言実行のコンテンツを県民に，そして国の内外に示した。

　実現化施策として，○海外大学院への留学生派遣，○国立組踊劇場（仮称）の整備，○航空運賃引き下げ，○NTT104番号案内センター（那覇）の誕生，○マルチメディア・ベンチャー企業の誕生，○沖縄での各種国際会議の開催，○雇用開発推進機構の整備，があげられた。今後の展開施策として，○特別自由貿易制度の創設（所得税額控除），○情報通信産業特別地域の創設（投資税額減税），○沖縄型DFSの設置，○査証手続き簡素化，○通信・空港・港湾等インフラの効率的・効果的整備，亜熱帯特性を活かした研究開発など国際交流拠点沖縄の形成，○国立高等専門学校の設置，沖縄職能開発短大の大学校化，が約された。さらに，県土の均衡ある発展を目指し，本島北部振興を，地元と相談しつつ真剣に検討することという「北部振興」を政府として初めて約束した。

　総理式辞の結びでは，「次の25年間は，発展の希望に満ちたものであると同時に，また，乗り越えなければならない幾多の試練を抱えているでしょう。しかし，この沖縄の挑戦が，やがて沖縄独自の価値を生み出し，それが，日本の社会，経済，文化の不可分の特色として，日本全体を豊かにしていくことを期待し，またそのお手伝いをさせていただこうと思っております。」とある。その6年後の平成15（2003）年7月5日，名護の名桜大学で，橋本元総理は，「宜野湾スピーチとその後」という演題で，「県民に対するメッセージ」と「25周年式典での総理式辞」のアウトプットを語った。メッセージから7年の歳月が流れていた。第3章で紹介する。

5　日本は沖縄のために，沖縄は日本のために

NIRA 最終報告書　平成10（1998）年3月27日，国会内の院内大臣応接室で，香西座長は村岡官房長官にNIRAレポート最終報告書を提出した。座長と長官は，定例の官房長官会見で一緒にブリーフィングをしたが，これも当時，珍しいことだった。その日1日，香西先生のアテンドを務めた。香西先生は座長就任を再三固辞されてから，座長に就任すると，深く，沖縄と日本の将来に思いをはせた。

　最終報告書には，香西先生の思いがこもった次の言葉が期されている。
「日本は沖縄のために，沖縄は日本のために」，**「相互に連帯・協力して振興に努めること」**，これは，橋本総理の宜野湾メッセージを受けた，沖縄復帰 25 周年記念式典（平成 9 (1997) 年 11 月）の総理式辞にある，「沖縄の挑戦が沖縄独自の価値を生み，日本の社会，経済，文化の不可分の特色とし，日本全体を豊かにする」ことに繋がる。NIRA 報告書では，「沖縄振興策の成功は，日本全体の活性化と各地域独自の発展実現に重要な布石・刺激になる」とも記された。香西先生は，平成 30 (2018) 年 5 月 20 日に逝去された。

グッド・クライメート

　沖縄の問題の尽きせぬ解決，沖縄の持続的な振興を考えると，沖縄と本土・東京との重厚な人間関係が常に欠かせない。共通の土俵で，灯を点し続け，お互いの利害を誠実に明らかにし，論じ合い合意点を求めていく，「よき関係」が，復帰前後に次ぎ，この時期には蓄積され，グッド（良き）・クライメート（雰囲気）が成り立っていった。基地問題だけでなく，振興策でも，県，広域圏，市町村各々の首長の考え方は相互に異なることが多い。政府は，政治主導の下，地元を大事に辛抱強く調整した。

　「伊江村は戦中だけでもなく戦後も傷だらけの苦難の歴史でしたと説明すると，岡本先生は私に身を寄り添って真剣な眼差しで「村民は耐え難い苦難の時代をよく乗り越えられましたね。私はこの伊江島の歴史は忘れず仕事の参考にしています」と心強いねぎらいの言葉をかけてくださり，私は感動しました。」「以来お互いに親近感をもってお会いするようになり，しばらくして先生から村の振興のために何が必要ですか，村の将来に向けて何を望んでいますかと聞かれ，私は現在村が抱えている振興課題と将来に向けた課題，未来像（夢）をお話ししました。その後何度かお会いし，電話でもお話ししましたが，私がいちばん感動したのは東京でお会いした時のことです。「沖縄の将来を考えての振興策は当然のことであるが，基地のない地域と所得の低い地域，離島振興を底上げして県の発展につながる振興策を施していかなければならない，今政府に残された課題であると考える」と仰ったとき，この人は真剣に沖縄を考えていると，頼もしく心強く感じました。先生は言葉だけ

ではなく実際にその現場に足を運び，実情を把握され，さらに地域の方々と一緒になって立地条件に合う振興策について話し合いその実現に努力してくださいました。」「平成九年，政府は県民の基地感情を緩和し基地の安定使用を目的に，岡本先生を中心に立ち上げた「基地所在市町村活性化対策事業」を始め，その諮問機関として，「島田懇談会」が設置されました。座長には当時慶応大学の教授の島田晴雄先生が就任されました。各市町村から上がってくる要請事業（通称・島田懇事業）が，その地域にとって重要かどうか審議し，政府が島田懇事業として採択していくシステムでした。その振興策が沖縄県の繁栄に大きく貢献してきたことは周知のとおりです。」（島袋清徳『岡本行夫・現場主義を貫いた外交官（追悼文庫版）』398 頁）

三重層・四重層の調整 施策を継続し，効果を追跡して，市町村（場合によっては財産区），広域，県，三層（四層）の施策効果を蓄積し集積する。政策評価を常に行い，ポジティブな流れに施策を追肥する。琉球王国時代に，現行の市町村にあたる間切（まぎり）という行政単位があり，本土の都道府県に相当していた。今でも，本島北部では財産区・行政区，八重山では公民館が，市町村のなかでの「行政」としての主体性を有しており，沖縄では，本土の市町村より小さい単位で確かな自治がある。名護市東部，久辺（くべ）三区と言われる，辺野古（へのこ），豊原（とよはら），久志（くし）の３つの区各々に，区長の下，書記と言う事務職が置かれ，委員会という名の議会も設けられ，行政委員会委員長と言う議長が選出される。

名護市は，沖縄県のなかで広域合併の先駆けとなり，復帰二年前，昭和45（1970）年８月１日に誕生した。市域は広く，集落ごとの自主性も高い。名護湾に面した主邑の旧名護町は名護間切を継承する。広大な名護市域は，琉球王朝時代からの間切（まぎり）の違いもあり，地域ごとの個性と自主性も強い。特に久辺（くべ）三区は，戦後，同地区の米軍キャンプに収容された中南部の人々によって開けた地域であり，名護町を中心とする市西部とは人脈・地脈が離れている。この３つの区の1,000票の人々の将来を，人口５万人の名護市全体の票に委ねる状態が続いている。平成中期の頃，例えば，平成14（2002）年４月１日現在の数値では，名護市の

人口は56,301人だった。このとき，久辺三区の人口は2,564人で，名護市の総人口に占める割合は約4.55％だった。

　平成9（1997）年12月21日の住民投票の後，24日の比嘉市長の辞任を受け，翌年早々，名護市長選が行われ，2月8日の投票当日，補佐官室と担当室とを伝書鳩のように行き来した。後継の岸本市長の当選可能性は五分五分という世評だった。岡本さんは，旧知の沖縄在の記者たちと連絡をとっていたのだろう，鳴った電話機の受話器を気重く取った。担当室に戻ろうとすると，岡本さんの「ちょっと待って。」という声が響く。集票は体育館のような広いところ，各社の記者は集計の様子を上から眺め，票の重なりが見えてきたのだろう。1,150票差で岸本市長が誕生した。奈落の底に入りそうなジェットコースターが再び地上に現れたような思いがした。

　三重層・四重層の多元的な調整のなか，チルダイ〜まあ，いいや，どうせできやしない〜といった，ためにする議論が打破されていった。しなければならないこと，できること，できないことを，しっかりと3分類し，政策資源が傾斜配分され，すべきこと，しなければならないことに重点が置かれていった。沖縄の歴史・社会・文化，復帰前後の振興の盛り上がりという基礎・基盤・前提を大切にしつつ，基礎を習熟しながら，目標と夢の実現という応用解を積極的に求めた。平成中期には，沖縄は無論，本土の長老政治家，官僚OBにも，復帰時に，活躍し，沖縄問題，沖縄振興問題の難所・急所を知悉している人々がいた。沖縄問題担当室員として，長老・OBの指導・薫陶を日々受けた。

我が国を牽引するエンジン　沖縄振興は，当時の霞が関にあって，有為で前向きな仕事をする共通のプラットホームになっていた。平成中期の沖縄振興がピークを終えた頃，平成16（2004）年，沖政協の10のPT・34の施策群のなかでも難題だった，国立組踊劇場が落成し，国立高専も第一期生を迎えた。さらに沖縄振興開発特別措置法から，「開発」の名を省き，「開発」行政が「振興」行政に転換した。この16年当時，沖縄振興特別措置法の折り返し（平成18（2006）年），

島田懇事業終了（平成19（2007）年）。平成8（1996）年以来の北部振興事業の終了（平成22（2010）年），次の沖縄振興法制見直し（平成24（2012）年：復帰40周年）といった折々での一層の展開を期待し夢見ていた。

　昭和47（1972）年，沖縄の本土復帰時，政治主導の下で，ワンストップ行政はじめ沖縄振興のメカニズムが生まれ，平成中期では，官邸（沖縄問題担当室）が，省庁間，地元各界，県市町村のバッファーとなって機能した。沖縄開発庁（現．内閣府）の調整機能に，防衛施設庁（現．防衛省）の機能を考慮した，官邸（沖縄問題担当室）の日々の調整業務は，本土との格差是正を越え，**我が国を牽引する振興策群創出のエンジン**となった。

　平成7（1995）年から平成16（2004）年までの間，今に至る普天間基地移設プロセスは，幾度かの茨の道を越えながら進んだ。在沖米軍施設・区域の整理統合縮小と，これに「置き換わる」「それ以上の」**活発な経済活動の拡大**，普天間移設とそれにかかわる動きは，沖縄問題の象徴として，一案件ではあるが，大きく世の中を動かす小宇宙（ミクロ・コスモス）だった。それは今でも基本的に変わっていない。

天皇皇后両陛下の行幸啓　平成16年1月23日，天皇皇后両陛下（上皇上皇后両陛下）は，平成5（1993）年の全国植樹祭以来11年ぶりに行幸啓され，平成16（2004）年年明け，国立劇場おきなわ開場記念公演に御出席された。直前の天皇誕生日には，上皇様から次のメッセージが出された。

　「これから先，復帰を願ったことが，沖縄の人々にとって良かったと思える県になっていくよう，日本人全体が心を尽くすことを，切に願っています。」。

　当時，出張中だった，私のスタッフの横山補佐（財務省主計局から出向）は，歓迎の人々があふれ，みな笑顔であったと伝えてくれた。歓迎の提灯を私に持って帰ってくれた横山さんと一緒に，当時，内閣府近くにあった沖縄協会に行き，提灯を小玉正任会長に委ねた。

　「今度の沖縄県の訪問は，国立劇場おきなわの開場記念公演を観ることと，それからまだ行ったことのない宮古島と石垣島を訪問するということが目的で

す。しかし，沖縄県と言いますと，私どものまず念頭にあるのは，沖縄島そして伊江島で地上戦が行われ非常に多くの，特に県民が，犠牲になったということです。この度もそういうことでまず国立沖縄戦没者墓苑に参拝することにしています。この沖縄は，本当に飛行機で島に向かっていくと美しい珊瑚礁に巡らされ，いろいろな緑の美しい海がそれを囲んでいます。しかし，ここで 56 年前に非常に多くの血が流されたということを常に考えずにはいられません。沖縄が復帰したのは 31 年前になりますが，これも日本との平和条約が発効してから 20 年後のことです。その間，沖縄の人々は日本復帰ということを非常に願って様々な運動をしてきました。このような沖縄の人々を迎えるに当たって日本人全体で沖縄の歴史や文化を学び，沖縄の人々への理解を深めていかなければならないと思っていたわけです。私自身もそのような気持ちで沖縄への理解を深めようと努めてきました。私にとっては沖縄の歴史をひもとくということは島津氏の血を受けている者として心の痛むことでした。しかし，それであればこそ沖縄への理解を深め，沖縄の人々の気持ちが理解できるようにならなければならないと努めてきたつもりです。沖縄県の人々にそのような気持ちから少しでも力になれればという思いを抱いてきました。そのような気持ちから沖縄国際海洋博覧会の名誉総裁を務めていた機会に，その跡地に「おもろそうし」という沖縄の 16 世紀から 17 世紀にかけて編集された歌謡集がありますが，そこに表れる植物を万葉植物園のように見せる植物園ができればというつもりで提案したことがあります。海洋博の跡地は潮風も強く，植物の栽培が非常に難しいと言っていましたが，おもろ植物園ができ，一昨年には秋篠宮妃が子供たちと訪れています。また，同様の気持ちから文化財が戦争でほとんど無くなった沖縄県に組踊ができるような劇場ができればと思って，そのようなことを何人かの人に話したことがあります。この劇場が，この度開場記念公演を迎えるということで本当に感慨深いものを感じています。沖縄は離島であり，島民の生活にも，殊に現在の経済状況は厳しいものがあると聞いていますが，これから先，復帰を願ったことが，沖縄の人々にとって良かったと思える県になっていくよう，日本人全体が心を尽くすことを，切に願っています。」（宮内庁 HP）

「五月に復帰三十周年を迎えた沖縄にも触れ，「先の大戦で大きな犠牲を払い，長い時を経て復帰を実現した沖縄の歴史が，人々に記憶され続けていくことを願っています。」（『天皇陛下 69 歳に～「拉致」や沖縄戦に触れる～』平成14 年 12 月 23 日付琉球新報 22 面）

「現在，一番頭を痛め，全精力をつぎ込んでいる課題は，沖縄問題であります。沖縄においては米軍基地の七五パーセントが集中し，事件や事故，航空

機騒音などによって住民の生活環境がおびやかされ，地域の振興にも影響を及ぼしている現状があり，一方，日米安全保障条約に基づき日本をはじめアジア太平洋地域の安全を保っていかなければならない使命がありますので，両者の調和を図りつつ，基地の統合・縮小を図っていくという難しい作業を進めております。お陰様で，去る九月十日の橋本総理と大田昌秀沖縄県知事の会談を機に，沖縄問題は大きな節目を越えることができました。」（古川貞二郎『私の履歴書「日本の課題と若い人への期待」（佐賀西高校百二十年（平成八年）記念講演）』163・164頁）

「私は同じ橋本内閣で，北米局審議官として日米安保・沖縄基地問題を担当し，1996年に米国との間で普天間基地の返還合意を作ったが，後に岡本さんから厳しい批判を受けた。なぜ沖縄の声を十分聞かなかったのか，あらかじめ沖縄との移設先合意なくして基地移設はできないと，まず米国と合意し，その後沖縄と相談ということでないと何も動かない─私にも言い分はあったが，あれから25年近くたった今も普天間基地返還が実現していないのは，岡本さんが正しかったことを示しているのだろう。」（田中均『岡本行夫・現場主義を貫いた外交官（追悼文庫版）』368・369頁）

「（前略）何にも増して重要なことは，日本政府が「沖縄に寄り添う」という基本方針を，言葉ではなく，実際の行動で示すことだ。（中略）沖縄問題は，軍事上の合理性や技術論だけでは対応できない。（後略）」（岡本行夫『危機の外交』306頁）

「平成七年九月以来，僕はずっと沖縄問題にかかわった。関係者の努力にもかかわらず，この問題の解決には相当の時間を要する。」（古川貞二郎『霞が関半生記』199頁）

「沖縄復帰50周年に当たり，本日，沖縄と東京をオンラインでつなぎ，記念式典が開催されることを誠に喜ばしく思います。先の大戦で悲惨な地上戦の舞台となり，戦後も約27年間にわたり日本国の施政下から外れた沖縄は，日米両国の友好と信頼に基づき，50年前の今日，本土への復帰を果たしました。大戦で多くの尊い命が失われた沖縄において，人々は「ぬちどぅたから」（命こそ宝）の思いを深められたと伺っていますが，その後も苦難の道を歩んできた沖縄の人々の歴史に思いを致しつつ，この式典に臨むことに深い感慨を覚えます。本土復帰の日，中学1年生であった私は，両親と一緒にニュースを見たことをよく覚えています。そして，復帰から15年を経た昭和62年，国民体育大会夏季大会の折に初めて沖縄を訪れました。その当時と比べても，沖縄は発展を遂げ，県民生活も向上したと伺います。沖縄県民を始め

とする，多くの人々の長年にわたるたゆみない努力に深く敬意を表します。一方で，沖縄には，今なお様々な課題が残されています。今後，若い世代を含め，広く国民の沖縄に対する理解が更に深まることを希望するとともに，今後とも，これまでの人々の思いと努力が確実に受け継がれ，豊かな未来が沖縄に築かれることを心から願っています。美しい海を始めとする自然に恵まれ，豊かな歴史，伝統，文化を育んできた沖縄は，多くの魅力を有しています。沖縄の一層の発展と人々の幸せを祈り，式典に寄せる言葉といたします。」『沖縄復帰50周年記念式典（オンラインにて御臨席）』令和4年5月15日（宮内庁HP）

「本日，天皇皇后両陛下のオンラインでの御臨席を賜り，東京，沖縄それぞれの会場に内外から多数の賓客の御参列をいただいて，沖縄県との共催の下で沖縄復帰50周年記念式典を挙行できることは，大変喜ばしいことであり，沖縄県民のみならず，全ての日本国民にとって，誠に意義深いことと考えます。昭和47年5月15日，沖縄は本土復帰を果たしました。先の大戦で地上戦の舞台となった沖縄は，戦後，連合国による我が国の占領が終了した後も，長きにわたり，米国の施政下に置かれました。沖縄復帰は，このような苦難を乗り越え，沖縄県民そして国民全体の悲願として実現したものです。戦争によって失われた領土を外交交渉で回復したことは史上まれなことであり，日米両国の友好と信頼により可能となったものでした。この50年，沖縄は着実に発展の歩みを進め，政府は5次にわたる振興計画や各種の特別措置等を講じ，その歩みを後押ししてまいりました。（中略）「強い沖縄経済」の実現には沖縄産業の高度化・高付加価値化が重要です。（中略）開業率が全国トップの沖縄は，創業意欲にあふれる地です。（中略）沖縄の更なる発展の鍵は，未来を担う子供達にあります。（中略）「万国津梁（しんりょう）」の精神の下，島嶼（とうしょ）地域に共通する課題の解決に貢献できる国際的な人材の育成や人材交流等を推進し，平和創造の拠点としての沖縄の発展，国際的なネットワークの形成を目指してまいります。（中略）在日米軍施設・区域の整理・統合・縮小を進めており，返還された跡地は，沖縄の将来の発展のために御利用いただくものになります。（中略）これからも，日米同盟の抑止力を維持しながら，基地負担軽減の目に見える成果を一つ一つ着実に積み上げてまいります。（中略）私は，沖縄が，アジア太平洋地域に，そして世界に，力強く羽ばたいていく，新たな時代の幕が開けたことを感じています。復帰から今日に至る沖縄県民のたゆまぬ努力と先人達の御尽力に改めて敬意を表するとともに，世界の平和と沖縄の更なる発展を祈念し，私の式辞といたします。」『沖縄復帰50周年記念式典岸田内閣総理大臣式辞』令和4年5月15日（首相官邸HP）

第2章

平成中期の沖縄振興の成果

1 沖縄振興問題の視点・論点

沖縄振興の本質とは　令和に年号が変わり，沖縄との間を行き来し，沖縄で勤務してから，四半世紀を超えた。基地問題をはじめ数々の課題がありつつも，沖縄の現在の繁栄を見るにつけ，心躍るものがあるが，今の沖縄は，鳩山内閣を経て，平成16（2004）年頃とは何かが違う気がする。沖縄県民一人一人にとっても残念なことだし，国民一人一人が憂うべきことと思う。沖縄と日本の将来にとって，沖縄問題は依然として大事な問題だ。復帰前後，沖縄戦，琉球処分，琉球王国時代，グスク時代，各々の世（ゆ），日本の来し方行く末にとって，変えるもののない，変わるもののない沖縄振興問題の本質とこれからを考えてみたい。沖縄・本土の見識ある先人達から直接に得た知恵と人文（じんぶん（知見））を道しるべにして。

　前章では，平成7（1995）年の少女暴行事件を契機に，政府により，沖縄における基地問題の打開と経済の振興が精力的に営まれた，平成16（2004）年頃までの過程を概説した。平成14（2002）年度以降，振興の理念・方針が，法制上も，格差是正から自立性・優位性重視に転じた。本章では，今に続く，安全保障上の問題（米軍基地問題・国土保全問題）への対応と絡め，大事なプロセスといくつかの視点論点について掘り下げ，あわせて，平成中期における沖縄振興問題の解決過程における政府全体の行政と沖縄振興の変化変革を振り返る。

継承と発展　昭和47（1972）年沖縄の本土復帰前後に，ワンストップ行政を柱に，沖縄振興の重厚な組織立てが行われ，復帰三大事業に見られる優位性のある振興策の焦点化も行われた。これらは，

少女暴行事件以降の沖縄施策でも継承され発展した。平成中期の沖縄問題解決の過程でも，県民に対する過去への報いと現在の苦渋に対する代償が引き続き求められた。復帰時の本土並み論は，ハード中心ではあったが，本土との格差の是正に通じた。米軍基地所在市町村に関する振興は別立てで行われた。沖縄の地理的不利性の克服の観点から，山中初代沖縄担当大臣による下地島空港敷設などの離島振興も行われ，山中大臣は島々を隈なく廻り，島の人々の要請に耳を傾け，多くの課題を克服していった。

「「総理は各省大臣を指揮する権限があります。沖縄に関する限りその指揮権を放棄して下さい。各省大臣はすべて自分の省の権限があります。それを沖縄の問題に関する限りは，全部山中に一任せよ。文句を言うな──ということで，総理から因果を含めて下さい。閣議決定して下さい。ただし外交交渉だけは私はタッチしません。」と申しましたら，佐藤さんがあのギョロ目をつぶっちゃったんです。5秒か10秒，目をつぶってカッと見開いて「君ならできるだろう。思い切りやりたまえ」と，こう言ったんです。この一言が，沖縄の問題をずっと，毎年，フィニッシュするまで見届けている山中と，もう世情有名ですから，そういういきさつで沖縄復帰の為の大作業を開始したわけです。」（山中貞則『沖縄復帰25周年を語る』5頁）

「最近，沖縄県の軍事基地，米軍提供の問題で，全提供面積の75％が沖縄にあるとかなんとかかんとか，それはその通りです。だけど，それを橋本（龍太郎）総理が「沖縄に対して，あまりにも我々は仕事をやらなさすぎだ」と言ったんです。それで「龍太郎，無礼なことを言うな！沖縄の人々に聞いてみろ。沖縄の人々の特例は，補助の特例ばかりではない，税制の特例から，あらゆる問題から沢山の特例を作って，沖縄の人々の生活が急変せんようにやってあるんだ」と言いました。」（山中貞則『沖縄復帰25周年を語る』6頁）

新たな解決システムの模索　平成7 (1995)年9月4日の少女暴行事件を契機に，現在の沖縄が背負う負担とそれに対する特別な補償という理念の実現が改めて強く求められた。パンドラの箱が開いたなか，在沖米軍基地問題と沖縄振興との新たな解決システムが模索され，構築され，国，県，基地所在市町村，財産区との**重層的な相互確認作業**を通して行われた。平成8 (1996)年12月2日，沖縄における

特別行動委員会（SACO）最終報告が示され，同日，同最終報告の不可分の一部をなすものとして，普天間飛行場に関するSACO最終報告も出された。SACO・普天間移設のロジックのもと，我が国に寄与する振興策群が創出された。

平成中期の沖縄振興のモットー　平成8（1996）年9月に沖縄政策協議会が組成され，官邸主導の下，霞が関と沖縄県との間で，10のPTが組織された。沖縄振興にとっての将来性のある施策群が徹底してつくりこまれ，これらの施策群は，**我が国の改革の先取りとなる事案を多く含んでいた**。10のPTの成果は，沖政協で，平成9（1997）年7月に中間取りまとめとして示され，沖縄振興の中長期的展望を謳ったNIRAの報告書では，伝統的であるとともにわかりやすい「比較優位論」の立場で，理論の枠組みが築かれた。**沖縄の経済を成長させるエンジンを内蔵すること**が志向されるとともに，選択と集中のなか，沖縄において，将来的な発展性が大きく見込まれ，波及性が高い振興政策が編まれた。

平成中期の沖縄振興のモットーは，

- 沖縄を，我が国の単なる玄関口でなく，**アジアに開かれた交流拠点**として位置付ける。
- ハード偏重からソフト重視に転換し，公共事業は優位性を考えつつ，質的に充実させる。
- 沖縄の将来発展のために**意義ある非公共分野へのテコ入れ**を行う。

ということだった。これらは，今に至っても，沖縄だけではなく，我が国全体において通用する有用な理念・方針になっている。

10のプロジェクトチーム　沖縄政策協議会の10のプロジェクトチームとは，①総合・地域計画PT，②基地跡地の利・転用PT，③通信・空港・港湾等のインフラ整備PT，④国際貿

易・物流基地の形成 PT，⑤産業創造・雇用開発 PT，⑥情報通信産業集積 PT，⑦国際観光・保養基地の整備 PT，⑧環境共生型地域の形成 PT，⑨亜熱帯特性等を活用した研究開発の推進 PT，⑩国際協力・交流の推進 PT，だった。①②③は社会資本部会，④⑤⑥⑦は産業経済部会，⑧⑨⑩は環境・技術・国際交流部会とされ，部会は会議としては開かれず，各省庁と県の各部局を，沖縄問題担当室が調整し，10 の PT ごとに案件がまとめられた。及川耕造内閣審議官（後の特許庁長官）が統括し，沖政協中間取りまとめでは，PT ごとの柱は 34 に束ねられた（括弧内は当時の取りまとめ省庁名）。

① **総合・地域計画**
〔1〕次期全国総合開発計画と沖縄県の役割（国土庁（現，国土交通省））
〔2〕第 3 次沖縄振興開発計画（後期）の推進（沖縄開発庁（現，内閣府））
〔3〕多極分散型国土形成促進法にもとづく振興拠点地域制度の活用（国土庁（現，国土交通省））
〔4〕沖縄振興推進体制の整備（内閣官房（註））
　　（註）内閣官房内閣内政審議室沖縄問題担当室
② **基地跡地の利・転用**（一括して（沖縄開発庁（現，内閣府）））
〔5〕普天間飛行場返還跡地整備に関する調査（沖縄開発庁（現，内閣府））
〔6〕普天間飛行場以外の米軍施設・区域返還跡地整備に関する調査（同上）
〔7〕米軍施設・区域返還跡地整備に関する制度・手法の研究（同上）
〔8〕米軍施設・区域返還跡地整備推進のための組織の整備（同上）
③ **通信・空港・港湾等のインフラ整備**
〔9〕通信インフラ整備の推進（郵政省（現，総務省））
〔10〕空港インフラ整備の推進（沖縄開発庁（現，内閣府））
〔11〕港湾インフラ整備の推進（同上）
〔12〕総合交通体系整備の推進（同上）
　　※那覇新都心開発拠点形成促進調査
④ **国際貿易・物流基地の形成**

〔13〕産業・経済振興に係るコミュニケーション方策の推進（通商産業省
（現，経済産業省））

〔14〕自由貿易地域制度の拡充・地域の拡大（同上）

〔15〕港湾流通機能の拡充整備（通商産業省（現，経済産業省）・運輸省（現，
国土交通省））

⑤　**産業創造・雇用開発**

〔16〕産業立地促進・活性化の支援（通商産業省（現，経済産業省）・農林水
産省・沖縄開発庁（現，内閣府））

〔17〕中小・ベンチャー企業の支援（通商産業省（現，経済産業省）・農林水
産省）

〔18〕雇用の促進・人材の育成（労働省（現，厚生労働省））

⑥　**情報通信産業集積**

〔19〕「マルチメディアアイランド構想」推進体制・組織の整備（郵政省
（現，総務省）・通商産業省（現，経済産業省））

〔20〕情報通信による公共サービスの推進（郵政省（現，総務省）・通商産業
省（現，経済産業省））

〔21〕情報通信産業の集積への支援（通商産業省（現，経済産業省）・郵政省
（現，総務省））

⑦　**国際観光・保養基地の整備**

〔22〕観光資源開発及び観光施設の一体的整備（厚生省（現，厚生労働省），
通商産業省（現，経済産業省），運輸省（現，国土交通省））

〔23〕芸能，工芸等の振興（通商産業省（現，経済産業省））

〔24〕観光産業に係る人材育成（運輸省（現，国土交通省））

〔25〕来沖人口増加のための制度を含めた環境整備（外務省，運輸省（現，
国土交通省））

⑧　**環境共生型地域の形成**

〔26〕「やんばる」地域等の自然環境の保全活用（環境庁（現，環境省））

〔27〕リサイクル・新エネルギー利用の促進（通商産業省（現，経済産業省））

〔28〕海洋深層水研究の推進（科学技術庁（現，文部科学省））

⑨　**亜熱帯特性等を活用した研究開発の推進**

〔29〕亜熱帯総合研究所（仮称）の整備等（沖縄開発庁（現，内閣府））

〔30〕高等教育機関の充実（文部省（現，文部科学省））

〔31〕国際化に対応できる人材育成（同上）

⑩　**国際協力・交流の拠点整備**

〔32〕沖縄国際南北センター（仮称），国立組踊劇場（仮称）等国際協力・交流の拠点整備（外務省・文部省（現，文部科学省））

〔33〕国際会議の誘致及び関連施設等の誘致（運輸省（現，国土交通省））

〔34〕経済・技術面での国際協力の推進（外務省）

　この34の柱ごとに，50億円の特別調整費を支弁した調整費事業群があり，これらの事業は今に至る有為な沖縄振興策の種であり芽となった。柱のタイトルを見ても，今日も近い将来においても普遍性のある，**沖縄の地にしっかりと根付いた課題群**なだけに，**沖縄県全体に有益で，我が国全体の将来発展を導くラインアップ**となった。この時に，県庁の実務家とともに，担当室が調整し，各省庁が連携調査した報告書は数十冊に及んだろうか，後々までも，平成中期の沖縄振興を支える基盤となった。

亜熱帯総合研究所構想から OIST へ（第9PT）　沖縄開発庁が，県と相談して，こだわった案件の1つに，亜熱帯総合研究所構想があった。担当室内では，調整官庁である沖開庁以外に担当省庁が見つからないこと，ペーパーだけの調査で終わりかねないことから，その推進には疑心暗鬼だった。沖開庁の窓口の説明も今一つ要を得なかったが，直に，瀧川次官の肝いり案件であることがわかった。瀧川さんの話はこうだ。復帰時に，我が国のなかでも特別な地理条件にある沖縄の特性を活かしたい。他の地域ではできないような機関，国のため，何より県民のためになる高等研究とその機関があってもよいではないか，という理想があり，後世の課題として，開発庁の中で，調査研究を続けてきた。実現には時を得ることが必要で，今もまだその時ではないが，後世のため，沖政協の特別調整費調査事業としてお願いしたいと言われた。調査のための調査という褒められない調査でなく，**後世のた**

め光を灯し続ける調査というものがあることを知った。次官は，後世のため，内閣官房は無論，故郷の大蔵省主計局にも自ら説明におもむいた。瀧川さんの思いは，尾身大臣・稲嶺知事時代の沖縄科学技術大学院大学（OIST）につながる。稲嶺さんも，この亜熱帯総合研究所構想について詳しかった。

> 「そこでやはり東南アジアの扇の要みたいな感覚で，そこに亜熱帯農業とか熱帯農業とかですけど，熱帯医学とかそういうことの研究所をつくると，（中略）沖縄の若い研究者も加わり，東南アジアの人も加わり，それからもちろん他府県の優秀な人も加わって，沖縄でやりやすい研究ですね，農業，医学などをやるべきだと思います。」（垣花秀武『沖縄の真の発展を望む』19・20頁）

鉄軌道構想から新たな都市交通システム構想へ（第3PT）

内閣府で調査が続く鉄軌道構想も，戦前の県営鉄道が沖縄戦で灰燼に帰したことに由来する。島田懇事業による嘉手納の道の駅では，県営鉄道の嘉手納駅がジオラマで再現されている。平成14（2002）年，沖縄復帰30周年式典を経て，平成中期の沖縄振興が大円団を迎えた後，地元紙で，橋本元総理はじめ過去を知る長老たちの座談会があり，沖縄の将来のため，**定時定速の公共交通機関の充実の必要性**が説かれていた。平成12（2000）年の沖縄サミットの頃だろうか，名護市内，沖縄自動車道の許田（きょだ）インターを降りたところに，今でいう道の駅ができていた。建設省（現，国土交通省）や全国の自治体が盛んに振興する少し前のことだ。名護はじめ「やんばる」の物産が売られ，時に，米軍の放出品もあった。沖縄県は，**道路網によって，生活，産業，観光の全ての動線が維持されており**，嘉手納の道の駅も，そういう状況の下に整備された。今は，沖縄各地に道の駅ができて賑わっており，平成26（2014）年頃の「全国道の駅ランキング」では，許田が全国1位，この「かでな」が5位，国頭が16位，いとまんが18位となっている。

コロナ禍のなか，全国的に車が売れているが，若い旅行牽引世代は車離れが顕著だともいう。鉄軌道構想に加え，車社会の沖縄で，あらためて，

生活・観光動線としてのこれからの交通環境に，ハード，ソフト両面から光を当てる時かもしれない。

「沖縄総合事務局は 11 日，沖縄県の国頭村安波に村が整備中の「やんばるパイナップルの丘・安波」を「道の駅」に登録したと発表した。施設は同村安波の県道 70 号国頭東線沿いにあり，県内では 10 番目，同村内では「ゆいゆい国頭」に続き 2 番目の登録になる。オープンは 2022 年 3 月を予定している。(後略)」『沖縄で 10 番目の道の駅「やんばるパイナップルの丘・安波」来月 3 月オープン』(2021 年 6 月 12 日 11：37 沖縄タイムス HP（沖縄タイムス＋プラス))

「今後の旅行市場を牽引する 10 代後半〜 30 代の世代（旅行牽引世代）は車離れが明確で，それが沖縄旅行の敬遠につながっている—。沖縄振興開発金融公庫と日本交通公社が 16 日発表した研究調査で，車やレンタカーが移動手段の主流になっている沖縄観光の課題が浮き彫りになった。(中略) 選択肢が限られる県内の交通手段がネックとなり，沖縄を旅行先に選ばない一因になっていると考えられる。(後略)」(川野百合子『車社会の沖縄へ旅行「当分ない」車離れする 10 〜 30 代が敬遠　調査で判明　移動手段で運転に抵抗感』2022 年 2 月 17 日 07：40 沖縄タイムス HP（沖縄タイムス＋プラス))

国立組踊劇場構想から国立劇場おきなわへ（第 10PT）

50 億円の特別調整費配分の調整作業は慎重に丁寧に行われ，沖縄県側からの要望を綿密にヒアリングし，10 の PT（プロジェクト・チーム）を精力的に開いた。PT ごとに主宰する取りまとめ省庁を決め，それぞれに内閣審議官（現在の内閣審議官・内閣参事官），内閣事務官（補佐・主査）がついて調整を行い，総理府本府ビルの地階も使って，日々精力的に調整が行われた。赴任後しばらくして，突然，古川官房副長官が担当室に現れた。沖縄振興の総括は，及川内閣審議官だ。副長官はにこにこと，「及川君，特別調整費事業の調整は進んでいますか。」と聞く。及川さんは，「優秀なスタッフをいただいて，皆で精力的にやっています。」と答えた。古川さんは「それは上々。ところで，県から国立組踊劇場構想があがっていますか。」と問いかけた。沖縄県からの要望のなかに，国立組踊劇場創設があった。東京，大阪以外で，国立劇場をつくるこ

となど想像だにしない時代だ。副長官が自分の趣意だけで一つの事業を走らせることはない。

　後日，古川さんからお聞きした話がある。古川さんにとって，国立組踊劇場の創設は，副長官時代を通じて最も思い出深い出来事の一つであるという。稲嶺さんは知事になる前，創設推進の委員長で，古川さんにも創設要望に赴いた。古川さんは，千駄ヶ谷の国立能楽堂で催された組踊を観に行き，感動のなかで終わり，立ち上がったら，前列に稲嶺さんがいたことで，お二人は親しくなったとのことだ。沖縄のためにぜひ実現したいと，古川さんが官邸内，各方面に働きかけ，みんなの力で実現をみた。設置場所は最後まで難航した。古川さんは意見を求められて，那覇市内より，むしろ駐車場が広く確保できる浦添の方がよいと言ったという。後年，私が沖縄に赴任してみると，踊りは女性が普通に親しむ習い事であり，日常生活に溶け込んでいた。家内も楽しみながら，時に子供たちを連れて習いに通った。組踊を主演する国立劇場とは，踊，音曲の殿堂であり，**沖縄の人々の文化の象徴となる**ものであることがよくわかった。

　アサヒビール名誉会長の樋口廣太郎先生は，政府の有識者として重要な立場を多く務めた。後年，海外経済協力会議の出張で，在印公使だったお婿さんと，ニューデリーでお会いした。沖縄勤務時代，樋口さんが簡易保険加入者協会関係で那覇を訪れた際，那覇新港にあったかんぽレクセンターでお昼を御一緒した。安藤昭一貯金保険部長が誘ってくれて，本島南部の東風平（こちんだ）町（現，八重瀬町）出身の知名（ちな）定一センター所長も同席した。樋口さんは，「佐藤さんは沖縄に詳しいと聞いています。僕は文化庁の委員もやっています。今，全国各地で国立劇場をという声がいろいろあがっているのですよ。聞くと，沖縄に組踊の国立劇場ができるのなら，ということらしい。沖縄には当然必要だけど，そもそもどうして，沖縄だったのだろう。」。おそらく，よくご存じのことかと思ったが，あえて聞いたのだろうと思い，簡潔に経緯をお話しした。「よくわかりました。やはりそうですか。」「あなたから聞いて，沖縄は特別の第五の国立劇場だと，あらためて得心がいった。ありがとう。」。現在も，国立劇場※は東京に３カ所，大阪に１カ所，そして沖縄に１カ所だ。**東京，大阪**

と沖縄のみにある。

※国立劇場（東京・隼町），国立能楽堂（東京・千駄ヶ谷），新国立演芸場（東京・初台），国立文楽劇場（大阪・日本橋），国立劇場おきなわ（浦添・勢理客（じっちゃく））

　国立組踊劇場の開場が近づくにつれ，沖縄県の松本真一秘書課長からの話を，文化芸能の行政にも詳しい岡貴子主査とともに聞くことも多くなった。平成16（2004）年1月18日，国立劇場おきなわが開場した。天皇皇后両陛下（上皇上皇后両陛下）は，国立劇場の開場記念公演御臨席とあわせて，1月23日から25日の3日間，本島，宮古，八重山をご訪問された。沖縄への行幸啓は，平成7（1995）年8月3日の戦後50年「慰霊の旅」以来であり，宮古，八重山は初めてのご訪問だった。この後，平成26（2014）年6月26日・27日には，対馬丸犠牲者の慰霊のための行幸啓があった。平成30（2018）年3月27日から29日には，沖縄県地方事情ご視察として，与那国島と本島を訪問された。

　開場・柿落し（こけらおとし）の時，副長官を退任していた古川夫妻を，稲嶺知事は沖縄に招き，平成9（1997）年の25周年式典でも披露された組踊「執心鐘入」を，新劇場にて感動した古川さんのために，島田懇はじめ旧知の人々と，人間国宝の島袋光史さんとともに歓談の席を設けた。古川さんにとって，沖縄の心を受けて，皆の力が結集して素晴らしい沖縄の伝統文化を具現した国立劇場が誕生したことは生涯の思い出だという。

「沖縄の未来を志向する中から「組踊（くみおどり）」など伝統文化の紹介の場となる「国立劇場おきなわ」や，国立沖縄工専の新設などが実現をみた。平成十六年一月，稲嶺惠一知事にお招きを受け，妻と国立劇場の「こけらおとし」に出席。国立劇場は，東京の千駄ヶ谷の能楽堂で生まれて初めて組踊りをみて感動し，強く推奨してきたことを稲嶺さんが知っていて，副長官を辞めていた僕に心づかいを示されたと思う。大変うれしいことだった。」（古川貞二郎『霞が関半生記』211頁）

出前霞が関　沖縄政策協議会の10のPTは，今考えても，とてもユニークな存在で，平成8年（1996）度末には，PTごとの

成果を持ち寄り，総理府地下講堂で，10 の PT ごと，時に複数 PT が連
結した会合が開かれ，沖縄県庁から各部局の職員が大挙して上京した。担
当室と国際都市形成推進室とが各々の事務局を務め，総括の及川審議官
が，「今，甲子園で，沖縄尚学が何対何で。」と言って，みんなを和ませ
た。総理府本府ビル（現，内閣府本府ビル）の地下講堂は，昭和 45（1970）
年，環境庁につながる公害対策本部が設けられた時も，平成 23（2011）年，
東日本大震災対応の本部ができた時も使われた，国にとって大事な縄張り
をする場所だ。

　平成 9（1997）年 1 月（20 日から 23 日までの 4 日間）には県庁内で異例の開
催を行い，霞が関のほぼ全省庁の課長級をトップにした職員が沖縄に出張
した。延べ 200 人以上の今風に言えば官僚が訪沖し，PT ごとに対応する
県庁各部とのミーティングを重ね，オール霞が関の沖縄への出前となっ
た。ロジをもって，県民，国民に，**政府の姿勢を可視化し，10 の PT の
アウトプットは，今につながる沖縄振興策の源流となった。**

　「公害対策本部は，内閣直属で当時の佐藤栄作総理が本部長，山中貞則総務長
　官が副本部長。政府全体で公害問題に取り組む組織になる。」「本部事務局
　は，旧総理府地下一階の講堂に置かれた。」「問題ごとにいわばアメーバのよ
　うに自由に人が動いた。つまり縦割り行政の打破だ。」「僕自身，良い経験
　だった。ここで省庁意識を超えた仕事ができたことは，後で内閣官房に入っ
　たりしたときにとても役立った。中央省庁再編の際，この対策本部の組織が
　頭にあったのも事実。副長官補室も外政，内政の区切りをなくした。縦割り
　でない行政の在り方をどうするかということ。その意識の萌芽はこの時に
　あった。」（古川貞二郎『霞が関半生記』98・99 頁）

目に見える成果　この時期の沖政協・10 の PT・調整費事業の目に見
える結果として，定量的な数字に表せる着実な成果
が上がった。北部振興，移設先・周辺振興の案件が調査計画・整備事業と
もに徐々に積みあがっていった。このような時，調整・査定の「ものさ
し」がないといけないが，平成中期の沖縄振興では，**雇用の増加，経済社
会効果の定量的把握**だった。島田懇も沖政協も折々に定量成果を示し，沖

縄県庁も，定量効果を重視した。本島中南部，宮古八重山の自治体は，北部振興がどのような成果をあげているのかを注視するようになり，県が担い手となる沖政協の調査事業も，雇用と波及効果を大事にしていた。県内の自治体に，**よき振興策を打とうという，前向きな競争**が起きた。渋沢栄一の「論語と算盤」にある「善なる競争」の沖縄バージョン，平成中期を通じて，意義あるこの競争は続き，互いを高め合っていた。嘉手納の宮城町長はじめ，首長の間では，評判の高い振興事業があれば，相互に意識して，自分のところでは，もっとよいものにしようという機運が高まり，互いに各々の事業の状況を見て回っていた。**官邸の会議の場をハレの舞台とする，良き競争の空間が確かに存在し，そこにはもはやチルダイな雰囲気はなかった。**

- 入域観光者数は，平成9（1997）年から平成11（1999）年の3年間で，350万人から450万人に100万人増加した。平成15（2003）年に500万人を超えた（508万人）。
- IT企業の立地数と新規雇用者数は，平成8（1996）年から平成15（2003）年9月までに，約100社・5,500名を数えた。
- 県内総生産は，平成8（1996）年から平成12（2000）年の5年間で，実質12.5％の増加となった。同期の国内総生産（実質）は6.5％の増加だった。

より具体的には，名桜スピーチ関連の次章（第3章）の各項目で示す。

法人事業税収の伸びも，九州・沖縄地域において，最下位のレベルから上昇し，地方税として，10年間程度の時間軸での変化としては，かなり珍しいことではなかったろうか。県庁，そして，名護市，沖縄市，浦添市，嘉手納町，伊江村，東村といった基地所在市町村をはじめ沖縄の各自治体で，自信と自立が芽生えた。官邸が主導したオール霞が関の支援のなかで，自分たちで編み築いた計画・施策への自信が深まるなか，**全国レベルの人財・人材の名があちこちで聞かれる**ようになり，テクノクラート（仕事師）の産声が県内にこだましました。

重厚な官邸主導体制　平成中期の沖縄問題解決の過程で，復帰時以来の沖縄担当相制が復活した。官房長官が沖縄担当相となった，復帰時より強力な体制だった。岡本行夫さんが沖縄担当の総理大臣補佐官となり，さらに，官邸主導で，10を超える協議会・調査会が設けられた。沖縄大使（政府代表）も新設された。

- 沖縄米軍基地問題協議会（平成7（1995）年11月17日）（閣議決定・官房長官主催）
- 普天間飛行場等の返還に係る諸問題の解決のための作業委員会（平成8（1996）年5月8日）（官房長官決裁・官房副長官主宰）
- 沖縄米軍基地所在市町村に関する懇談会（平成8（1996）年8月19日）（官房長官決裁・官房長官諮問機関）
- 沖縄政策協議会（平成8（1996）年9月17日）（閣議決定・官房長官主宰）
- 沖縄米軍基地所在市町村提案プロジェクトに関する連絡協議会（平成9（1997）年1月27日）（内閣官房内閣内政審議室長主催）
- 沖縄米軍基地所在市町村に関する懇談会提言に係る有識者懇談会（平成9（1997）年6月9日）（官房長官決裁・官房長官諮問機関）
- 沖縄振興中長期展望についての検討調査研究会（平成9（1997）年9月・同年11月中間報告・平成10（1998）年3月最終報告）（官房長官私的諮問機関）
- 普天間飛行場那覇港湾施設返還問題政府検討支援グループ（平成11（1999）年3月）
- 北部振興協議会（平成11年12月27日発足（沖政協で了解），平成12（2000）年2月10日初会合）
- 移設先周辺地域振興協議会（同上）
- 跡地対策協議会（平成11（1999）年12月27日発足（沖政協で了解），平成12（2000）年5月31日初会合）

これら官邸主宰会議群の事務局は，すべて，内閣官房直属の形で置かれた内閣内政審議室沖縄問題担当室が担った。官邸主導体制の下，現場としての沖縄を厚く見守る体制が構築され，今につながる官邸主導体制のスターターとなった。沖縄問題という国政上の最重要事項にあたるなか，人

図2 「沖縄問題・沖縄振興対策機関」機構図（平成12（2004）年2月1日現在）：
安保・外政・内政三局面からの機構

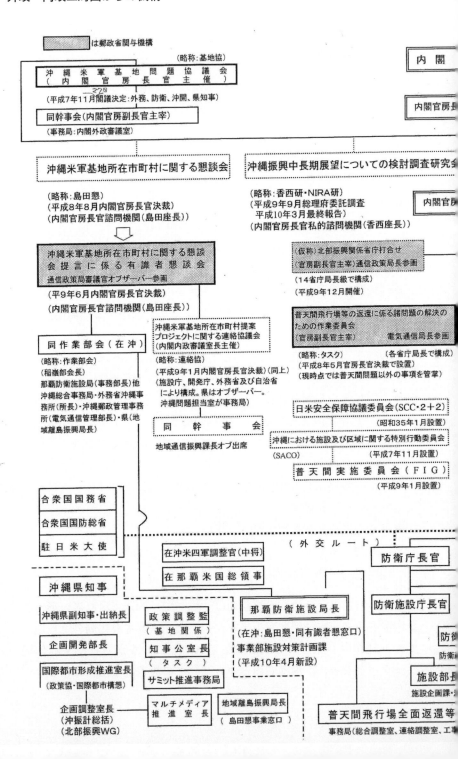

図1 「沖縄復帰対策機関」機構図と平仄を合わせて編んだ図。郵政省（現，総務省）の関与がわかるように表記。沖縄問題担当室に着任して，徐々に書き始めた。サミット後も，折々の状況を上書きしていった。

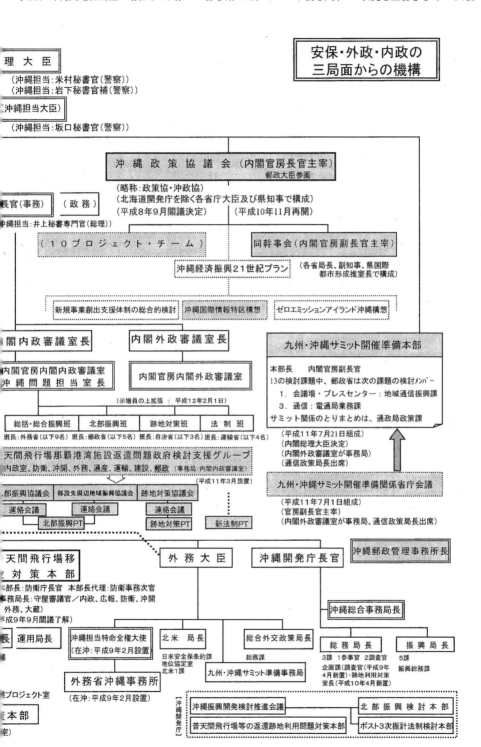

脈地脈も知悉してことを進めるために，総理，長官，副長官，補佐官，担当室という，政治主導，官邸主導の体制が結果として築かれた。沖縄担当大臣は，復帰時（初代）は，「沖縄の父」山中大臣が就任し，平成中期は，梶山官房長官が沖縄担当大臣となり，官房長官の兼務が続き，その後，橋本元総理が沖縄開発庁長官として沖縄担当相を兼務した。

「島田懇の副座長になったことで，日米安全保障や基地問題への認識を深め，多くの師を得た。特に印象に残るのは，島田懇の構想を島田晴雄先生と岡本行夫さんの二人が事務方の手を借りずに徹夜で練り上げたことだ。事務能力の素晴らしさもさることながら，その熱意に心を打たれた。いきなり一千億円の事業費を確保した梶山静六官房長官の政治力にも驚かされる。米軍基地という解決困難な問題を抱えて苦労している市町村長は，その分，行政能力も高いことも再発見した。」（稲嶺惠一『稲嶺惠一回顧録』106頁）

「首相補佐官には事務局がついてくれました。総理府（今の内閣府）（ママ）の中に，「沖縄問題担当室」という16人の組織がありました。そこが事実上，僕のための事務局になってくれたのです。室長は通産省出身の及川耕造さん（註：後の特許庁長官，経済産業研究所理事長）でした。のちに及川さんの後任には同じく通産省からの安達俊雄さん（註：後の内閣府沖縄担当政策統括官，シャープ代表取締役副社長）が室長に赴任してきました。」「彼らや，その下の郵政省の佐藤裁也さん（のちに内閣参事官），防衛庁の佐藤勉さん（のちの那覇防衛施設局長）たちが，完全なサポートをしてくれた。」（岡本行夫『岡本行夫・現場主義を貫いた外交官』235頁）

「沖縄対策を進めるに当たって僕がひそかに自負していることが二つある。一つは政府と沖縄の関係者が同じテーブルに座り物事を協議するやり方である。たとえば沖縄政策協議会は総理を除く全閣僚と沖縄県知事がメンバー，北部振興協議会は担当閣僚と知事及び北部十二市町村がメンバーというように。他にもたくさん沖縄関係の協議会があるが，いずれもその下に幹事会を設け，関係省庁の長官，局長や副知事や市町村の助役がメンバーとなり，事務副長官の司会で協議を重ねた。これは現地の実情をよく知り，その意見を重視しながら沖縄の自立的発展を図っていくという手法で，四十余年にわたって行政をやってきた僕が他に例を知らないぐらいきわだったやり方だった。今一つは基地所在市町村を活性化する特別事業で，平成九年度を初年度に約十年間で一千億の事業費を約束するものだった。当時の橋本総理や梶山官房長官の英断と，いわゆる「島田懇談会」が果たした役割が大きい。」（古

川貞二郎『霞が関半生記』210・211頁）

フェンスの内外　「よき代官」の1人である，牧隆壽沖縄開発事務次
官から，復帰時の沖縄開発庁の目標こそは，沖縄県
民のための政府全体のワンストップ行政だったと聞いた。ただ，米軍基地
関連は防衛施設庁のテリトリーであり，米軍基地のフェンスの内外を見通
した政策環境は整わなかった。平成7（1995）年から平成16（2004）年までの
過程は，フェンス内外各々の振興を俯瞰しようとする改革でもあった。
　平成12（2000）年のサミットの後，伊江村には，島田懇事業としての村
民レク広場と港湾施設整備のほか，農業村にふさわしい産物加工場施設整
備のプランがあった。防衛省の施設事業としても懸案事項とされており，
防衛省の地方協力局（施設庁の後身）とも密接に連絡を取った。沖縄に詳し
い防衛施設畑の企画官と相談して，農業の発展，雇用の創出に直につなが
る北部振興にふさわしい事業なので，同事業で行うことにして，防衛施設
整備予算は他の伊江島における懸案に支弁することになった。伊江村，北
部組合には，事情をよく説明し，米軍施設・区域対策で，日々大変な防衛
省（地方協力局）の真意がよくわかるようにした。このように，内政官庁間
の調整だけでなく，地方協力局とも緊密に連絡をとり，防衛施設事業と相
乗効果があがるような**意義ある区別化（デマケーション）を頭においた。サ
ミット後の私のスタッフだった，かっての「段ボール運びの上司（156
頁）」，脇坂補佐はじめ，「土民軍（160頁）」のブリッジの労あってできるこ
とだ。復帰以降，施設行政と総事局の事務は交わることがなかったが，そ
れは，基地のフェンスの内外を分けて，行政を行ってきた，山中大臣以来
の知恵でもあったと思う。この頃から，そうは簡単にいかなくなってきて
おり，担当室（後に政策統括官室）がその調整の任にあたった。

2　2段階の展開

2度目の7年間　復帰までの道のりは，昭和40（1965）年8月19日の
佐藤総理の訪沖から，昭和47（1972）年5月15日の

本土復帰当日までのおよそ 7 年間となる。平成中期の沖縄振興も，平成 7 (1995)年 9 月に少女暴行事件が起こり，翌年 10 月に沖政協が発足し，平成 14 (2002)年 4 月に沖縄新法が施行され，平成 16 (2004)年 1 月に国立劇場が開場し，4 月に国立高専が学生を受け入れる，およそ 7 年間であった。佐藤総理の訪沖が契機となって，昭和 42 (1967)年 8 月，沖縄問題閣僚会議が設置されたのと同様に，日米普天間返還合意・橋本総理訪沖により，平成 8 (1996)年 9 月，沖政協がスタートした。**政府との対話を重視した，屋良民選主席，稲嶺知事の当選**は，30 年の時を隔てて，沖縄振興の推進にともに大きく寄与した。両知事ともに，沖縄に生を受けた者として，辛くて，放り出したくても，県民の代表として，政府との対話を続けた。昭和・戦後の沖縄問題も，平成中期の沖縄問題も，それぞれの中盤の時期，**佐藤・ニクソン沖縄返還合意，沖縄サミット開催決定**という合意・決定が解決促進のアクセルとなった。

【復帰までの道のり】：昭和・戦後の沖縄問題・沖縄振興問題

- 昭和 40 (1965)年 8 月 19 日：佐藤総理訪沖・復帰声明，沖縄問題閣僚協議会設置
- **昭和 42 (1967)年 8 月 16 日：沖縄問題等懇談会設置**
- 11 月：教公二法案廃案
- **昭和 43 (1968)年 11 月 10 日：屋良主席当選**
- **昭和 44 (1969)年 11 月 21 日：佐藤・ニクソン会談**（沖縄返還合意），沖縄復帰対策閣僚協議会設置
- 昭和 45 (1970)年 5 月 1 日：沖縄・北方対策庁設置
- 12 月 20 日：コザ騒動
- 昭和 46 (1971)年 6 月 17 日：沖縄返還協定調印（翌年同月，佐藤総理退任）
- 昭和 47 (1972)年 5 月 15 日：沖縄本土復帰・沖縄開発庁設置・沖振法施行

【サミットを経た道のり】：平成中期の沖縄問題・沖縄振興問題

- 平成 7 (1995)年 9 月 4 日：：少女暴行事件

図3 沖縄問題の道のり

昭和40（1965）年代の沖縄復帰までの道のりと、平成中期の沖縄サミットまでの道のりを並行して線表化した。この紙は沖縄サミットの前に作成した。復帰の過程も上り下りしつつも収斂していった。平成の沖縄振興もと、前向きに展望していった。

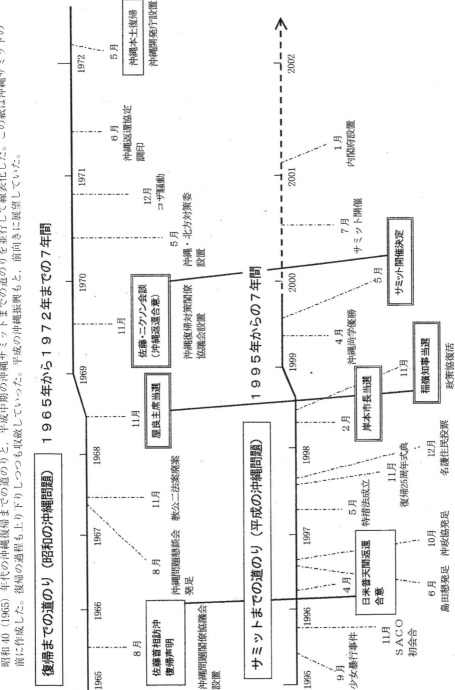

- 11 月 19 日：SACO 合意
- **平成 8（1996)年 4 月 12 日：日米普天間合意**
- 9 月 17 日：宜野湾メッセージ（宜野湾スピーチ→平成 15 年 7 月 5 日：名桜スピーチ）
- **10 月 4 日：第一回沖縄政策協議会**
- 平成 9（1997)年 4 月 23 日：駐留軍用地特措法一部改正法施行
- 11 月 21 日：沖縄復帰 25 周年記念式典
- 12 月 25 日：名護市住民投票
- 平成 10（1998)年 2 月 8 日：岸本名護市長当選
- 11 月 15 日：稲嶺知事当選・沖縄政策協議会再開
- 平成 11（1999)年 4 月 4 日：沖縄尚学甲子園初優勝（沖縄勢初優勝）
- **4 月 29 日：沖縄サミット（第 26 回主要国首脳会議）開催決定**
- 11 月 22 日：稲嶺知事受け入れ表明・官房長官コメント
- 12 月 27 日：名護市長受け入れ表明
- 12 月 28 日：移設方針閣議決定・北部振興協議会等 3 協議会発足
- 平成 12（2000)年 5 月 31 日：島田懇有識者懇報告
- 7 月 21 日〜 23 日：沖縄サミット開催
- 8 月 10 日：村岡兼造，野中廣務，青木幹雄 3 元官房長官訪沖（サミット成功祝賀慰労会）
- 11 月 28 日：国立組踊劇場（国立劇場おきなわ）起工
- 平成 13（2001)年 1 月 6 日：内閣府設置（内閣官房沖縄問題担当室が内閣府に吸収）
- 12 月 27 日：移設主要事項決定
- 平成 14（2002)年 4 月 1 日：沖縄振興特別措置法「沖縄新法」施行
- 5 月 19 日：沖縄復帰 30 周年記念式典
- 7 月 29 日：移設基本計画閣議決定・使用協定調印（尾身幸次沖縄相，川口順子外相，中谷元防相，稲嶺知事，岸本市長）
- 10 月 24 日：国立沖縄工業高等専門学校開学記念シンポジウム
- 平成 15（2003)年 7 月 5 日：橋本元総理の名桜大学講演（名桜スピーチ：もう一つの宜野湾スピーチ）

- 8月10日：那覇都市モノレール（ゆいレール）開通
- 平成16（2004）年1月18日：国立劇場おきなわ開場（同月23日の「こけら落とし」公演に，天皇皇后両陛下（現，上皇上皇后両陛下）ご臨席）
- 4月10日：国立沖縄工業高等専門学校開校式

　基地を拡張することでも，過去の重たい歴史を背負った四層各々の**沖縄のリーダーは，心理的重圧を感じる，それでも，沖縄のリーダー達は，苦渋の決断・果断な決断をしてきた。**比嘉さん，岸本さん，稲嶺さん，仲井眞さんのその時々の決断があった。これらの決断に対して，国は誠心誠意対応し，報いてきた。宮城茂東村長から，こういう話を聞いた。「本土でもそうだろうが，沖縄では，その年のことは越年させず，年末ぎりぎりでもよいから納めようとするベクトルが強く働きますよ。覚えておいてくださいね。」。確かに，本土でいう，その年の内に，とは比較にならぬ強い流れだと実感する。平成中期の沖縄問題，沖縄振興問題でも，年末に大円団を迎えることが多かったが，そういう気持ちで皆が動くからだろう。動きの決め手になるのは，常に，沖縄から示される政治的な決断だった。沖縄復帰合意の11月21日，沖縄返還の5月15日は，沖縄問題，沖縄振興において頭に入れておく月日であり，さらに，沖縄返還協定調印日は6月17日，沖縄慰霊の日は6月23日，琉球処分の日は3月27日（沖縄県設置は4月4日）という日付となる。

　「（平成8年4月12日の普天間返還合意）発表後，総理執務室から中曽根元総理や大田知事に電話で返還合意を伝える橋本総理の目にはうっすら涙が浮かんでいた。それを目の当たりにし，僕は「これが政治だというのを見せていただきました」と申し上げた。総理がうれしそうに笑いながら「それはお世辞だ」と言うから，「いや政治です」「お世辞だ」と掛け合いになったが，心底感動した。」（古川貞二郎『霞が関半生記』199頁）

　「久しぶりに，真の政治を見た。」「第一に沖縄が現在，国の中で置かれている特殊性を鮮やかな形で認め，国民に啓発した。」「第二に沖縄問題が中期的な解決を見ないまま，本土の国民の意識から消え去ることを防いだ。」「第三にサミットが地理的に東アジアの中心に位置しアジア交易の交差点であった沖縄で開かれることは，先進諸国だけのものであったこの会議をこれまでにな

くアジアに近づけるだろう。」「もう一つ，サミットに出席する米国大統領が
沖縄に一日とどまってくれることを期待したい。」（岡本行夫『沖縄に新しい未
来開く機会に』平成 11 年 4 月 30 日付産経新聞 1 面）

「会場としては，沖縄地域の特色を会議運営や会場設営等に生かすことができ
るといった観点から，沖縄県名護市とすることとしました。」（外務大臣発言要
旨『主要国首脳会議の開催について』平成 11 年 7 月 21 日閣議）

「沖縄は台風も多く，警備など運営を考えると条件的には厳しかったが，小渕
総理が強くこだわられたと聞いた。戦禍を受けた沖縄から世界に発信しよう
という強い思いがあった。」（古川貞二郎『霞が関半生記』212 頁）

第 1 段階（サミット前）　平成中期の沖縄振興では，振興予算と税制
とがダイナミックに構築された。昭和 47
(1972)年の復帰時から，平成 8 (1996)年の普天間返還合意までは，公共事
業一括計上・高率補助，沖縄税制という特別な制度が設けられており，公
共事業を主体とする沖縄復興・総理府（沖縄開発庁）集約型となっていた。
平成 8 年以降，内閣主導で沖縄問題解決に本格的に着手し，新たな沖縄振
興が展開した。公共事業予算も重視された上で，観光，情報通信といった
非公共分野事業への予算が上積みされ，島田懇の特別事業費，沖政協の特
別調整費が新たな展開のためのアクセルとなり，平成中期の第 1 段階が始
まった。

税制改正により，平成 9 (1997)年以降，2 回にわたる措置を経て，本土
と沖縄との間の航空燃料税を半分に，空港燃料税を六分の一に軽減し，本
土・那覇間の航空運賃が往復で約 1 万円引き下げとなった。平成 10 (1998)
年度税制においては，所得税額控除・投資税額控除制度が創設され，沖振
税制が刷新され，これらは，沖縄経済の構造的転換を促した。平成 10 年
度の税制では，自民党税制調査会に，山中先生をキャップに沖縄税制小委
が特別に設けられ，同年度の税制改正大綱では，沖縄振興対策で，国税 7
項目，関税 2 項目，地方税 9 項目の具体的な措置が講じられた。

「第一　基本的な考え方（中略）(4) 長い間苦難を強いられてきた沖縄の労苦に
報い，その経済振興を図る観点から，今回新たに設けられる特別自由貿易地

域において法人税における35％の所得税額控除制度を創設するなど他に例を見ない大胆な税制上の措置を講ずる。また，観光産業，情報通信産業，ベンチャー企業等を集積させ，今後の沖縄経済の発展を促進するための投資税額控除制度を創設する。」（自由民主党『平成10年度税制改正大綱』3頁）

　特別の調整費・事業費の手法は，総理府（沖縄開発庁・防衛施設庁）・各省庁混合混在型の調査・事業に機会を与え，フェンスの内外を見通すとともに，各省庁が共調する**ハイブリッド型の調査・事業を可能に**した。岡本さんの外交フォーラム寄稿時からの懸案であった，基地所在市町村と県に対する交付金の傾斜配分も実現した。

灯は残っている　平成10（1998）年2月6日，大田知事が，普天間移設拒否を表明した。島田懇事業は，基地所在市町村に対する今ある苦痛の緩和であり，北部振興は，比嘉市長，岸本市長への国の大事な約束だったが，国と県とが真剣に向き合うことを前提とする，沖政協メカニズムは，いったん滞ることとなった。開発庁，施設庁の業務・事業については，このメカニズムには直接に影響を受けないというのが筋論だ。沖縄振興のプロ中のプロの牧沖縄開発事務次官も，10のPT，NIRA調査，沖政協のメカニズムによる施策の目出しは，どれもとても有益なものと見ていた。私も，とりかかったばかりの平成中期の沖縄振興をどうにかして続けていけないのだろうか，という思いだった。

　同年10月4日付沖縄タイムス紙に，官邸・沖縄問題担当室と大田県政との関係の記事が出た。公正中立な内容だった。国との対話を拒否する県政を批評・批判し，国と県とでつくってきた沖政協の種と苗とがなくなってしまうことの是非を訴えていた。国と県との共感を保つことが難しいなか，**県民にとって有益な振興策の卵の大切さを具体的に説明**していた。記事は，「（少女暴行事件以降，代理署名の頃の）かっての聖火台の炎は，ロウソクの灯になった。」「ただ，灯は残っている。」という，元担当室員の言葉で締め括られている。パンドラの箱は開いたが，希望という名の灯りが点っていた。記事を書いた記者は，同じトゥシビー（生まれ年）で，この記事を書いたあと，本社からコザ在の支社に異動した。大事にしているこ

の記事のコピーを今でも時々読み返す。平成中期の沖縄振興について，地元 2 紙を中心とした記事の数々を日記に縮小コピーして貼り付けてある。今読んでも，胸躍る内容が多く，その一部を，参考文献リストで紹介した。一読者として，令和の時代，平成中期のように，**子供たちが将来の沖縄の一層の発展を夢見る**ような記事を読んでみたい。少女暴行事件から大田知事の拒否表明を経て，稲嶺知事当選後の動きのなかで，平成中期の沖縄振興は何度かの山と谷とを経た。平成 10（1998）年の拒否表明時の「空気」も格別なものだった。復帰前後の本土における沖縄への関心が高まったあと，少女暴行事件前のころも，沖縄に対する本土の関心は相対的に薄くなっていた。平成中期の沖縄振興のなかでも，沖縄が何さ，何で沖縄ばかりという雰囲気の時も何度かあった。この年の年初の空気を伝える地元紙への國場幸一郎さんの寄稿がある。

「国があり，安保の基地があり，沖縄がある。その沖縄の過剰な負担に対して，せめて経済的な振興策をもってこたえようとしたのが，橋本首相の直轄に置かれた梶山静六氏の沖縄プロジェクトチームであった。一方，沖縄県も国際都市形成構想のプロジェクト室を設け，政府と連動した形で，それこそ今や新沖縄づくりの革命前夜のごとき期待感である。マルチメディアハブ構想やフリーゾーン，サミット開催などソフト，ハードばかりでなく，新しいプロジェクトの目出し作業などが進行中で，まさにバラ色の振興策の展開である。未来に向かって議論している沖縄の元気さは，他県からみればうらやましいともいう。普天間はその中での象徴的なものである。沖縄が要求する基地の整理縮小の要望に伴って，現在の普天間基地を全面返還し大型飛行機を岩国に移転したあと，ヘリコプターを残した基地機能を現在の六分の一くらいに縮小を試みた案が辺野古の問題である。もちろん，辺野古の海上移設に伴う自然保護や騒音などの技術的解決は十分配慮することを前提にして，このプロジェクトの受け入れをお願いすることから，遅れていた北部振興策を含め将来の三次振計に沿った事業の特別財源をもってしてでも，地元のあらゆる要求にこたえていこうという姿勢がその意味である。一方，普天間の問題の場合にしても，そのまま無条件で返還されれば良いというわけにはいかない。かっての本部飛行場の返還や天久住宅地の返還跡地がそのまま放置されたままであったように，普天間がペンペン草のままということは困るはずである。当然，その跡地をしっかりと整理してもらわなければならないが，それには政府の膨大な投資をお願いしなければならない。それによって

普天間の新しい都市づくりや，辺野古を含めた北部振興プロジェクトが実際始まったら沖縄のイメージが素晴らしく変わるであろうと想像すると大きく期待と夢が膨らむ。そもそも今回の問題は，大田知事からの強い要請があって，なお沖縄県民の長年の要望ということから，県民への最大のプレゼントのつもりで，橋本首相が無理やり，日米首脳会談という大舞台に持ち込んで全力をかけて達成したことである。このことで，知事はじめ県民が本当に喜んでくれるものだと思ったことが，その代替施設問題でこんなに頑強な抵抗にあうとは想像もしなかったと言っている。むしろ首脳会談という国際的約束にしたため，どんな事をしても移設をしなければならない窮地に陥った。こんなことなら歴代の首相のようになまじ手をつけるのではなかったと後悔したが，もう遅い。沖縄のために元気よく二階に上がったら，ハシゴを外されたという感じであるようだ。このように，名護市の住民投票から始まった賛成反対の激突は，日本の政府・政治まで巻き込んだ感情的対立までエスカレートした感がある。反対するのは簡単だが，結果として，これまで営々として築いてきた沖縄振興への情熱や沖縄への愛情を，この反対という一部の世論の津波で押し流してしまったなら何が残るというのだろう。独り心配するものである。」國場幸一郎『もう一度考えよう，振興への情熱・愛情の減退懸念』平成10年1月8日付琉球新報5面（論壇）

沖縄経済新法　　稲嶺知事の当選を受けて，平成10（1998）年12月10日の第9回沖政協で，小渕恵三総理から，100億円の特別調整費の計上が指示された。この頃，沖縄経済振興21世紀プランの策定も進み，平成11（1999）年6月の同プラン中間報告では，①国際情報特区，②ゼロ・エミッション，③新産業創出，が3本柱とされた。知事は，前県政末期の県政不況の打破と，そのための沖縄経済新法（沖縄新法）の実現を公約としていた。

国際情報特区構想　　21世紀プラン中間報告の「国際情報特区」構想推進のため，サミット前から，機運が盛り上がっていたマルチメディア（IT，ICT，DX）ブームに追肥が行われた。一層の活性化のための調査研究会（沖縄国際情報通信特区の推進方策等に関する調査研究会：郵政省通信政策局が事務局）が組織され，沖縄電力社長の仲井眞さんが会

長となり，尚先生も委員に加わった。沖縄経済界からは，小禄邦男琉球放送会長（現，最高顧問），親泊一郎沖縄セルラー電話社長，経営者協会会長の知名洋二さん，淵辺美紀さん（現，経済同友会代表幹事）が加わった。島田懇有識者懇からは唐津一東海大教授が加わり，小禄さんも有識者懇委員として活躍していた。

県マルチメディア推進室，沖開庁総務局，そして沖縄問題担当室も参画し，政府の一員としての郵政省という立場で，沖縄振興の長老の元沖開次官の瀧川さんが顧問となり，稲嶺知事も参加し，平成中期の沖縄振興の模範となる政府と県との共助共演の研究会になった。**沖政協の 10PT と NIRA レポートから沖縄経済振興 21 世紀プランへの架け橋のモデルの役割も果たし，**ブリッジとしての重要性からも，国際経済政策調査会（高橋佑代表理事）の佐賀保業務執行理事のご縁で，理事長の椎名素夫先生（平成 19（2007）年 3 月 16 日逝去）の助言も得た。調査研究会は 6 回を数え，平成 12（2000）年 4 月 21 日，訪沖した八代英太郵政大臣に仲井眞会長が報告書を提出した。最終会合には，沖縄問題担当室から安達俊雄室長，正木靖企画官（現，欧州連合大使）が出席した。正木さんは，アメラジアンスクール支援にも手腕を発揮した。

昨日よりは今日，今日よりは明日

「県民の皆様へ〜経済振興策と基地問題のバランスある解決を図り 21 世紀の沖縄を築いていくために」というタイトルで，平成 11（1999）年 11 月 22 日（昭和 44（1969）年の同月同日，屋良主席が日米共同声明に対する声明を発表），稲嶺知事のコメントが世に出た。副題が示すとおり，沖縄県知事が，沖縄の歴史を踏まえ，日本国民である沖縄県民に語る，雄渾ながら切々とした建設的なコメントで，今も腐朽の命を保っている。そのエッセンスを紹介する。

- 沖縄の将来を左右する最も大事な問題の 1 つは普天間飛行場の移設問題。
- 県民の付託を受けた県知事として，懸案事項の解決を主体的にリー

ドすべきだと考えた，苦渋の選択。

● 出馬の最大の理由は，沖縄問題を解釈するためではなく，解決するため。沖縄県民の夢や希望を語るだけでなく，実現するため。

● 知事就任後，私は沖縄をめぐる苦境打開に向け，直ちに政府との関係を回復するために奔走。

● 前県政〈大田県政〉は基地問題について具体的な打開策を見いだせないままに，混迷の度を深めた。そのまま放置すると，人口が密集する市街地と隣り合わせにある普天間飛行場が現状のまま固定化されてしまい，国と協力して進めてきた諸々の沖縄振興策が放棄されかねなかった。

● 私たち県民は，国民として日米関係の安定的な維持についても考慮しなければならない。

● 日米両政府が努力し次善の策として確認したSACO合意の着実な実現が，基地の整理・縮小を求める県民の願いに合致。これは復帰後の基地返還問題に画期的な一石を投じ，外交交渉や行政努力によって基地返還の解決にあたることが次のステップにつながることを示す。

● 県内移設に際して種々の条件をつけ，この問題をむしろ沖縄の振興につなげることが，県民生活に対して責任を負う県知事の責務。

● 移設先及び周辺地域について，思い切った施策を展開し，同時に，沖縄全体の振興にどう活かすべきか，というしたたかな論理も発揮しなければならない。

● 昨日よりは今日，今日よりは明日，目に見える形で問題点の解決にあたりたいというのが私の基本姿勢。

　同月27日，岸本名護市長の受け入れ方針が表明された。岸本さんの苦渋の決断だった。方針では，移設容認の前提として，住民生活に著しい影響を及ぼさないことを保障する使用協定の締結，自然環境への影響を極力小さくする施設計画，**移設先及びその周辺地域の振興について国と県とが責任をもって支援すること**，が条件とされた。稲嶺知事のコメントと岸本市長の方針は，当時の苦渋の決断とは何かということを，平成9（1997）年

末の比嘉市長の表明と同様に余すことなく伝えている。稲嶺知事，仲井眞知事，名護市の比嘉市長，岸本市長，伊江村の島袋清徳村長，東村の宮城村長，嘉手納町の宮城篤実町長をはじめとする，基地所在市町村の首長が時に行う，**住民益と国益双方に深く思い到った苦渋の決断・果断な決断**を，今もこれからもしっかりと支えていかなければならない。

　稲嶺知事のコメントを受けて，普天間飛行場の移設に関する政府方針（平成 11 (1999)年 12 月 28 日閣議決定）の別紙の形で，普天間飛行場移設先及び周辺地域の振興に関する方針（別紙1），沖縄県北部地域の振興に関する方針（別紙2），駐留軍用地跡地利用の促進及び円滑化等に関する方針（別紙3）が示された。平成 12 (2000)年 5 月 31 日には，前年 6 月 17 日以来，8 回の会合を経て，島田懇有識者懇報告書が出され，経済的・社会的双方の波及効果について，各種のデータが示された。

　基地負担軽減のための振興策，県土の均衡ある発展のための振興策，ともに国際情勢，政治環境に合わせ，沖縄県下の複雑で複層的な状況を十分に把握しながら編まれていった。ジェットコースターのように，上り下がりしつつ，時機に応じて機敏に急ぎ，時に少々の懸隔を設け，凪いだ状況をつくりながらも，一歩一歩進んでいった。

| 第2段階（サミット後） |

沖政協事業（＋北部振興事業），島田懇事業の有機的な連携をテコに，平成 14 (2002)年 4 月 1日，沖縄振興特別措置法，いわゆる沖縄新法が施行された。特別調整費，投資減税による制度・施策がつくりこまれ，成果が蓄積された。沖政協における特別調整費調整の仕事は，**NIRA レポートに端を発する，平成 12 (2000)年 8 月の沖縄経済振興 21 世紀プラン最終報告を実現していくこ**とだった。**沖縄新法と 4 次振計の苗を育てていくことでもあった。平成中期の 2 段目が展開**した。

　2 段目では，特別調整費の使途として，ハード事業をソフト面から支える事業も出てきた。例えば，ゆいレール沿線で，風雨に耐える観光マップの標識を設ける事業があった。沖縄の観光標識は，台風で腐食しやすく，見栄えの悪いものが多かった。リアル・サイネージ事業というところだ。

インバウンドの役にも立つ，これらのサイネージは，今も沿線の駅近く随所にある。もう1つは，**運送コスト低廉化の試み**として，海運経由で，JRの貨物列車を使って，本土に大量かつ低コストで農作物を運ぶ実証実験も調整費を使って行われた。これら**先見性のある波及性の高い事業・調査**が走り出していた。平成15（2003）年春のSARS事案の際には，念のため，調整費で特殊なストレッチャーを調達し，県は国とで協力して，水際対策に先見的に取り組んだ。

> 「新型肺炎SARSの感染ルートをウイルスの変化でたどると，中国・浙江省―北京―香港―ベトナムの順になる―民間の生物利用研究所（沖縄県名護市）の根路銘国昭所長らのグループが，遺伝子の解析結果をまとめた。（後略）」（『SARS感染路遺伝子で分析，沖縄の研究所グループ』平成15年7月付朝日新聞2面）

この頃，私の内閣府企画官時代，**沖政協，北部協・移設先周辺協，島田懇**の各事業が相乗効果をあげるよう，県，広域，市町村と連携し，内閣府のスタッフを通じて，政府の意思の疎通を心がけた。内閣事務（内閣補助事務）所以のこれら事業は，国，自治体の通常事業にとって羅針盤とならなければならない。不必要な重複で隘路をつくらず，必要な事業に漏れがないよう目を光らせた。基地所在市町村と北部12市町村以外の市町村，例えば，本島南部や宮古については，手薄という意見もあった。島田懇，北部振興のスピリットから言えば，やむを得ないところだが，沖縄全体の振興と言う観点からは見逃せない。沖縄県，そして内閣府沖縄担当部局（政策統括官室と沖縄振興局）のなかで，よく相談し，そういうニーズが有るときは，沖政協のスキームを使えないか，旧沖開庁のスキームの手厚い「服用」ができないか，みなで知恵を絞った。

平成中期の沖縄振興メカニズムの完成

2段階のプロセスを経て，平成16（2004）年時には，公共事業一括計上予算の質的向上，非公共事業一括計上予算の創出，投資減税を主体とする画期的な税制による特区制度という，**平成中期の沖縄振興のメカニ**

ズムが完成し稼働していた。**我が国の構造転換型の予算・税制のさきがけ**ともなった。平成16 (2004)年度の政府予算では，内閣府分3,868億円のうち，76％にあたる2,935億円が沖縄振興予算となった。同年度，防衛施設庁予算の沖縄関係分は1,904億円，各省庁の沖縄関係施策費は，総額で170億円であった。

　平成中期の沖縄振興の過程では，事務方の元締の古川副長官から，常々，「小さくてもよいから，地元・県民に見える形で着実な成果をあげていく。それを積み上げていくこと。」が指示され，担当室の日々のモットーとなっていた。沖縄の各地，特に基地の苦渋に耐えている基地所在市町村においても，**目に見える着実な成果を上げること**，そこには，その蓄積が，沖縄県・沖縄県民との信頼の回復・保持・発展につながるという信念があった。

　　「政府が予算をつけたから沖縄が栄えるのでなく，その予算を利用して，沖縄
　　自身がどうやって豊かになっていくか，その実効性が試される。」「沖縄で小
　　さくてもいいから，ビジネスの成功物語をいくつもつくることも必要だ。若
　　い人たちが，沖縄の変革を引っ張ってほしい。」「観光資源を有機的に利用し
　　てほしい。新沖縄大学院大学構想など，さまざまな発想で，日本の知的セン
　　ターになっていくことを期待したい。経済面では，新制度を活用し，日本の
　　よい実験場として発展し，新機軸をつくってほしい。」（岡本行夫『復帰30年』
　　平成14年5月12日付沖縄タイムス2面）

3　オンリーワンからナンバーワンへ

構造転換の先見地　　平成中期の沖縄の振興施策では，**全国をリードする，ナショナルレベルの施策が次々に積みあがっ**た。沖縄の真のニーズをとらえた，平成8 (1996)年からの振興施策の積み上げの成果だった。顕在していたか潜在していたかを問わず，ニーズあるものが目に見えて立ち上がっていき，全国のナンバーワンとなり得る指標も出てきた。

　沖縄振興を掘り下げると，全国的な課題のサーベランスに通じ，真面目な沖縄振興による解は，**全国的課題の解決のヒント**にもなった。県，基地

図4　沖縄振興予算・税制の展開について

復帰後から，平成8（1996）年時，平成16（2004）年当時への質的・量的な制度への，サミット前，サミット後の2段階の展開を図示した。結果として，沖縄のみならず我が国全体での構造転換をリードする画期的な姿となった。

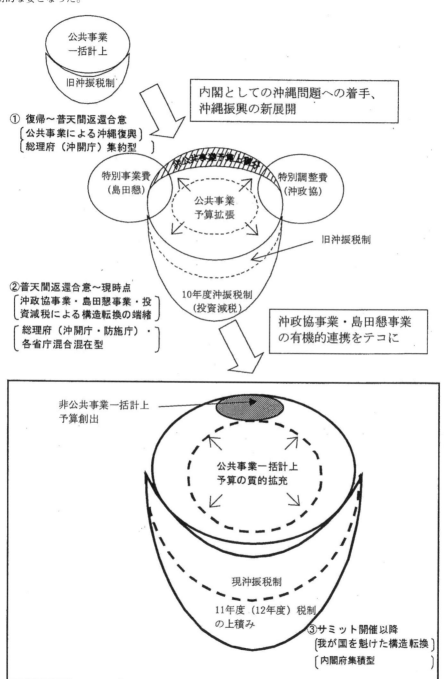

所在市町村，北部市町村，跡地想定市町村が提起した施策の有効性を吟味しつつ，官邸（沖縄問題担当室）が各省庁に共創を促し，特別調整費・特別事業費による調査・事業で施策の効果性を高めた。投資税額控除の手法による優遇税制・特区制度も設けられた。これらの手法を，官邸が調整し，従来からの沖開庁（内閣府）・総事局と施設庁・施設局（防衛省・沖縄防衛局）での調査・事業と各省庁のスキームとの連携・連結を行った。当時の沖縄は，これらの調査・事業により，**我が国構造転換の先見地**となった。

沖縄自動車道の料金低減　最初の北部振興から芽吹いた，沖縄自動車道の料金低減策により，平成11（1999）年度から通行料金が約3割引き下げられた。その結果，交通量は飛躍的に増大し，自動車道は，県民に身近な道路となった。復帰時，那覇空港から本島北部の本部町の海洋博会場までの動線を考えた沖縄自動車道の整備は画期的な公共事業だったが，ノーチャージの「下道（したみち）」で移動する人々が多く，交通量が少なかった。この料金低減策は，高速自動車道路法改正などにより，全国施策となった。沖政協の主要テーマだった若年者雇用施策も，沖縄で数々の施策が考案・実施されるなか，全国的な取り組みとして展開する。

おもろまち　平成8（1996）年時，沖縄戦の激戦地で，米軍住宅跡地の那覇市北部の天久（あめく）地区は空き地の塊だった。那覇新都心開発構想と言われたが，**普天間基地の跡地利用をどうこう言う前に，天久をどうにかすべし**，と声高に言われていた。天久の跡地開発もできずに，普天間基地返還後の跡地開発どころではないという雰囲気があった。この天久に沖縄振興法制による，我が国唯一の空港外DFSが立地し，地元資本によるショッピングモール（サンエー），総事局，NHK沖縄放送局，日銀沖縄支店，沖縄県立博物館・美術館，県立国際高校などの中核施設が姿を現した。これら中核施設を囲む形で，マンション・ビジネスホテル・公園群からなる那覇新都心として面目を新たにした。

　琉球王朝の叙事詩である「おもろそうし」から，街の名は「おもろま

ち」とされた。

「那覇市の繁華街「国際通り」から北東約2キロの新都心地区，モノレール「ゆいレール」のおもろまち駅広場を抜けると，官公庁や大型免税店，東シナ海を一望する地上30階建のツインタワー形式のマンションが広がった。」「一帯は1987年に全面返還され，2002年には大型商業施設がオープン，地域の小売店や公設市場から県民の足は遠のいた。地元出版社（ボーダーインク）の編集長新垣和博さん（59）は「「新都心地区」が県民の買い物の仕方を変えた。」と語る。同地区には21年3月現在で約2万3000人が暮らす。人口はこの10年間で約4000人増加。中心部には地上13階建てホテルが建設され，街の発展は続く。」「県によると，（中略）返還前の経済効果（推計）は（中略）返還後（中略）新都心は約32倍の1634億円に上る。」（2022/04/20 07：22 時事通信HP）

那覇港管理組合 那覇港の港湾機能強化のため，那覇港管理組合が組成された。副管理者には，アジアの名だたる港湾の物流機能を整備してきた，世界銀行上級港湾専門家の堤敏郎さんが就任した。一基だけだったガントリークレーンの台数を増やすことも難題だったが，新たな体制の下，国際入札により，リースによってまかなうという画期的なスキームが導入された。

沖縄美ら海水族館 本部（もとぶ）町では，「男はつらいよ」に出てくる，海洋博公園で，海洋博当時の水族館が，沖縄美ら海水族館としてリニューアルした。香川県に本社があり，中城湾のプレハブ賃貸工場に事業所を置いた日プラの巨大なアクリルガラスがはめられ，ジンベイザメが回遊する巨大水槽は沖縄観光・北部観光の目玉となった。平成14（2002）年11月1日，新水族館の竣工式が行われた。日本動物園水族館協会会長であった，岡山の池田動物園の池田隆政園長の祝辞と県内外から参加の人々の満面の笑顔が忘れられない。

もう一つの国営沖縄記念公園である首里城公園では，首里城のさらなる復元整備が着々と進んだ。国王と国王一家の居住区画である「御内原（お

うちばる）」が復元された。往時，国王を中心に100余名が生活していたといわれる。城内の神聖な御嶽（うたき）である，首里森御嶽（すいむい・うたき）も復元された。

「暗い小さな水槽群を見ながら進むと，前方に巨大な水槽が見えてきた。それは水槽なんかではなく，海を切り取ってそのまま目の前に据え付けられたようなものだった。」「しかも水は澄んでいて，巨大な水槽の中に溶け込んでいた。」「あとがき：（前略）最後に行き着いたのが美ら海水族館建設の仕事でした。三年ほど本部に住み，思い切り地元の人々の温かさに触れ，その温かさが豊かな海と島の大自然に由来するものだと知りました。」（奥村禎秀『美ら海漂流記』100・272頁）

沖縄発ブランド群　健康長寿の島のイメージが広まり，県食材食品の本土市場化も進んだ。フコダインを含むモズク養殖は島田懇事業としても力を入れた。ウコン，ゴーヤー，マンゴー，アグー豚，スギ（すぎ）が，本土のマーケットで常に手に入れることができるようになった。高付加価値化，物流輸送コスト低減，市場拡大のための調整費調査も実施され，サミットを控え，かりゆしウェアのデザイン開発の支援も行われた。ミラ・ショーン，コシノ・ジュンコと並び，キョウコ・ヒガ・ブランドで知られる，沖縄県出身の比嘉京子さんが参画した。島々では，廃自動車が大きな問題だが，その再利用含め，静脈・リサイクル産業の芽出しも始まった。ミレニアム前は，東京はじめ本土で，沖縄料理の店を探すのは結構大変だった。沖縄サミットを経て，平成16（2004）年時には，ビール，ワイン，日本酒，焼酎に並んで，泡盛が全国どこででも飲めるようになった。全国の席巻に加え，泡盛はじめ沖縄県産食材は海外市場にも展開した。国税庁を執行官庁とする調整費調査も奏功した。モズクやかりゆしウェアや泡盛，これらは沖縄発ブランド戦略の嚆矢となった。

「刺身や煮つけで美味しい「すぎ」は養殖が盛んでしたが，15年前（註：平成18年）にすぎの病気がまん延し，その後衰退しました。」「このほど，カンパチやブリとおなじワクチンの接種が可能となり養殖が再開され，スーパーなどで販売が始まっています。」「株式会社太新田端新也代表取締役社長「今後

は沖縄生まれの沖縄育ちの純粋な魚に仕上げたいという思いがあります」」
「養殖業者は年間四十万尾を目指すとしています。」(『すぎの養殖が復活へ』
2021年6月13日　午後7：10　沖縄テレビ放送HP)

逆転の発想　　沖縄で苦労しつつ編み出された施策は，類似分野，他分
野に応用展開した。名護市マルチメディア館の手法もそ
うだ。これは，NTT104センターを主とする雇用を支えるため，上屋と
外回りを国費で整備するものだった。島田懇事業・北部振興事業で整備さ
れた名護市マルチメディア館は，NTT104番号案内センターを収容する
ための鞘堂だった。母屋は郵政省(現，総務省)，外回りは施設庁(現，防衛
省)が整備し，両省庁がコンビを組んだ執行官庁体制となった。

　ドンガラだけでは経済波及効果がないというのが一般論だが，効果があ
がることを前提にドンガラを建てるのは**逆転の発想**となる。ドンガラづく
りだけの整備は振興策の悪手だが，沖縄振興の理念の雇用の確保と人材の
育成を実現する手段としては，悪手が良手になり得た。名護のみならず，
北部・中部からのNTTへの雇用のため，意味あるドンガラを整備した。
中城港湾の特別自由貿易地域のレンタル工場(プレハブ工場)，5次振計(平
成24(2012)年5月15日)での那覇空港の国際物流基地も，この手法が発展
した形であり，調整費事業以外の事業でも，具志川市(現，うるま市)のバ
イオセンター，IT津梁館(パーク)などもこの手法を用いた。**リアルな雇
用の確保と将来につながる人材の育成という波及効果あっての施策だ。**

OIST　　教育分野では，国立高専の設営だけでなく，アメラジアンス
クール支援も取り組まれ，私立のフリースクールへの新校舎
の提供が行われた。サミットの翌年，尾身幸次沖縄担当相と稲嶺知事との
間で，沖縄科学技術大学院大学(OIST)構想が生まれ，稲嶺県政の下，尚
弘子先生の主宰で，設置場所などの具体的な検討が行われた。OISTは，
現在，恩納村に威容を現し，国際的な学術論文数は，東京大学を上回った
(ネイチャー・インデックス2019年ランキング(正規化ランキング)，世界第9位，日

本第 1 位)。

「「第一回国際顧問会議」が米ロサンゼルスで開かれる。」「ノーベル賞学者が出席した会議でも，特別な（沖縄県民指定の入学）枠は要求しないと話した。その際，何人かの学者が話していたことが印象に残る。「ベター・イン・ザ・ワールド（世界で比較的良い）には興味がない」「沖縄はアジア，東南アジアに近い，地理的条件がいい」「最高水準の大学院大学を設置することで日本の教育改革に結びつけたい」。この三点がほぼ集約された意見だった。」」「沖縄は軍事上のキーストーン（要石）といわれてきたが，国際化時代のキーストーンであることを認識させられた。那覇空港をハブ（中継基地）とした全日空の国際貨物ネットワークはそのことを証明している。」（稲嶺惠一『稲嶺惠一回顧録』232・233 頁）

「カリフォルニア州で，スタンフォード大，カリフォルニア工科大などの大学施設や研究機関を視察した。トップレベルの大学ができると，情報や人材を求めて研究機関ができ，多くの企業群が集積するようになる。ボストンもマサチューセッツ工科大（MIT）もおかげで栄えている。そこに至るまでにどのくらいの時間がかかるのか尋ねてみると，四,五十年という。その間，トップの水準を維持し続けなければならない。相当息の長い話だ。沖縄の科学技術院大学で新しい発見や発明がどんどん生まれれば，数十年のうちに沖縄本島全域に研究機関や企業群が集積し，一大産業地として発展する可能性がある。何も北部だけが潤うわけではない。自分たちの孫，ひ孫の時代には大学院大学を核として素晴らしい沖縄に生まれ変わるのではないか。」（稲嶺惠一『稲嶺惠一回顧録』234・235 頁）

目抜きのデータ　平成中期の沖縄振興の過程では，振興の成果数値の積極的な把握に努め，県内外に広く示し，施策の選択と集中に役立てた。◎入域観光者数，◎ IT 企業の立地数と新規雇用者数，◎県内総生産，以外での目抜きのデータを並べる。バックグラウンドとなった事項・数値については次章で示す。

● 那覇空港乗客数は，平成 8 (1996)年の 910 万人から，平成 14 (2002)年には 1,200 万人となった。国内線 5 位，国際線 7 位となった。
● 沖縄自動車道月間利用台数は，平成 11 (1999)年 6 月の 108 万台から，

平成 13 (2001)年 6 月には 160 万台になった。

● 平成 11 (1999)年 3 月に指定された特別自由貿易地域（特自貿）では，平成 16 (2004)年 2 月現在，製造業 13 社が立地，145 名が雇用された。

● 健康・バイオ産業の産業規模は，平成 8 (1996)年から平成 12 (2000)年までの間に 5 倍増となり，約 150 億円規模になった。

● 有効求人数（月間関係）は，平成 8 (1996)年の 4,800 人から，平成 14 (2002)年には 1 万人に増加した。

● 1 人当たり県民所得は，平成 8 (1996)年から平成 12 (2000)年の 5 年間で 3.6 ％増となった。同期の国民所得はマイナス 0.6 ％増だった。

● 就業者数は，平成 8 (1996)年から平成 12 (2000)年の 5 年間で 7.6 ％増となった。同期の全国値はマイナス 1.6 ％だった。

● 労働力人口は，平成 8 (1996)年から平成 12 (2000)年の 5 年間で 10.2 ％増となった。同期の全国値は 1.5 ％増だった。

● 沖縄県の総人口は，復帰時の昭和 47 (1972)年で 97 万人から，平成 12 (2000)年は 127 万人，平成 14 (2002)年には 134 万人に増加した。

北部振興での顕著なデータを記す。

● 北部地域では，平成 9 (1997)年度以降，平成 16 (2004)年に至るまで，人口が約 4,000 人増加し，このうち，名護市では 3,000 人増加した。

● 平成 16 (2004)年 4 月の，国立高専開校・学生受け入れにより，平成 20 (2008)年度までに，学生は約 800 名を見越し，教職員は約 100 名を採用予定とされた。

● 平成 16 (2004)年初までに約 1,000 人の雇用を創出した。

「沖縄政策協議会で要請した沖縄自動車道の通行料金引き下げは，北部地域から強い要望があり，選挙公約にも盛り込んでいた。候補者も知らないうちに，北部で配られた広報ちらしには半額にすると書かれていた。結果的に，政府はこうした要望をすべて受け止めてくれた。特別自由貿易地域の受け皿や通信コスト低減は産業振興に大きく寄与した。私の在任中に情報関連産業だけでも百社を超える立地があった。国立沖縄工業高等専門学校を具体化したことも大きい。国立高専の卒業生は就職率がいい。他の一流大学に転入学

した人もいる。うれしく思う。」（稲嶺惠一『稲嶺惠一回顧録』136・137頁）

「劣っている分野のキャッチアップを図ることはあまりにも当然である。しかし，同時に〝優れている分野を育成し，それによって経済社会全体のレベルアップを推進する先導的機能が確立することこそ，沖縄にとって必要不可欠であることを言うまでもない。リーディング・インダストリーの欠如こそが，沖縄経済が低迷を余儀なくされている大きな理由とみなされているからである。」（牧野浩隆『沖縄振興と基地問題』330頁）

政策立案資源の宝の山　復帰時の振興の盛り上がりを経て，平成7（1995）年時には，公共事業の各種データは，本土並みという水準を全体的に満たしつつあった。復帰時の沖縄振興の一般的な課題をほぼ達成した状況のもと，平成8（1996）年時の沖縄振興とは，沖縄開発庁，防衛施設庁はもとより，各省庁にとって，難事が吹き溜まった状態で，復帰時の振興では解決できなかった大きな課題がいくつも残っていた。この状況を，沖政協・調整費事業や，島田懇事業，北部振興事業などの新たなスキームで一つ一つ解決改善していき，吹き溜まりに見えた課題の山も，我が国全体の発展に資する，政策立案資源の宝の山となった。難事が集積する「バックヤード」が，一点一カ所でなく県内全域で面として広がる沖縄における振興だからこそ，我が国の将来発展のための枢要な課題が埋もれている。

　平成中期の沖縄振興では，真正面から，地元のニーズを重層的にとらえ，その解決策を，車座になって，現場での議論を通じて求めていった。復帰時と同様，時間軸が待ったなしを迫るなか，地方自治にも外交にも共通する，誠実な姿勢で一つ一つの課題を，できるもの，できないもの，すぐにしなければならないもの，検討したあとに行動に移していくべきもの，というようにクラシファイしていった。基地負担軽減を実行する上でも，我が国をリーディングする政策立案資源の宝庫という，沖縄振興の本質は，当時も今もこれからも変わらない。

日本全体のリード　平成中期の振興策は，復帰時の目標の本土並みか
ら，沖縄の過去，現在，未来にわたる特性を深く
見極めた振興により，**日本全体をリードしようという内容に大きく変化し
た。**この頃，**47 都道府県のなかでも抜きんでた数値が現れ，**まさに，47
分の 1 でなく，というステージに昇ったのだ。復帰時の沖縄問題等懇談会
座長だった，石垣島出身の大濱信泉早大総長の「日本経済の飛躍的発展の
新たな拠点」という理念が形になりつつあった。

　平成 16（2004）年時，沖縄県，県下市町村は，「雄県」「魅力ある基礎自
治体」としての姿を現していた。企業誘致を政府と協調しながら行い，東
京でも大阪でも，会場には多くの企業人がつめかけた。県庁では企画調整
部門を中心に，沖縄振興のロジックを育みつなげ，政策施策の焦点化がで
きる人財が育ちつつあった。基地所在市町村，北部 12 市町村はじめ県下
自治体でも同様だ。小学生時代の沖縄暮らしを懐かしむ中学生になってい
た娘からは，「お父さん，沖縄のことはもういいから，日本全体をよくし
ていくことを仕事にして。」と真顔で言われた。正直，**成長のエンジンの
内蔵が始まり，テクノクラートの育成のレールも見えて，**もう，沖縄の振
興で，何かすることがあるのだろうかと，思っていた。

　「県の仕事は許認可が中心だ。従来は，こういう仕組みがあるのでどうぞい
　らっしゃい〜という姿勢だった。それでは誰も来ない。企業誘致の実績が上
　がってくるに従い，県庁の担当者の意識改革が進んだ。待ちの姿勢ではな
　く，意欲をもって飛び回る人が増えた。それがなければ企業誘致は成功しな
　かっただろう」（稲嶺恵一『稲嶺恵一回顧録』269 頁）

　「沖縄の開発は，日本経済の一環として，国土計画の枠の中で構想されなけれ
　ばならないことはいうまでもない。だが，沖縄の開発は沖縄の地理的，自然
　的条件を活用して，日本経済の飛躍的発展の新たな拠点とする雄大な構想と
　積極的な姿勢をもって取組むべきであって，かってのように，沖縄を片隅の
　貧乏県としてとらえ，その救済を主眼とする消極的な発想法はこの際すてる
　べきであろう。」（大濱信泉『沖縄開発の基本姿勢』392 頁）

4　沖縄の特殊事情・特別な措置

平成 10 (1998)年 5 月 13 日，沖縄振興開発公庫と同様，北海道と東北の政府系金融をワンストップで行う北海道東北開発公庫（北東公庫：日本政策投資銀行に承継）の知人の参事が訪ねてきた。知人は仕事師だ。大蔵省（現，財務省）OB の公庫総裁から，なぜ，今，沖縄振興は多種多様なことが可能なのか聞いておいでとのことだった。総裁は知人に沖縄でできて，なぜ，北東ではできないのか，直球を投げたのかもしれない。六ヶ所再処理工場に関して，青森県知事が青森政策協議会をと言ったこともあった。沖縄振興開発特別措置法第 1 条，「特殊事情」の話をした。総裁が，私に話させたかったのは，北海道，東北，小笠原，奄美といった特別の地域の振興法制・施策と，沖縄振興の違いだったのだろう。沖縄振興の理由には，**沖縄の歴史的，地理的な理由**に加え，沖縄県民に対する**過去への報いと現在の苦渋に対する償い**がある。

平成 14 (2002)年，沖縄新法が制定されて，沖縄振興の法制度が大きく変わった。沖縄の特殊事情，それに基づく特別な措置という，沖縄法制の根幹の文言は，変わらずにある。復帰後の昭和 49 (1974)年に刊行された，沖振法逐条解説では，「沖縄の特殊事情」について，こう記述している。

沖縄の特殊事情とは，沖縄が 26 年余にわたり本土の諸施策の外にあったこと，多数の島々から構成されていること，本土から遠隔地にあること及び沖縄に基地が多いことなどである。昭和 48 (1973)年 12 月現在の沖縄の軍用施設・区域は 281.87 平方キロメートルで沖縄県土の 13 ％を占め，なかんずく沖縄本島では 23 ％をしめる。

この第一条にある**沖縄の特殊事情**こそが，**沖縄振興における法制・計画・施策の源**となっている。北東（北海道・東北）開発法制には，この源はなかった。平成中期以降の動きとしては，原発事故による福島復興法制の制定と国土保全のための奄振法・小笠原特措法の改正がある。現行の福島復興法制は，福島原発事故問題を沖縄米軍基地問題になぞらえて同様の法制を敷いている。沖縄と同じ，米軍の施政権下にあった奄美に関する奄美群島振興開発特別措置法も第 1 条に特殊事情の文言がある。同法第 2 条に

は基本理念として，「我が国の領域の保全」という文言が，近年，加えられている。同じく施政権下にあった小笠原に関する小笠原諸島振興開発特別措置法も，同様に，「我が国の領域，排他的経済水域及び大陸棚の保全」が，その基本理念（第2条）に加えられている。

　沖縄新法と旧法との大きく異なる点は，法の名称から「開発」行政の文言が削除された点である。これは，双方の第1条の，特殊事情以外の文言の異なりに現れている。「沖縄の復帰に伴い，」が削られ，ポスト復帰の方向性が示された。「基礎条件の改善」「地理的及び自然的特性」に即した振興開発から，時代時代の状況に応じた「総合的かつ計画的な」振興へと進化した。法の目的は，「住民の生活及び職業の安定並びに福祉の向上」から，「沖縄の自立的発展に資する」ことに，「沖縄の豊かな住民生活の実現に寄与する」ことになった。沖振法制は，特殊事情・特別措置が示すように，**我が国の振興法制のなかで格別の位置**にあるとともに，時代環境にそって，第2条以下の具体的手法を変えつつ，振興目的を果たす他に例を見ないフレキシブルな法制だ。**国と県とが双方にとって，よき状況（グッド・クライメート）の時**，この法制の真価が輝く。旧法は30年の歴史。新法は今年で20年となる。

　「沖縄は広島，長崎と同じく戦争中に大きな被害を蒙りました。沖縄の特異性は，第一に，亡くなった住民の多くは米軍に投降していれば助かっていたのに，本土から来た兵隊によってそれが許されない状況にあったということです。第二に，本土の被災地が戦後まもなく明るい展望の下に経済発展を遂げたのに，沖縄はアメリカの占領下に置かれ発展することができなかった。」「そして，復帰後も米軍基地の重圧に置かれ，本土との繁栄との格差が開いた。そして第三は，沖縄の人たちの意識の深層に，本土の人間（（註）やまとんちゅ，とルビあり）対沖縄の人間（うちなんちゅ）のギャップが存在することです。沖縄の本土に対する恨めしい気分があることは当然です。本土の人間は，今でもこのことに配慮しなければなりません。」岡本行夫『現場主義を貫いた外交官』263・264頁。

5　3＋2の大広域圏（地域情報圏）

王府・政府であった沖縄県　沖縄県は，琉球王朝時代，1つの国であり，米軍施政権下時代には，琉球列島米国民政府の下，琉球政府という，政府が存在した。統一王朝以前は，沖縄本島は，今の北部12市町村からなる北山王国，浦添，そして首里（那覇）に都のあった中山王国，南部地域の南山王国の3王国が鼎立していた。太平山と言われた宮古列島，石垣はじめ八重山列島を加えた，3＋2の5つの大区分の広域圏的な考え方が今もこれからもあり得る。地域情報圏としての新聞メディア媒体も，沖縄（本島），宮古，八重山各々で2紙だ。宮古，八重山では，「沖タイ」（昭和23（1948）年発刊），「琉新」（昭和26（1951）年発刊）より，宮古毎日新聞（昭和30（1955）年発刊）と宮古新報（昭和43（1968）年発刊），八重山毎日新聞（昭和25（1950）年発刊）と八重山日報（昭和52（1977）年発刊）が読まれる。ちなみに，奄美でも南海日日新聞（昭和21（1946）年発刊）と奄美新聞（昭和34（1959）年発刊）が主流だ。

広域行政　昭和45（1970）年，復帰2年前に北部やんばるで広域合併を果たした名護市のように，沖縄県には，5つの大広域圏による広域行政の可能性がある。実際，北部振興で言えば，名護市長が理事長を務める，北部広域市町村圏事務組合（北部組合）が，平成9（1997）年以来，調整役を果たしてきた。沖縄戦後，県内各地に，住まいを失った県民が収容された大規模なキャンプが設営され，「二見情話」で有名な，名護市東海岸・久志地域では，そのようなキャンプが源となり，戦後に街ができていった。辺野古，豊原，久志の3つの行政区，久辺（くべ）三区は財産区として，行政（区長・書記），議会（区委員長・委員）機能を備えている。八重山では，行政区と同様の機能を持つ公民館（長）制度が機能している。5つの広域行政圏を支える，ミクロの行政基盤も存在する。

道州制論　道州制問題では，ながらく，沖縄県は，「九州」州，「九州・沖縄」州として，九州の一部か九州とのセットで論じ

られていた。平成7 (1995)年の少女暴行事件直後は，沖縄県側から特別県制論が出されることもあったが，その波及的な意味がどうなっていくのか，深い議論がないまま，一国二制度論争もおきた。平成16 (2004)年頃は全国的に道州制の議論が盛んだった。それまでは，「九州・沖縄」州の考え方が主流だったが，この頃は，沖縄州として，九州と同等の1つの州として考えられるようになった。国と県との相互の強い信頼関係のなか，むしろ沖縄にフロントランナー的な役割が期待された。この年の1月10日，西尾勝ICU教授（第27次地方制度調査会副会長）は那覇での沖縄県自治研究会で沖振法が適用される沖縄州のメリットを語り，平成18 (2006)年2月28日，第28次地方制度調査会（諸井虔会長，小早川光郎副会長，松本英昭専門小委委員長）では，道州制3区域例のすべてで沖縄県を単独の州とした。諸井会長は沖縄懇話会のメンバーだった。

　浅薄な議論のなかでは，沖縄特別県的な沖縄州は，道州制問題の鬼門となる。沖縄の将来を前向きに考え，我が国の期待の星と位置付ける，沖縄の振興が本来目的とする立場からならば，沖縄州の議論は，今後とも道州制議論を活性化させよう。

内交官　平成13 (2001)年夏，内閣府企画官となってすぐに安達統括官から，「北部12市町村の行脚をじっくりと。12市町村の首長の話を聞き廻って欲しい。」との指示があった。名護の比嘉元市長，岸本市長，末松副市長からも同じことを言われた。東京と沖縄との間は遠い。那覇と「やんばる」との間も遠い。首長さん自体はそうでなくても，市役所・町村役場から，沖縄県庁への心理的な距離はとても大きい，仰ぎ見る存在だ。振興策の調整では，市町村，広域組合，県庁，各省との意思疎通に心を砕き，この四者の行き来，やりとりを見守り続けた。スタッフとともに，注視しつつ，適宜，補助線を引き，情報が流れるよう，詰まらないよう，頭と体を動かした。

　後年，官邸の海外経済協力会議の担当をして，在外の外交官の大変さを目の当たりにした。相手国・赴任国を，出向自治体に比すると，旧自治省の人々のバックボーンとよく似ている。赴任後も，人脈を切らさず，自分

で保全し，必要に応じて，世のため人のために使う。郵政人は，よき意味
でも，巨大な一家で，黙っていても人脈はあるものと思うところがあった
が，よき郵政人が得意としてきたのは，地元の視点に立って，地元の一人
一人の顔を確かめつつ，綿密な調整を行うことだった。30代はじめに，
仙台市企画局で室長を２年務めた経験もとても役に立った。国と県と市町
村とは対等という，地方自治の理念が頭に刷り込まれていた。**沖縄振興
は，沖縄の抱える諸問題の解決と並行し，危機管理の側面もあり，外交官
のように，オールラウンドで臨まなければならない。**外交官ならぬ，「内
交官」，インナー・ディプロマットでいこうと，スタッフと話した。

6　忘れてはならぬこと

誠実なコミュニケーション　基地問題については，保守県政であって
も，時に，政府と大きな緊張関係をはら
む。振興策については，革新県政であっても，大枠の反対はない。沖縄の
なかでは，政府の方針を聞いているだけだと，沖縄の存在が忘却されるで
はないか，とにもかくにも，反対を主張し続けると直に政府が寄ってく
る，このような雰囲気が覆うことが多い。よい子でいると放っておかれ
る，聞き分けが悪いといいことがある，といった，言葉は悪いが，非建設
的な「すれっからし」の様相を呈することが日常化してしまう。

　振興策が有為に前進するのは，**よき関係を保ち続け，議論をしつつ，協
調し合う時だと思う。**そのような関係を不断に維持し発展させていくこと
が重要だ。近代に，我が国の一県となった沖縄を大事にすることは未来永
劫大切なことだ。基地問題に象徴される沖縄問題と沖縄振興とは密接な関
係にある。沖縄の未来を輝かせる**波及性の高い経済の振興**は，沖縄問題の
果てのない解決のためには欠かせない。この時期の営みを振り返って思う
のは，国，県，市町村，財産区・行政区・公民館，各層に渡る，**真摯で誠
実なコミュニケーションの大切さだ。日本のどこよりも，その状況さえ整
えば，沖縄の県勢は伸びた。このことは，これからも変わらない道のりで
あると信じる。**こどもたち，おじい・おばあの笑顔なくして，沖縄の未来

はない。日本の未来もない。沖縄問題と沖縄振興との今後のあり方をどう考えていくか，今も不断に問われている。

「「沖縄」はすさまじく情緒的な人間関係の仕事でした。」（岡本行夫『現場主義を貫いた外交官』265頁）

漢方薬と劇薬　平成13（2001）年夏，内閣府企画官となって，瀧川元沖開次官を当時社長だった日本酒類販売に訪ねた。「我々沖縄開発庁は，9割の高率だが普通の補助金で仕事をしてきた。残り1割を埋める旧自治省の交付金もそうだ。」「君がこれから，本格的に関わる特別調整費的な手法のことだが。」「補助金・一般の交付金はいわば漢方薬のような一般薬。じわじわと効く。」「調整費は劇薬だ。よほど上手に使わないと，かえって体を蝕むのだが。」。「劇薬の処方をやめるわけにはいかない以上，瀧川さんの忠告を胸に，使うべきところに使い，漢方薬との上手な併用を心掛けます。」「君は私心なく，大丈夫だろう。やってくれるだろう。」と言ってくれた。

　最近，復帰後5年たった昭和52（1977）年の沖縄協会の研究誌を読んだ。復帰直後の劇薬とは，実は，沖振法での高率補助による本土では叶わない制度・施策のことだった。瀧川さんに会った平成13（2001）年頃には漢方薬になっていたのだ。**劇薬と漢方薬とは，時々に変わっていき**，沖開庁の代々の人々は，時間をかけて，劇薬を漢方薬にしていく。瀧川さんの心は，**上手に，公平感のある効果的な運用をしなければならない**，ぜひ心掛けてほしい，というものだった。

　現在，導入されている一括交付金制度においても，沖縄県と県下市町村においては，劇薬以上の効能があるとしても，その運用は，将来に禍根を残すことなく，長短の波及性によく注意しなければならない。安易な総花化にならないよう，選択と集中という焦点化も軸にして，様々な施策への目配りがされなければならない。

「（前略）（復帰時の）処方せんと全く関係なしに薬だけ大変に強い薬を，しかもたくさん飲み過ぎた。特に海洋博では劇薬ともいうべき薬を沢山飲んだも

のですから，現在の沖縄経済は後遺症が非常にきつくて，極めて苦しい状態に置かれているのではないかと私は思うわけです。」（岩尾一『新しい年を迎えた沖縄経済』8頁）

島々の重要性　沖縄県の国土面積は都道府県のなかで44位（0.6パーセント）だが，**日本一広大な海洋県でもある**。尖閣は言わずもがな，有人無人の島々を大事にすることは，**国土保全・安全保障の観点から極めて重要**なことだ。台湾有事という言葉も頻繁に交わされるようになり，奄美を含む南西諸島の保全・防衛は，いまや，国政の一丁目一番地となっている。

　国際環境が激しく変化する現在，琉球王国の版図であった奄美群島にも，先島と同様，陸上自衛隊の精鋭部隊が駐屯している。そのための施設が，奄美大島に何か所も造成されている。奄美振興法制も，小規模ながら，年来の悲願であった特別の交付金制度を有するようになった。

　九州・福岡に赴任して，管内視察で，奄美大島に初めて行った。陸上自衛隊の駐屯地の整備が進んでいた。国際クルーズ船も一隻停泊し，**奄美振興法の改正により，地域振興への大きな意欲を感じた**。昭和45（1970）年に名護市が誕生した時のように，奄美市は，平成18（2006）年，平成の大合併で広域合併を果たしていた。奄美群島の主邑の奄美市は，沖縄県庁に，優秀な若手を続けて出向させて，観光など大事な分野の政策手法を学んでいた。サミット前後，北部振興のスターターがかかった頃の，やんばる・名護を思い出した。

「政府は24日，2022年度予算案を閣議決定した。（中略）うち非公共で各種ソフト事業に充てることができる奄美群島振興交付金は例年並みの23億8300万円を確保した。奄振交付金は，農林水産物の販路拡大のための物資輸送費支援や世界自然遺産登録後の群島全域を対象にした観光キャンペーン，航路・航空路運賃軽減事業，農業の平張りハウス整備，水産業での未利用資源活用，加工品開発などを継続する。」（『奄振2％増の198億円，交付金は例年並み確保，政府22年度予算案』2021年12月25日：南海日日新聞電子版）

我が国の振興法制度・計画の白眉の存在であった沖縄新法だが，現在の

奄振法，小笠原振興法には，基本理念に，我が国領域の保全（奄振法第2
条），我が国の領域，排他的経済水域及び大陸棚の保全（小笠原振興法第2
条），海洋資源の利用（奄振法第2条・小笠原振興法第2条）が加えられてい
る。「島ちゃび」＝離島苦の解決は，沖縄振興の永遠のテーマであり，国
土の保全，海洋資源の利用の観点からも沖縄の有人・無人の島々の重要性
を改めて問い直さなければならない。

　「沖縄の地域的特性は全国の中でも際立っていることは周知のところである。
　もとより，これらの特性は諸々の状況によって「有為」ともなり「不利」と
　もなりうる。」「沖縄は，我が国唯一の亜熱帯・海洋性の島嶼県である。」「本
　県は，東アジアの中心に位置し，交通，通信，物流，文化等の多くの分野で
　ネットワークの拠点となりうる。」「中国，東南アジア諸国等との交易を通じ
　て形成された琉球文化に，戦後米国の影響等が加わった国際色豊かな文化・
　生活様式を育んできた。」「復帰後は，基地依存度は低下してきたが財政依存
　度の高い経済構造となり，若年層の高い失業率に加え県民所得も依然として
　全国最下位である。一方，サービス産業等の集積に加え，観光リゾート産業
　や情報通信産業の急速な成長が注目されている。」（牧野浩隆『沖縄振興と基地
　問題』332・333・334頁）

基地負担の重み　沖縄における基地の過重な負担を軽減するSACOの
象徴事案として，普天間の辺野古への移設は粛々と
行われてきた。長い道のりのなかで，国，県，市町村，行政区の四者に一
層の良好な関係が築けると，からっと日が差すように加速化することが何
回もあった。無論，そのための重層的な四者間での交渉・調整があっての
ことだ。
　代替なき移設，本土への全面的移設は，当時も今も困難だ。そのなか
で，国は，行政区，市町村，広域組合，県という四層の交渉を続けてき
た。皆の利害は完全に一致することはないし，時として大きく乖離する。
四者間の合意は，国の心からの語りかけなくして，ありえなかった。官邸
主導の下，積み重ねて，多次元方程式を解いてきたし，これからも解いて
いかなければならない。辺野古の移設は，このような階梯を少しずつ昇っ

てきた。

前記の外交フォーラムに，岡本行夫さんの外務省課長時代の回想がある「僕は，役所で，様々な安保問題に携わってきた。たいしたこともできなかったが，僕たちのチームが成し遂げた最大の仕事は，当時も今も，それが深刻な案件であったことすら認識されていない。取り扱いを誤ればとてつもなく困難になるある案件を，周到な根回しと自治体首長の協力によって，淡々と現在の形に処理し得たのである。」。

「北部振興」からひも解く，沖縄振興の本質 人口稠密地が囲む普天間基地に事故があった場合，特に，地元住民に甚大な影響を及ぼし，日米関係にも重大な影響を与える。このことは今でも変わらない。移設先である久辺三区，名護市（当時は，加えて，宜野座村，東村）を中心に北部と中南部との格差解消を図り，その際，沖縄全体の発展と条件不利地域である本島北部の振興を同時に進め，北部12市町村の発意の下，国はその自立的発展を，地元の歩みに合わせ支援する。国が先回った方が早くても，あえて主体的に考えてもらう。行政のテクノクラートをはじめ人財・人材が生まれ育つのを助けるためだ。持続性と波及性のある雇用が生まれるかどうかもポイントだ。

古川さんは，副長官を退いた後，平成16（2004）年1月18日・19日に訪沖した。平成12（2002）年のサミット前の準備視察以来だろうか。国立高専を訪ね，名護東海岸の国道329号線沿いの街路に，久辺三区の人々が花を植えている様を眺め，増築されたマルチメディア館では，名護市のテクノクラートの鈴木邦治さんから，丁寧な説明を受けて，感激したという。高専の街づくり，高専の教職員を大事する地元の人々，**地元に根付き，専門的なことも波及効果も語れる人財が確かに生まれていた。沖縄の有為の人材，努力してきた人財に光をあてることは沖縄振興の要諦だ。**

古川さんは，担当室時代から，「沖縄の振興は，時間がかかっても，沖縄の方から一つ一つ積み上げていくことを大事にして見守り，それを支援することだ。」と，我々に語っていた。地元の発意に基づいて，**補助線を丁寧に引いていくのが政府のするべきことだと思う。**

「クリスマスイブの日の朝，比嘉さんが電話をかけてこられた。「私は受け入れを表明して辞職します。岡本さん，どうか名護と「やんばる」のことを後後まで頼みます」と言った。僕は声につまりました。心の中で申し訳ない，申し訳ないと比嘉さんを拝みました。」「補佐官が国立高専の名護市開設とNTT番号案内センターの設立を引き受けてくださったときに，私は初めて本土の政府を信頼しようと思ったのです。本当はもう少し市長を続けたかったが再選をあきらめ，「やんばる」の振興に賭けようと決心しました。そして住民投票で反対派が勝っても，僅差なら基地を受け入れようと決めたのです。」（岡本行夫『岡本行夫・現場主義を貫いた外交官』252・253頁）

「官邸での橋本首相との会談の席で比嘉市長は，「私が職を辞することによって建設を受け入れます」とおっしゃってくれた。つまり，市としては，反対多数という住民投票の結果にかかわらず，海上基地受け入れを認めるが，市長本人は責任をとって辞任するということだ。」「比嘉市長はそのとき私に，「メモを貸してください」と言って，沖縄に伝わる琉歌を記された。「義理んすむからん　ありん捨らららん　思案てる橋の　渡りぐりしや」」「ふと橋本首相を見ると，心なしか目が潤んでいるように見えた。戦争の悲惨な歴史と，戦後の辛酸と，しかしなお日本の一部として極東の安全保障のために基地を受け入れなければならない，沖縄の苦悩をその琉歌は歌っているように私には思えた。」（野中広務『老兵は死なず・野中広務全回顧録』27・28頁）

「工専も昭和四十九年以来設置しないこととなっていたのを沖縄の人材育成ということで認めたもの。（副長官を辞めてから）建設中の沖縄工専はじめ北部振興地域を見ることができ，感慨深かった。元名護市長の比嘉鉄也さん，現市長の岸本建男さんはじめたくさんの人々に助けていただいたという思いも強い。」（古川貞二郎『霞が関半生記』211頁）

こうした営みのなか，本島北部を支点に，県土全体で，平成7（1995）年から平成16（2004）年までの10年の間に，国と県とをつなぐ信頼の基盤が徐々に醸成された。昭和47（1972）年の復帰時同様に醸し出された，地元と本土との重厚な人間関係を大切に，様々な問題課題が，官邸の会議群，新たな施策スキーム，沖縄問題担当室という，官邸のシステムでトータルに熟議された。本島北部を光源に，沖縄全土が，よりよい明日のトライに熱気を帯びた。

　普天間の辺野古移設の階梯は，沖縄問題・沖縄振興，再編問題のミク

ロ・コスモスだ。沖縄問題の解決のなかで，沖縄振興の安定的な推進と再編問題の弛みない進捗は相互に密接な関係にもある。在沖米軍基地の再編，自衛隊による防備の充実，台湾有事も頭に置きながら，今後の沖縄振興課題はあるのか。あるとすればそれは何か。沖縄が置かれた，その時代における，国内外の地勢を冷静に見極めなければならない。沖縄のオジイ・オバアは無論，沖縄と日本の将来を担う，沖縄の青少年が希望を抱くに足る有益な振興策がとられていかなければならない。沖縄の特殊事情がある限り，これらを法制・計画に刻み記し，メカニズムを再構築していかなければならない。昭和復帰時と平成中期の沖縄振興の理念と到達点を示す，現行の沖縄振興法制度に足らないのは何か，加えるべきは何か。令和4（2022）年5月15日，復帰50年の節目を迎えた。

「（1998年春，僕は米国に出張しました。）アメリカ側は一様に普天間飛行場の移設を急いでいました。沖縄問題に熱心な橋本政権の下で片付かなければ，長期にわたって解決のめどがつかず，米軍が不安定な状況に置かれるのではないか」と恐れていたからです。皮肉にもそれが正しい見方だったことは，この問題が橋本内閣で9割方解決したのに残りの1割がその後10年経ても進まないことで証明されてしまった。」（岡本行夫『岡本行夫・現場主義を貫いた外交官』247頁）

「沖縄問題は，大きな流れとしては基地問題と地域振興問題の二つがあった。在日米軍基地の七十五パーセントを抱え，佐藤内閣で復帰を果たしたものの本土との地域格差は歴然としている。僕は過去二回，厚生省時代に沖縄を訪れたことがあるが，副長官になってあらためて真正面から取り組んで，こうしたことを強く意識した。基地問題と地域振興は密接に絡んでいる一方，別個の問題でもあるというのが僕の率直な感想だ。」（古川貞二郎『霞が関半生記』211頁）

「本書が対象としているのは岡本さんが小泉内閣での首相補佐官をやめる2003年3月までとなっている。ここではその後の岡本さんを紹介したい。「現場の人」岡本さんの活動は公職を離れた後も幅広く活発に続いた。沖縄との関係は首相補佐官退任で表向きは消えた。しかし，自民党から民主党に政権交代が実現して発足した鳩山由紀夫内閣は，短時間で日米関係を悪化させるとともに，いったんは沖縄県も受け入れを認めていた普天間飛行場の名護市・辺野古への移転を首相自ら白紙に戻してしまう失政を犯してしまい，政

府に対する沖縄の不信感はピークに達した。」「身動きが取れなかった鳩山首相が頼ったのが岡本さんだった。岡本さんは何度か首相官邸を訪れ鳩山首相に会っている。その後，岡本さんはアメリカや沖縄を訪問し関係者に会って，こじれ切った状態を元に戻そうとしたようだ。しかし，さすがの岡本さんでも沖縄の怒りを収めることはできなかった。岡本さんが長い年月を費やし作ってきた政府と沖縄の信頼関係は，一時の政権の愚かな判断によって無残にも破壊されてしまったのだ。」（薬師寺克行『岡本行夫・現場主義を貫いた外交官（追悼文庫版）』362・363頁）

嘉手納町「道の駅」開所式テープカット
（右から2人目，宮城篤実町長）

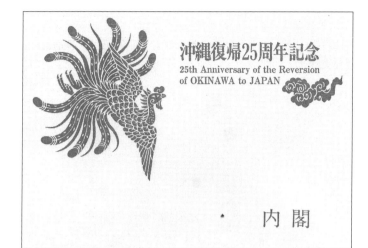

沖縄復帰 25 周年記念式典
記念品（タトウ）表紙

名桜スピーチ

1　僕でいいのかな？

比嘉理事長からの電話　第1章・第2章では，橋本総理の宜野湾スピーチに始まる平成の沖縄振興のアウトラインとその本質を記した。平成15（2003）年頃には，平成の沖縄振興のメカニズムが起動し，確たる成果が着実にあがっていた。そのアウトプットを，「しかるべき機会」に，「しかるべき方」から，沖縄県民に伝えていただき，広く公にできないかと考えていた。その機会は，比嘉鉄也さんから私への一本の電話で巡ってきた。「名桜大創立10周年記念講演に橋本元総理をお願いしたいので，お伝え願えないか。」という話だ。北部振興にとっても，沖縄全体の振興にとっても，一里塚となるような講演をお願いしたいとのことだった。

もう一つの宜野湾スピーチ　安達統括官とともに，麹町の橋本事務所にお願いに行った。橋本元総理は，「僕でいいのかな。」と言われた。古川副長官に報告に行った。「僕でいいのかな，というのは，とても喜ばれているのだよ。」。安達さんから，宜野湾メッセージの各項目が，今どのようなアウトプットになっているのか，まとめるよう指示された。平成15（2003）年7月5日，当時，自民党沖縄振興委員長だった橋本元総理は，島田懇事業による名桜大学（安田晃次学長）の多目的ホールで，当時の名桜大理事長だった比嘉鉄也元名護市長の求めによる講演を行った。「今日は，（平成8（1996）年の）この「宜野湾スピーチ」を振り返りながら，それを出発点として，その後の沖縄振興，特に北部の振興がどのように発展してきたかに，私の感想を交えながら聞いていただきたいと思います。」という話から始まった。この名桜大学開学10周年記

念講演会での「名桜スピーチ」は，宜野湾スピーチのアウトプットである，もう一つの宜野湾スピーチだ。

押し下い見りば

この頃，私の所には，財務（主計・金融），経産，総務（旧郵政），農水，文科（旧文部），国交（旧建設），防衛，沖縄県から補佐，主査のスタッフがいてくれた。「ミニミニ霞が関」みんなで，沖縄県，北部組合，各省と連絡をとりつつ，わかりやすいデータを集めた。沖縄問題担当室時代の脇坂真一主査は補佐になって，防衛からのスタッフでもあった。A3 数枚に見やすくまとめ，安達さんからは，「しっかりした数字が並んでいるね。成果がよくわかる。よい資料だ。」，そして，橋本さんからも「とてもよい資料を作ってくれた。」と言われ，ほっとした。当日，名桜大学多目的ホールの聴衆席の後ろで耳を傾けた。その後，平成18（2006）年1月28日，比嘉さんから琉歌をいただいたが，平成9（1997）年12月24日の比嘉さんの官邸での歌（89頁・172頁）と対になる歌だと思っている。

　押し下（くだ）い見りば名護浦の美（ちゅら）さ海山の間切り語（かた）て見ぼしや

2　沖縄振興策展開の具体的なデータ

沖縄振興の成果

橋本総理から，前章で取り上げた事案・数値以外に，沖縄振興と北部振興双方にわたり，次の具体的な成果がデータとともに語られた。

　平成11（1999）年5月，那覇空港に国内線新ターミナルが完成した。沖縄都市モノレールは，平成15（2003）年12月に開業の予定となった（実際には，4か月早く，8月10日の開業。）。

　平成12（2002）年のサミット後，平成14（2002）年度までに，政府関係だけで40件の国際的なコンベンションが沖縄県内で開催され，平成17（2005）年4月には，米州開発銀行総会が開催予定となった。平成11（1999）年から，中城湾新港地区では，製造業立地促進のためのレンタル工場が

12棟整備された。

　名護市のNTT104コールセンター（平成10（1998）年5月24日開業）は，比嘉前市長の要望を受け，国立高専と並んで，北部振興・移設先振興のシンボル事業となった。名護センターには，一日平均11万件の問い合わせがあり，港区，千代田区，渋谷区など都内からのコールが9万件を数えた。全国62か所のセンターのなかで，平成15（2003）年度の最優秀事業所として社内表彰を受けた。情報通信産業振興地域制度，「情報特区」には，名護市に続き，県内11拠点のIT受け皿施設が整備され，これら施設のすべてが新規進出の情報通信関連企業を中心に満杯となった。

　平成11（1999）年に，観光振興地域制度を創設し，観光関連施設も投資税額控除を受けられるようになり，14の地域が指定された，さらに，

- 沖縄デジタルアーカイブ事業参加企業81社中，57社が県内企業が占めた。
- 島田懇事業の東村「村民の森」は，平成14（2002）年4月から1年間で，5万人が利用している。
- 平成15（2003）年8月には，具志川市に，健康バイオ企業の受け皿施設として，沖縄健康バイオテクノロジーセンターが開所した。
- 平成15年4月，沖縄科学技術大学院大学建設予定地が恩納村に決定した。
- 平成9（1997）年から平成15（2003）年までに，「沖縄県人材育成海外派遣事業」，「沖縄県同時通訳者養成事業」，「沖縄県高校生派遣事業」の3つの事業で，総計400名近い沖縄の若者が国内外で勉学に励んだ。
- 平成14（2002）年からの「IT高度人材育成事業」の受講者数は1,928人を超えた。

北部振興の展開・成果　　島田懇事業では，平成14（2002）年までに，名桜大多目的ホール，名護市マルチメディア館，東村村民の森，伊江村村民レク広場など20事業が整備を完了していた。残り18事業もすべてが着手された。嘉手納タウンセンターは，平成

14年末ロータリー内の建物の除却が始まり，平成19（2007）年には竣工，沖縄市こども未来館の開館は平成15（2003）年度末の予定となった。北部振興事業としては，平成12（2000）年度から，平成15（2003）年7月現在までに，非公共59件，公共53件の事業を採択し，6施設が竣工・開所し，11施設の整備が行われた。島田懇事業として，恩納村，伊江村，伊平屋村，伊是名村4村において，海ブドウ，トコブシ，ヒラメの養殖事業で，200名超の雇用，今帰仁村では，北部振興事業として，県内市場向けに，「茸（エノキタケ）生産出荷施設整備事業」で10人を超える雇用を創出した。北部振興事業により，名護市食肉センターが平成15（2003）年6月に開所し，100人超の雇用が生まれた。さらに，北部振興事業では，IT関係で，名護市では，14社1団体が立地し200人超が，宜野座村「サーバーファーム」では，7社で300人が雇用された。

3　名桜スピーチのバックグラウンド

NIRA レポート，21 世紀プラン，沖縄新法，4 次振計という骨格の血肉

名桜スピーチのバックグラウンドとして，平成8（1996）年の宜野湾スピーチの各項目の具体的な展開を述べる。**NIRA レポート，21 世紀プラン，沖縄新法，4次振計という骨格の血肉となった項目・施策群**として，地域経済の自立化，県民生活の向上，雇用の確保に確たる成果をあげた。特に記載がない限り，数値は，平成15（2003）年の名桜スピーチ時点での最新値だ。

「通信，空港，港湾の整備」では，衛星通信，光ファイバー，同軸ケーブル，無線などの様々な情報通信手段が整備・活用され，低料金アクセスも実現した。空港，港湾の国際ハブ化，都市基盤の整備も図られた。沖政協（第3PT），北部振興などに関連する。

「国際交流，文化交流の拠点の整備」では，沖縄の地理的環境と観光資源に国際ショッピングモール構想などを組み合わせた国際交流拠点の整備と国際的なコンベンション都市の形成が進展し，文化交流拠点も整備された。沖政協（第5，第7，第10PT），北部振興などに関連する。

「自由貿易地域の拡充等による産業や貿易の振興」では，沖縄各地でマルチメディア（IT）関連産業が産声をあげた。「将来の情報通信社会を展望した「マルチメディア特区」の設定」では，情報通信産業振興地域・情報通信産業特別地区（「情報特区」）制度が策定され，特別自由貿易地域制度と金融業務特別地区制度も創設された。**沖縄全県で，比較優位による産業の振興が図られた**。沖政協（第4，第5，第6PT），北部振興，島田懇などに関連する。

「観光施策の新たな発展と充実」では，「健康」をテーマとした健康医療センター群と長期滞在型施設群とが整備された。観光振興地域制度が創設され，自然環境等をテーマとする観光振興が展開した。沖政協（第7，第8PT），北部振興，島田懇などに関連する。

「医療，環境，農業等の分野を中心とした国際的な学術交流の推進及び関連産業の振興」として，沖縄の亜熱帯特性を活かした，海洋，環境，医療，電波などの総合研究機関の設置・拡充が行われ，関連産業の振興が策された。沖政協（第5，第8，第9PT），北部振興などに関連する。

「沖縄の将来を担う若者の雇用問題に対する有効な施策」として，人材育成，雇用促進，能力開発で様々な施策が展開した。沖政協（第5，第6，第7，第9PT），北部振興に関連する。

「沖縄米軍基地所在市町村に関する懇談会の設置」として，沖縄米軍基地所在市町村活性化事業，いわゆる島田懇事業が着実に成果を上げ，「50億円の特別の調整費の計上」では，沖縄特別振興対策調整費（特別調整費）が創設された。特別調整費は，沖政協で，**沖縄振興の核となる波及性の高い調査・事業に配分決定**された。

情報通信手段の整備・活用　名桜スピーチまでに，本島全域に中継系光ファイバーの施設が完了していた。加入者系光ファイバーも含め，都市部を中心に光化が進展した。平成12（2000）年11月以降，ADSLサービスは30市町村内，平成14（2002）年3月以降，FTTHサービスは那覇市・名護市内等6市3町内，ISDN常時接続サービスは全市町村内で提供され，同年5月以降，全市町村を定額制エリ

アがカバーした。平成10（1998）年から平成13（2001）年にかけて，北部地域難視聴解消事業，平成15（2003）年には，八重山地区中波ラジオ受信障害対策事業が実施された。

低料金通信アクセスの実現　平成11（1999）年から，通信コスト低減化支援事業が，平成15（2003）年からは，海外通信コスト支援事業が，沖縄県の単独事業としてスタートした。**都道府県による通信コスト支援は画期的なことであり**，国費によるハード支援，国県市町村の連携による誘致とともに，**マルチメディア（IT）産業集積の呼び水**となった。沖縄・東日本間で，県内本島3カ所（北部・中部・南部）のアクセスポイントから，東京アクセスポイントまでの回線を無償提供し，東京アクセスポイントからの足回り回線のうち，30km超分の料金を県が補助した。沖縄・西日本間では，回線料金定価の約7割を補助し，さらに，国際回線についての補助制度も始まった。

空港・港湾のハブ化　平成11（1999）年5月，当時の新千歳空港国内線ターミナルの約1.5倍の容積の那覇空港国内線新ターミナルが竣工し，平成15（2003）年には，那覇空港の能力向上方策に関する調査が始まった。平成10（1998）年から，本土・那覇間に係る航空機燃料税が2分の1に軽減され，空港使用料は六分の一の軽減となり，両軽減措置により，航空運賃引下げが実現した。具体的には，羽田・那覇間片道で，平成9（1997）年4月時の34,950円が，平成11（1999）年7月には30,050円のプライスダウンとなった。那覇空港の乗客数は，平成8（1996）年の約910万人から，平成13（2001）年には約1,100万人となり，これは，国内線では第5位，国際線では第7位の順位となる。**那覇空港は我が国の南の交流のゲート**としてふさわしい発展を見せた。

平成14（2002）年1月，那覇港管理組合が設けられ，世銀OBの堤さんのマネージメントが始まった。特別自由貿易地域に関連して，中城港湾の新港地区の開発が進展し，調整費を使って，プレハブ・レンタル工場の整備が逐次進んだ。

都市基盤の整備 那覇市北部の天久（あめく）新都心地区開発は，平成
9 (1997) 年 3 月に一部の供用を開始し，その後，広
大な空き地の開発が進み，**おもろまちは文字通りの新都心**となった。島田
懇事業である嘉手納タウンセンター開発とともに，平成初期の北谷町の美
浜地区開発以降の，**平成中期における沖縄の 2 大都市開発**となった。大
規模ショッピングモールをコアとする開発は，北中城村の泡瀬ゴルフ場跡
地開発にも受け継がれていった。

　平成 11 (1999) 年からは，沖縄自動車道の通行料金の割引が始まり，那
覇インターと名護市南部の許田（きょだ）インター間の普通料金は，1,550
円から 1,000 円になった。沖縄自動車道の月間利用台数は，平成 11 (1999)
年 6 月の 108 万台から，平成 13 (2001) 年 6 月には 160 万台に増加した。

　沖縄都市モノレール（ゆいレール）は，平成 8 (1996) 年 11 月に着工し，
15 (2003) 年 8 月に開業したが，これは，同年 12 月の当初開業予定より，
四か月早かった。同年 10 月の一日平均乗降客数は 33,000 人，同年 11 月
15 日の累計値は 350 万人を数えた。

嘉手納複合開発 島田懇の中核事業の 1 つ，嘉手納ロータリー再開発
は，沖縄防衛局と，図書館，健康増進センターの複
合施設として，その威容を現しつつあった。宮城篤実町長の肝いりで，施
設内には，梶山先生，島田先生，岡本さんの半身のレリーフがかかってい
る。岡本さんは恥ずかしがっていた。そういえば，名護のマルチメディア
館のロビーの柱時計も，岡本さんの寄贈だ。宮城町長は，島田懇のスキー
ムを使って，嘉手納外語塾という人材育成と，マルチメディア産業誘致と
いう雇用創造も成し遂げた。嘉手納基地の西側，国道 58 号線沿いの私有
地に，通称「安保が見える丘」があり，嘉手納基地が俯瞰できる。普天間
基地に対する嘉数高台（かかず・たかだい）のようなところだ。梶山長官も
視察された。宜野湾市の普天間基地を臨む嘉数高台には展望塔が整備され
ているが，島田懇事業として，安保が見える丘の近くに，交流観光施設と
して，「道の駅」（屋良（やら）東部地区地域振興施設）が整備された。

　嘉手納の再開発は，島田懇・島田懇有識者懇メンバーの荒田厚日本都市

総合研究所代表，織田村都市計画技官はじめ，旧建設省の都市計画，再開発畑の人たちが中心となり，難事業をゴールに導いた（平成20（2008）年7月5日整備完了）。嘉手納基地に町面積の多くをとられる嘉手納町は，島田懇事業によって，嘉手納コンプレックスとも言える，**街の様相が一変するような，複合的で総合的な街の整備に成功した。**

国際ショッピングモール構想

観光客が購入した商品の関税を免除する，沖縄型特定免税店（DFS）制度が沖縄新法の目玉として設けられた。第1段階として，那覇空港内2か所に免税店が設置された（平成11（1999）年10月指定・平成14（2002）年10月拡充）。第2段階は，**我が国唯一の空港外での展開となった。**名桜スピーチ当時，平成17（2005）年1月に天久新都心地区で，床面積2万㎡の大規模国際ショッピングモールが開店予定となっていた（同年3月開業）。

国際交流拠点整備・国際的コンベンション都市形成

九州・沖縄サミットG8首脳会合（沖縄サミット）は，平成12（2000）年7月に開催された。サミット前にも，平成8（1996）年12月，東アジア社会保障担当閣僚会議が開かれ，同月5日，橋本総理が基調講演をした。平成9（1997）年7月24日・25日には，小和田恆国連大使が主唱した開発に関する沖縄会議，平成10（1998）年10月9日・10日には，第3回APEC沖縄エネルギー大臣会合が開催された。

　沖縄サミット直前の平成12（2000）年6月27日には，「国際会議等各種会議の沖縄開催の推進について」が閣議決定され，各省庁連絡会議が設置され，県内での国際会議が累次開催されていった。沖縄サミットでは，IT憲章（沖縄憲章・グローバルな情報社会に関する沖縄憲章）とIDI（沖縄感染症イニシアティブ）が発表され，今につながる，日本発の国際的なフロントランナーとしてのドキュメントとなった。IT憲章は，16年後の平成28年（2016年）の伊勢・志摩サミット香川・高松情報通信大臣会合につながっていく。サミット後，平成15（2003）年5月には，第3回太平洋・島サミットが開催された。沖縄サミット，島サミットの主会場となった名護市部瀬

名（ぶせな）の万国津梁館は，県単事業として，平成 10 (1998) 年に開館の後，平成 15 (2003) 年 7 月に拡張工事が行われた。

IDB 総会 サミット開催後も，沖縄県内において，平成 12 (2000) 年から平成 14 (2002) 年の間に，40 件のコンベンションが開催された。そのなかでも，大規模なものが，平成 17 (2005) 年 4 月に開催され，運営費に調整費が配分された，米州開発銀行 (IDB) 総会だった。特別調整費は，一括計上を内閣官房（後に内閣府）で行い，各省庁予算に付け替える。予算である以上，内閣官房も，財務省に予算要求をし，支弁の時は，逐次，主計局に説明をする。主計局以外の財務省の各部局が執行官庁になれないこともないが，稀有なことだ。その稀有な事例が二つあった。なるほど，というケースだった。

その一つが，IDB 総会費用の一部負担だ。総会は，通例，東京，名古屋といった，日本はじめ世界の大都市で開かれていたが，この時は，沖縄への国際会議誘致の目玉として，財務省国際金融局（現，国際局）が動いた。各国の財務大臣はじめ VIP が集まる。本土の五大都市では，地元経済界からの賛助金が大きく寄与するが，沖縄でそれを求めるのはハードルが高く，会議のためにお金を集めるのは本末転倒となる。ソフトとしての国際会議に一定の特別調整費を使うことは理にかなっていた。支弁の後，皇太子殿下（天皇陛下）の行啓を仰ぎ，平成 17 (2005) 年 4 月 10 日から 12 日までの間，無事，開催された。後年，内閣官房で ODA，OOF の関係で，国際局（国際金融局の後身）と一緒に仕事をした。TICAD IV（第 4 回アフリカ開発会議）はじめ，海外経済協力会議（現，経協インフラ戦略会議）の仕事で大変助けてもらった。

平成 11 (1999) 年からは，来沖人口増加のため，査証手続きの緩和と寄港地上陸許可の特例も始まった。

文化交流拠点整備 名護市に，平成 9 (1997) 年・10 (1998) 年に名桜大学留学生センター，平成 10 (1998) 年・11 (1999) 年に名護市国際交流会館が整備され，平成 10 年には，琉球大学国際交流セ

ンターが竣工した。

　浦添市では国立劇場おきなわの整備が進み，名桜スピーチの翌年，平成16（2004）年1月開場予定となっていた。平成15（2003）年，アジア・太平洋地域文化交流事業として，8テーマにわたって，アジア・本土・沖縄の伝統芸能公演が国立劇場おきなわで開催の運びとなり，同年7月，島袋光史さんが，組踊で初めて人間国宝に認定された。

沖縄国際映画祭　いまでこそ，沖縄はアジア・世界に広く知られる芸能の島となっている。平成9（1997）年頃，岡本さんや島田先生は，広く沖縄の文化芸能の振興も考え，地元に，将来的に花開く芽があれば，見逃さなかった。沖縄アクターズスクールを起こしたマキノ正幸先生から，岡本さん，島田先生が話を聞く際，陪席させてもらった。当時，大河ドラマはともかく，朝ドラで，難しい歴史と人文の今を描かねばならない沖縄が題材にとは考えもつかなかった。平成12（2000）年，沖縄勤務とサミット開催の年，「ちゅらさん」が，八重山の小浜島と那覇とを舞台に放映された。令和4（2022）年春，「やんばる」国頭（くにがみ）を舞台に，「ちむどんどん」がスタートした。前作以上に，沖縄出身の俳優，芸能人が沢山出演し，沖縄出身の芸能人の全国枠での活躍はあたりまえになった。名桜スピーチの5年後，平成21（2009）年3月，沖縄国際映画祭（島ぜんぶでおーきなわ祭り）が始まり，吉本興業グループ（大崎洋吉本興業ホールディングス会長）のよしもとラブ＆ピースが運営を行い，沖縄が主人公となって世界に発信する場となっている。CM部門でも，沖縄各地のコンテンツが発信されたことを審査委員長を務めた電通OBの緒方正三郎さんから伺った。

IT関連産業の集積　マルチメディア（その後のIT，ICT，IoT，DX）産業の集積は順調に進み，コールセンターからデータセンター，モーション・キャプチャまで，量的な成果をあげ，質の充実の時代に入りかけていた。先陣を切ったNTT104センターは，平成8（1996）年12月にサービス・インし，那覇市内で従業員数383名を数え，平成10

(1998)年5月には，名護NTT104センターが開所し，67名の雇用を創出した。

　名桜スピーチ当時，県内で，IT関連産業施設が次々に竣工し，新規立地，新規雇用を実現した。県内市町村による主要11のITインキュベート施設を開設順に記す。

　①平成11（1999）年4月，名護市マルチメディア館（拡張），②平成12（2000）年，嘉手納コールセンター，③同年，沖縄市テレワークセンター，④平成13（2001）年，北谷町美浜メディアステーション，⑤同年4月，糸満市マルチメディアセンター，⑥平成14（2002）年3月，宜野座村サーバーファーム，⑦同年4月，嘉手納町マルチメディアセンター，⑧平成15（2003）年4月，沖縄市ITプラザ，⑨同年5月，宜野湾市ベイサイド情報センター，⑩同年6月，那覇市IT創造館，⑪平成14（2002）年から累次の名護市におけるITインキュベート施設（みらい○号館）整備。

コールセンター・ブーム　名護のマルチメディア館はじめ，沖縄本島では，未曾有のコールセンター・ブームが起きた。名護市，宜野座村，沖縄市，嘉手納町，北谷（ちゃたん）町，那覇市，浦添市……，人口稠密な地域が多かったが，名護東海岸のように郊外地であっても，幹線道路沿いに，車で通勤もできる，駐車場を広くとった施設ができていった。女性が多く勤めていたことから，現代の女工哀史ではないかと，現状を把握せず，現場を見ずに為にする議論もあった。NIRAレポートの座長の香西先生は，現状を踏まえた上で，**比較優位の考え方から，沖縄において，ここから，新たな雇用，新たな経済成長が始まる**旨を説いた。通信料金が低廉化し，復帰時のような距離によるコストを考えなくてもよくなり，沖縄が，他の46都道府県に比して，これから始めても充分リードできるのが，IT分野だった。

　平成中期の沖縄振興策は，通信，空港，港湾の質量の充実により，沖縄が宿命として抱える**距離のコストを超克していくことが肝**となった。これは，5次振計で花開いた国際物流の展開にも通じることだ。一般財団法人南西地域活性化センターの「本土復帰45年の沖縄経済の歩み」の年表に

よると，昭和47（1972）年から平成29（2017）年までの，通年の大きな出来事は7件で，そのうち，沖縄独自の好事は3件，その3件のなかに，平成11（1999）年の**コールセンターの沖縄進出**が特記されている

（屋良県政）昭和50（1975）年：海洋博関連の倒産が続出。

（西銘県政）昭和56（1981）年：大型模合（もあい）崩れが社会問題になる。

（西銘県政）昭和61（1986）年：バブル景気が始まる。

（大田県政）平成3（1991）年：バブル景気が崩壊し，その後，日本経済は長期停滞へ。

（大田県政）平成9（1997）年：北谷町美浜のアメリカンビレッジの本格的な工事が始まる。

（稲嶺県政）平成11（1999）年：コールセンターの沖縄進出が相次ぐ。

（仲井眞県政）平成23（2011）年：民主党政権下で2011年予算から沖縄振興自主戦略交付金を計上（平成24（2012）年度から沖振法の改正によりソフト事業も対象にした沖縄振興一括交付金となる。）。

「県外企業の部門別進出（例えばコールセンター移設）を他地域企業による地域の低賃金労働の搾取だとして排撃するのは近視眼的である。従来は地域間の取引コストが高かったために活かされなかった沖縄の労働力供給の豊かさのメリットが，流通コスト低下により比較優位として顕現したと言うべきである。そして低賃金労働力の吸収が進むにつれて，そこでの賃金は高まっていく。」（香西泰『技術革新を活かして不利を克服』37頁）

マルチメディア・IT人材育成としては，平成11（1999）年5月に那覇，平成12（2000）年5月に八重山，平成13（2001）年5月に宮古に，マルチメディアセンターが開所した。通信・放送機構（TAO，現，情報通信研究機構（NICT））による那覇・名護共同利用センターも稼働した。これらの支援施策が拍車となり，平成8（1996）年から平成15（2003）年の間に，情報通信関連で，約100社が新規立地し，平成15（2003）年9月時点で，5,500名の新規雇用を創出し，情報通信関連産業は，平成中期に加わった，**沖縄の新たなリーディング産業**になった。

情報通信産業振興地域と情報通信特別地区　橋本元総理が情報特区と称した，情報通信産業振興地域は，那覇市，沖縄市，名護市などの 24 市町村となり，機械 13 %，建物 8 %の投資税額控除などで支援した。情報通信特別地区は，名護市，宜野座村，那覇・浦添地区を平成 14 (2002)年 9 月に国が指定同意し，当時の対象業種はデータセンター，インターネット・サービス・プロバイダ (ISP)，インターネット・エクスチェンジ (IX) であり，法人所得 35 %控除または投資税額控除の選択適用が制度の核となった。

特自貿・レンタル工場　特別自由貿易地域（特自貿）として，平成 11 (1999)年 3 月，自由貿易地域那覇地区（那覇自貿）の 45 倍の面積の中城（なかぐすく）湾港新港地区が指定された。法人所得 35 %控除，投資税額控除（機械 15 %・建物 9 %）または特別償却（機械 50 %・建物 25 %）が選択適用された。同年から，特自貿での立地促進のため，受け皿施設としてのレンタル工場を累次に整備し，名桜スピーチ当時，12 棟が整備済で，さらに 3 棟が整備中だった。特自貿では，14 社が立地し，125 名が雇用され，那覇自貿では，平成 8 (1996)年以降，新たに製造業 4 社（雇用 89 名）を含む，8 社が立地し，348 名が雇用された。

　金融業務特別地区（現，経済金融活性化特別地区）として，平成 14 (2002)年 7 月，名護市が指定された。法人所得 35 %控除または投資税額控除（機械 15 %・建物 8 %）の選択適用となった。平成 13 (2001)年，那覇空港近くに，企業化支援オフィスとして調整費で産業支援センターを整備し，13 社 43 名が入居した。

泡盛振興　平成 11 (1999)年の調整費調査として，泡盛製造業振興対策調査を実施し，IDB 総会の一部費用負担と並ぶ，財務省（国税庁）担当ケースとなった。山中先生の肝いりで，もう 1 つの沖縄産のお酒のオリオンビールは，樋口先生のアサヒビールとの提携が進み，平成 14 (2002)年 8 月には，包括的業務提携が発表された。山中先生は県下の泡盛事業の行く末も大変案じた。江戸時代に珍重されたように，サ

ミット以後，内外に，泡盛の素晴らしさが広まったが，沖縄県全ての泡盛醸造家が，本土への移出，海外の輸出をねらっているわけではない。島の酒として地産地消を心掛けている醸造者も多いことは，有人の島々を廻って実感した。国税庁の酒税課が執行官庁となり，調査費を執行し，沖縄の土地土地，島々の実情に即した調査研究会が開かれた。酒税課には，日本の酒の振興業務もあるとは言え，異例のことだ。那覇での，平成14年10月4日の初回の会合で，政策統括官の代理で挨拶し，**優位性を活かしたリーディング産業**という言葉を使った。この調査研究の成果が，今の泡盛事業の礎となった。

健康医療センター・長期滞在型施設整備　平成10 (1998)年から13 (2001)年の4年間，米国流の医療・医療研修システムで定評のある県立中部病院の再整備が行われ，平成13年9月には，公立久米島病院が新築された。翌14 (2002)年1月に，久米島は，具志川村と仲里村が合併し，一島一町の久米島町となり，県下の平成の大合併のスタートとなった。平成14 (2002)年から平成17 (2005)年までの計画で，琉球政府立那覇病院を源流とし，母子総合医療センター機能も有する，県立高度・多機能病院が新たに整備された。首里（那覇市）近くの南風原（はえばる）町内に，平成18 (2006)年4月1日に，県立南部医療センター・こども医療センターとしてオープンした。

平成13 (2001)年から，竹富町（八重山），伊良部町（宮古）を対象に，沖縄体験滞在交流事業が実施された。平成14 (2002)年からは，健康保養型観光推進事業，エコツーリズム推進事業を開始し，同年11月には，宜野座村にかんなタラソセンターが整備された。長期滞在型施設整備では，平成9 (1997)年から平成13 (2001)年までの整備期間を経て，島田懇と北部振興のスキームを組み合わせて，平成14 (2002)年4月に，東村のつつじ花咲く村民の森は，つつじエコパークとして拡充開所した（翌年3月25日整備完了）。渡慶次（とけし）のマングローブを活かしたツーリズムも，東村の得意なところ，優位なところを活かしたものだ。

自然環境をテーマとした観光振興

平成 14 (2002)年 11 月，本部町で，沖縄美ら海水族館が開館し，翌平成 15 (2003)年 11 月までの 1 年間で，約 276 万人が入館し，12 月上旬には，入館数は 300 万人を超えた。平成 14 (2002)年，世界遺産周辺整備事業もスタートし，琉球国王の別邸だった識名園（しきなえん；那覇市），本島中部の中城城跡（なかぐすく・ぐすくあと：中城村）や座喜味城跡（ざきみ・ぐすくあと：読谷（よみたん）村）などの整備が進んだ。平成 15 (2003)年 6 月，沖縄デジタルアーカイブ Wonder 沖縄が地元企業・人材の参画で完成した。平成 11 (1999)年には，恩納海岸リゾート地域，ブセナ地域など 14 地域が観光振興地域（現，観光地形成促進地域）に指定され，投資税額控除（機械 15 %・建物 8 %）が適用された。

入域観光者数の顕著な増加

平成のこの頃から，沖縄県への入域観光者数に顕著な成果が現れるようになった。平成 9 (1997)年から平成 11 (1999)年のわずか 3 年間で，350 万人から 450 万人となり，一挙に 100 万人も増加し，アクセルがかかり，平成 14 (2002)年には，483 万人となり，500 万人体制を臨む状況となった。

総合的研究機関の設置・拡充

琉球大学における学術研究機能も強化された。沖縄の特性・優位性に根差したものだ。平成 10 (1998)年 4 月，総合情報処理センター，沖縄・アジア医学研究センターがスタートし，平成 15 (2003)年 4 月には，沖縄・アジア医学研究センターと大学院医学研究科の一部とを改組・統合して，大学院医科学専攻と大学院感染制御医科学専攻が設置された。琉球大学における人材養成機能の充実強化としては，平成 9 (1997)年 4 月，大学院工学博士課程，平成 10 (1998)年 4 月，海洋環境博士課程が設けられた。なお，平成 17 (2005)年度には，国立大学法人としては，全国初めての観光学を専門とする観光科学科が誕生した。

平成 12 (2000)年 5 月，石垣市に国際サンゴ礁研究・モニタリングセンター，同年 6 月，久米島に海洋深層水研究所が設置された。平成 13 (2001)

年11月，名護市に国際海洋環境情報センター，平成14（2002）年2月，恩納村に亜熱帯計測研究センター，平成15（2003）年8月，具志川市に沖縄健康バイオテクノロジーセンターが開所した。平成13（2001）年から，沖縄産官学共同研究推進事業がスタートし，平成13（2001）年から15（2003）年の間に，IT関連17件，健康食品・バイオ関連13件，その他環境・リサイクル関連16件など46件が採択された。平成8（1996）年から平成12（2000）年までの5年間で，健康・バイオ産業の規模は5倍増となり，約130億円の規模となった。平成15（2003）年，海洋関連産業将来発展調査が実施され，同年4月，沖政協第8PTに由来する久米島の海洋深層水研究所の分水を始め，6社が契約した。

　平成14（2002）年5月，復帰30周年式典の総理式辞で，小泉純一郎総理から，沖縄科学技術大学院大学（OIST）の設置構想が語られた。この時期，復帰30周年式典のスタッフの辞令を，尾身大臣名でいただいた。図らずも，平成9（1997）年の25周年式典に次いで，復帰の周年の二度目の政府式典に関与した。25周年の時と異なり，平成14年5月19日の宜野湾のコンベンションホールは，緊張した空間というよりも，和気あいあいとした穏やかな雰囲気で，山中先生が車いすでニコニコとされていたことを覚えている。翌年4月，OIST建設予定地を恩納村にすることが決定。同年11月には，第1回国際シンポジウムが開催された。

3つの海外派遣事業　沖縄県人材育成海外派遣事業で，平成9（1997）年から14（2002）年の間に，57名が海外の大学院へ留学し，平成9年8月6日，第1期生10人が，橋本総理に表敬した。25周年記念式典の総理式辞において，「代表の女性から，『21世紀の国際都市・沖縄を実現する中核となれるよう，しっかり勉強してきます。』と力強い挨拶を受けました。」と言及された。同期間，沖縄県同時通訳者養成事業で，131名が研修生として，国内外の同時通訳者養成機関に派遣され，総理式辞では，「ちょうど25年前の沖縄の本土復帰前後に生まれた（大学院留学生・同時通訳研修生である）彼らが，真摯に，かつ希望に満ちた美しい笑みをたたえ，これからの沖縄を形作っていくという重責に向かって

いく姿を見送り，私は，沖縄の未来が，この方達に託されていることを実感しました。」とコメントされている。平成 10（1998）年から 14（2002）年の間，沖縄県高校生米国派遣事業において，196 名が米国の高校に交換留学した。これら 3 事業合わせて 384 名が海外で研鑽を積み，平成 15（2003）年には，戦略的研究者・専門家育成支援事業がスタートした。

> 「基地の返還，縮小，統合による負担の軽減，安全や環境への配慮，沖縄の自立的発展へ向けた取り組み。その中で「沖縄の心を心として」といった百の言葉よりも，たとえば沖縄の未来を担う青少年を米国へ留学させるなど，大きくなくても確かな手応えのある施策こそが，本当の信頼につながることを体験を通じて知った。」（古川貞二郎『霞が関半生記』211 頁）

国立沖縄高専　平成 14（2002）年 10 月，国立沖縄工業高等専門学校が名護市辺野古区に開学し，平成 16（2004）年 4 月に，学生の受け入れを開始した。同月，高度な技術系人材の育成を支援するため，沖縄工業高等専門学校産学連携協力会が発足した。

　沖縄赴任から戻り，内閣府企画官となってすぐに，文科省の施設技官で，私より先輩の山崎雅男補佐（後の文教施設部長）から話があるという。「企画官，国立高専は，今年施行のための予算がないと，事実上，計画がフリーズします。」。担当室時代からの懸案の国立高専は，尚先生はじめ，琉球大学（工学部）が「親」となって準備が進められており，特別調整費を使った調査計画予算でつないであったが，文教全体の「ものさし」からみると，間延びも限界だという。安達統括官に伝え，安達さんと，竹島副長官補（前，内政室長）のところに急行した。沖縄の子どもたちの将来のため，政府が範を示し，可能な限りのショート・パスの措置がとられた。山崎さんは大学院大学構想でも活躍した。

　国立高専も，竣工までにいろいろなことがあった。学生のためのバスの停留所の新設，久辺郵便局の改装なども大事なことだった。高専は完全寄宿が前提だが，高学年になると下宿もできた。教職員のための住居の確保も必要だった。移設先三区からは，そのためのアパートを住民がつくるた

めの資金が北部振興の調整費から出ないかという話があり，北部事務組合，名護市と一緒にじっくりと話を聞いた。移設先振興策は，北部振興策のなかで，一般論ではハードルが低くてもよい，他方，アパート経営は，地元の方々の収入源にもなるので，経済的にもコミュニティ強化のためにも，むしろ，その気持ちのある住民の方々が自分で行う方がふさわしいのではないでしょうか，という話をした。調整費を使わなければできないものに，調整費を使っていくという筋を立てていただきたい，そうすれば，調整費事業の**有益性**が将来的にも検証されていくと申し上げた。その後，地元の金融機関も支援した自己資本で立派にアパート経営が成り立っていると聞く。

　初代の糸村昌裕校長先生とも深くおつきあいさせていただいた。琉球大学教授として準備室長を務め，いよいよ開学となった。北部事務組合から，「糸村先生に名護に，できれば東海岸に住んでいただきたいのだけど，佐藤さんからも話をしていただけないか。」と言う。私がお話をするのはどうかとためらいがあった。先生ご夫婦は，中南部が本拠の方々だ。沖縄にとって，市町村単位の間切（まぎり）を越えて転住するのは大変なことで，本土の感覚では，遠い県への移住と同じだ。お聞きすると，先生ご夫妻の本拠はずっと中部で，人脈も地縁も届きにくい。ご自宅から通うと言う先生のお話はもっともなことだと思った。相当経って，北部事務組合に，この話をしてみた。「実は，あれから，糸村校長先生は，ご夫妻で高専近くに家を借りて住んでおられるのですよ。」と言う。有難いことで，言葉が詰まった。

　総務省に戻ってからも，家内の許しを得て，有給休暇を使い，土日祝日を利用し，沖縄に，名護に何度も行った。高専の開学式の招待があった。地元区民の席の一番後ろに座らせていただいた。亡くなる前の岸本市長と一緒に，校舎棟と寄宿棟とが国道329号線を跨ぐ連絡通路で結ばれたキャンパスの威容をいつまでも眺めていたこともある。ある夏の夕べ，辺野古区の大花火に誘われた。辺野古の人々から，海兵隊と同様，高専の学生を，綱引きやハーリーで区民として大切にしている話を聞いた。すぐ後ろに座っていた，優しそうな米国人が話しかけてきた。てっきり，英語の先

生かと思ったが，出された名刺には，兵科の海兵隊中佐の肩書があった。

> 「沖縄工業高等専門学校の関係者の皆さん，ならびに同校設立に御尽力された皆さん，開学本当におめでとうございます。本校設立の提案から6年，この日を迎えられたのはひとえに皆さんの努力と沖縄に対する愛情の賜物だと感じております。教育こそが沖縄発展の基礎であるとの考えで本校設立を推進してくださった故梶山静六先生も，天国からこの日を迎えられたことを大変喜んで下さっていると思います。限りなく続く沖縄の青い海と空とのように，無限の可能性を秘めた若い沖縄の学生がここで学び，やがて，将来の沖縄と日本を背負っていってくれることを期待しています。内閣官房参与岡本行夫」（『沖縄工業高等専門学校開学記念祝賀会への祝電』平成14年10月24日）

雇用促進と能力開発・有効求人数の倍増　平成13（2001）年，産業・雇用対策会議を開催し，省庁連携により沖縄県下の雇用対策が集中的に実施された。平成14（2002）年から，若年者総合雇用支援事業，同年，那覇市において，トライアル雇用，おきなわ・はたらコールがスタートし，翌平成15（2003）年からは，若年者雇用助成金制度が設けられた。平成11（1999）年4月，沖縄市在の沖縄職業能力開発短期大学校が大学校化（沖縄ポリテックカレッジ）され，翌平成15（2003）年6月，那覇市に沖縄キャリアセンター，同年8月，名護市に北部雇用能力開発総合センターが設置された。平成14（2002）年から，IT高度人材育成事業と戦略的産業人材育成支援事業を実施し，同年の延べ受講者は各々1,928名，135名を数えた。同じく平成14（2002）年から，金融に係る人材育成事業，翌年から，観光人材育成事業がスタートした。

　沖縄県下の有効求人数（月間平均）は，平成8（1996）年の4,800人から，平成14（2002）年には10,000人に倍増した。

島田懇事業　島田懇（沖縄懇）事業は，平成9（1997）年から平成19（2007）年までの間に，各種事業が着手され，供用を開始した。平成8（1996）年11月の懇談会提言で，島田座長は，「事業期間7年，総事業費は数百億円から1千億円」と発言した。閣僚懇では，橋本総

理は，「実現のために最大限努力」，三塚博蔵相は，「円滑に実施されるように最大限に努力」と述べた。平成12（2000）年5月には，島田懇有識者懇報告が出され，全38事業・47事案が確定し，平成15（2003）年までの事業期間を19（2007）年までに延長した。平成14（2002）年までに20事業が完成し，名桜スピーチ当時，その他の事案・事業についてもすべて着手済となっていた。

東村つつじエコパーク　平成15（2003）年の名桜スピーチの当時の島田懇の完成済事業の代表例として4事業をあげる。「名護市人材育成整備事業」として，平成11（1999）年2月に留学生センター，同年6月に，名桜スピーチの舞台となった多目的ホール，平成12（2000）年3月には，総合研究所と国際交流会館が竣工した。「名護市マルチメディア館」は，平成11（1999）年3月に竣工し，197名を雇用し，平成14（2002）年3月，「嘉手納マルチメディアセンター」がサービス・インし，148名を雇用した。

　東村では，平成9（1997）年から13（2001）年まで，「村民の森（つつじエコパーク）」を整備した。この5年間で，村民の森（つつじエコパーク）に，島田懇事業（防衛庁～防衛省）として，オートキャンプ場，バンガローを整備。県下初の交流型公園を完成させ供用を開始した。飲料の自販機は風景に合わせたブラウンだ。平成15（2003）年4月末までに，4万8千人もの人々が利用した。宮城村長は，ハードづくりにはソフトの要素をいつも考え，エコパーク竣工前の平成14（2002）年2月には，パークでの雇用の受け皿となる東村ふるさと振興株式会社を設立した。

沖縄市ワンダーミュージアム　整備中の事業の代表例として5事業を概観する。「嘉手納タウンセンター開発」は，平成15（2003）年3月，直径120mの嘉手納ロータリー内の建物の除却を開始し，複合的な開発を行い，平成19（2007）年4月に竣工し，翌（2008）年7月5日，竣工式典・祝賀会が行われた。「金武町ふるさと整備事業」は，平成15（2003）年当時，金武町，沖縄県，国とで推進協議会組

成のためのワーキングを実施中だった。恩納村，伊江村，伊平屋村，伊是名村で，平成10（1998）年から，「北西部四村観光連携型養殖場整備事業」を推進していた。

「沖縄市こども未来館（現ワンダーミュージアム）」は，平成16（2004）年3月開館予定となっていた。沖縄市政は，本土でいう保守革新の入れ替わりが激しいところだ。そのなかで，沖縄市の職員として，中立公正に公務員としての分を果たして，プロジェクトを遂行することは大変なことだ，沖縄こどもの国（平成14（2002）年4月20日からオープン），コザ中心市街地の音楽の街づくり（中の町再開発：平成19（2007）年7月20日整備完了）といった，島田懇の中核事業は，仲宗根さんの前市政からの継続案件だ。仲宗根市政の推進姿勢は，次の東門市政，今の桑江市政にも継承されている。沖縄市には，次の東門市長の時代，総務省（旧自治省）から出向が続いたが，内閣府で，沖縄中長期展望の参事官の経験があり，上司だった安田充さんから，沖縄市への着任前には，私にいろいろ話を聞いて行くようにということがあった。

　「「ミュージックタウン音市場」はよくライブが行われる沖縄市の施設。最大スタンディング1100人収容の多目的ホール，半屋外の音楽広場，音楽スタジオなどが入る複合型音楽施設（註：「音楽の街づくり」中核施設）です。（中略）驚くのは，ミュージッシャン支援も行っていること。海外展開を考える沖縄のミュージッシャンなどのプロモーションを中心とした「Music Lane Okinawa」というサイトを運営し，アーティストが無料登録できるアーティストページのほか，沖縄音楽を中心に主にアジア風の音楽情報を発信，事務局（（註）野田隆司館長）で英訳サービスなども手厚く行います。」「（前略）時代の波はありますが，どんな波がきても揺るがないのが沖縄のエンタメの強さ。沖縄はマネジメント人材が少ない。新しい技術を更新しながら新しいマネジメントや仕組みを取り入れる意味でもっと外に目を向けていきたいですよね（（註）野田館長談）」『沖縄を知る，沖縄のエンタメ界を底上げ！「ミュージックタウン音市場」今，面白い！』琉球新報Style2022年02月07日（2022年2月3日週刊レキオ掲載）

　「沖縄市こどもの国に併設され，遊びながら科学体験を通じて学べる「ワンダーミュージアム（註：沖縄こども未来館）」が4日，来館者200万人を突破した。200万人目となった春日南音（なお）君（2）＝名護市に理事長の桑江

朝千代沖縄市長から風船の花束が渡された。（中略）ワンダーミュージアムは2004年に開業，14年にリニューアルした。（後略）」（琉球新報電子版2018年02月04日13：02）

伊江カントリークラブ　「伊江マリンタウン整備事業」として，平成13（2001）年に村民レク広場（多目的広場）が完成した。岡本行夫さんは，伊江村の名誉村民だ。

　大田県政時，苦渋の決断の下，沖縄県下の首長のなかでただ1人，島袋清徳伊江村長が米軍施設の使用権原について代理署名をした。海兵隊の補助飛行場を抱え，伊江村民の利益を第一にしながら，国益が叶うよう，苦渋の決断を続けていただいた。基地の負担を負う，村民の利益のためには，島袋村長は強く主張し，島田懇で，米国にあるようなファミリアなゴルフ場施設を持つ村民レク広場をと，強く望まれた。国費を使って，ゴルフ場というのは，とてもハードルが高かったが，村長は，伊江郷友会，伊江出身の人々が，年に一度，島に集まり，一大コンペをするのが村民の楽しい夢であること，米国の街々のコースのように自分で回るので，村民目線からは贅沢なスポーツでは全くないこと，岡本さんにも事務方にも，何度も訴えた。

　村民レク広場，通称伊江カントリークラブは，平成17（2005）年3月30日に完成し，今はパークゴルフ場も併設し，村長の願い通り，村民憩いの場になっている。

特別調整費での様々な事業　特別調整費は，平成8（1996）年に50億円，翌年に10億円を計上し，平成11（1999）年以降，名桜スピーチ当時は，非公共50億円（狭義の特別調整費），公共50億円を毎年計上していた。調査関連の代表事業としては，平成8年の国立劇場設立調査，平成11（1999）年の国立高専具体化調査，平成12（2000）年の那覇空港における国際空港ネットワーク拡充調査，平成14（2002）年の泡盛製造業振興対策調査などがある。整備関連事業としては，

平成 8（1996）年（那覇市）と翌年（名護市）に，通信・放送機構（現，情報通信研究機構）により共同利用センターが整備された。平成 11（1999）年から沖縄自動車道通行料金の割引が行われ，同年・12（2000）年の産業支援センター整備，平成 14（2002）年からの世界遺産周辺整備，平成 15（2003）年からの八重山地区中波ラジオ放送受信障害解消なども非公共事業として進められた。

ソフト関連事業例としては，平成 8（1996）年の人材育成海外派遣・同時通訳者養成があり，平成 14（2002）年からの健康保養型観光推進，エコツーリズム推進，若年者総合雇用支援，戦略産業人材育成支援，IT 高度人材育成，その翌年からのアジア・太平洋地域文化交流と美ら島ブランド創出推進などの各種の推進・支援事業も行われた。

沖政協 22 回の開催　　沖政協は，平成 8（1996）年 10 月の総理談話（同年 9 月閣議決定）による設置から，平成 15（2003）年 4 月までの間に 22 回開催され，調整費調査・事業の配分はじめ，沖縄に関する基本方策が決められた。

第 7 回，第 8 回は，NIRA レポート，第 11 回，第 12 回，第 15 回には，沖縄経済振興 21 世紀プラン，第 17 回，第 18 回，第 19 回では，沖縄新法（骨子）と 4 次振計が，それぞれ協議・了解された。さらに，第 14 回には，北部振興（基本方針），駐留軍用地跡地利用に関する方針，第 21 回には，産業・雇用対策が協議・了解された。

学童疎開船対馬丸　　沖縄戦における最も悲痛なできごとの 1 つが学童疎開船対馬丸の遭難だ。平成 9（1997）年 12 月 12 日，悪石島付近の海底で沈没した対馬丸の船影が確認された。

平成 14（2002）年，対馬丸記念事業が始まり，対馬丸遭難者遺族会を財団化した対馬丸記念会（前年 7 月組成）に対して，生存者による体験の語り伝えなどの事業について，沖縄県を通じて補助が実施された。平成 15（2003）年 8 月，那覇市若狭（わかさ）で，対馬丸記念館が着工し，翌年 8 月 22 日に開館した。

就業者数，労働力人口，県民所得の増加
雇用の確保と県民生活の向上としては，平成8 (1996)年から12 (2000)年までに，全国の就業者数は1.6％の減だったが，沖縄県の就業者数は7.6％の増加となった。平成8 (1996)年から12 (2000)年までに，全国の労働力人口は1.5％増だったが，沖縄県では10.2％の増加となった。

同じ期間で，1人当たり国民所得は0.6％の減だったが，1人当たり県民所得は3.6％の増加となった。

実質県内総生産の増加
地域経済の自立としては，平成8 (1996)年から12 (2000) 年の間で，県内総生産は実質12.5％の増加となった。この間の国内総生産は，実質6.5％増だった。

4　北部振興策の展開・成果

雇用条件の創出と定住条件の整備
平成15 (2003)年の名桜スピーチのバックグラウンドとして，北部振興策が，具体的に，どう展開していたのか，代表的な事案・事例を記す。数値は，特に記述がない限り，名桜スピーチの後，翌年平成16 (2004)年2月時点での値だ。

平成12 (2000)年8月24日，第2回北部振興協議会（北部協）・移設先及び周辺振興協議会（移設先周辺）が開催され，北部振興並びに移設先及び周辺地域振興に関する基本方針として，**雇用機会の創出に向けた産業の振興，定住条件としての魅力ある生活環境の整備**等が，北部振興・移設先周辺振興の目的として定められた。基本方針の5項目，「観光・リゾート産業の振興」，「農林水産業の振興」，「情報通信・金融関連産業の振興」，「人材育成・雇用開発」，「定住条件の整備・まちづくり」にそって，その成果を具体的に記す。北部協と移設周辺協は，12市町村のニーズを検証しつつ採り上げ，**本島北部における沖政協の機能**を果たした。平成13 (2001)年7月，私が担当企画官となった際には，移設先・周辺振興，北部振興の事業の積み上げはまだ本格化していなかった。

三重の円　　平成13（2001）年8月3日，内閣府企画官となって間もな
い日，総合調整担当の北部班に，国土交通省から出向して
くれていた山本清隆補佐たちと，老朽化した北部広域組合事務局へ行っ
た。組合とわが北部班との話し合いを黙って聞いた。どの市町村にどれだ
けのものを積み上げていくのか，「ものさし」がなく，50億円の調整費の
額だけが，皆の頭にあった。平成8（1996）年時の島田懇当初の世界のよう
だった。

　数時間がたち，その場で，3重の同心円の図*を示した。3重の円（黄
身，やや黄身，白身）の上部には，小円を左右に重ね，島田懇事業，沖政協
事業を描いた。議論が尽きた頃合いをみて，話を切り出した。「閣議決定
にあるように，まずは，移設先の久辺三区，そして移設先三区以外の名護
市，移設の影響を受ける東村，宜野座村，その次に北部の9町村（伊是名，
伊平屋，伊江，国頭，大宜見（おおぎみ），今帰仁（なきじん），本部，金武（きん），
恩納）という順番で考えてくのが筋ですね。卵の黄身は三区，やや黄味は
三区以外の名護市，東，宜野座，そして北部の9町村は白身と考えられな
いでしょうか。」**

＊3重の円
　　平成13（2001）年8月3日に，北部広域組合事務局で説明した「3重の円」は，
　　マジック太字で手書きしたメモだった。北部振興会館が出来る前，老朽化した建
　　物にあった事務局の会議室で参加者に示した。図のイメージと意味を，「三重の
　　円」で文章にした。
**＊＊平成14（2002）年4月1日現在の人口は，移設先三区が2,564人，三区を除く
　　名護市では5万3,737人，周辺地域は6万824人，北部地域全体では12万6,094
　　人だった。

　「黄身であっても，あらかじめ枠をとって予算を注げばいいわけではな
いと思います。黄身も白身も，**沖縄振興の基本理念の雇用と人口の増加，
経済的社会的波及効果を測れるものを優先したい**。それは，組合長の岸本
市長の考えにもそうはずですよ。**北部振興が優れて沖縄振興の模範となる
こと**は，みなさんと我々との共通の願いのはずです。」「移設により負担が
増す移設先の振興策については，先の理念も状況に応じて，ハードルを下

げることがあってもいいと思います。だからといって，自身の振興策が陰るということはないでしょう。北部振興は，「やんばる」は一つという，みなさんの強い意志を受けたもので，自身にあたる町村こそ，辺野古移設の直の負担がない分，自分たちの真の利益となる振興事業を提案してください。」。

北部振興事業の配分にコンフリクトがあると聞き，内命を受けた時点で，このように整理しようと思った。無論，事前に上司に相談し，主計局にも説明をした。一座の人々は快諾してくれた。北部において，それぞれの事業の特性をよく考えて，無駄なく，有機的に連関があるよう，広域組合，市町村，県との本格的な調整が始まった。

観光・リゾート産業の振興

本部町は，沖縄美ら海水族館に加えて，平成14（2002）年・15（2003）年，海洋ウェルネス・リゾート整備事業を，北部振興事業（国土交通省）として実施し，ドルフィンセラピー・マリンスポーツ施設が整備された。平成13（2001）年から17（2005）年の5年間をかけ，やんばるの桜で有名な八重岳周辺の観光施設整備事業が北部振興事業（内閣府）として行われ，駐車場の整備や緋寒桜の植栽を行った。

東村は，村民の森（つつじエコパーク）に加えて，北部振興事業・周辺地域振興事業（国土交通省）のスキームで，平成15（2003）年，やんばるの貴重な水がめである福地ダムの活用を図る体験・滞在型観光振興事業として，自然観察船や浮桟橋を整備した。宜野座村は，平成10（1998）年から14（2002）年までの5年間で，かんなタラソセンターを島田懇事業（防衛庁〜防衛省））で整備し，30人を雇用した。今帰仁村は，今帰仁城跡（なきじん・ぐすくあと）周辺整備事業として，平成14（2002）年から16（2004）年にかけての北部振興事業（内閣府）で，公園や駐車場を整備した。

農林水産業の振興

平成13（2001）年，今帰仁村は，北部振興事業（農林水産省）として，県内生産・流通が困難だった茸（エノキタケ）の生産出荷施設を整備，13人を雇用し，県内消費に対する新

鮮で安定的な供給体制を確立した。平成 13 (2001) 年から 15 (2003) 年の 3 年間，北部振興事業（農林水産省）で，伊江村，伊平屋村，大宜味村は，地元農産物の高付加価値化を支援した。台風の風害に苦しめられる沖縄では，園芸農業のビニールハウスの破損が大きな問題であり，地元要望にそって，丸型でない，躯体の堅固な平張りハウスを北部振興で整備した。当時，北部のみの措置だったが，その**有用性が県下に広く認識**され，北部振興事業の波及効果を示す案件となった。

　「沖縄地方からは，毎年のようにいくつもの台風が接近，襲来しますが，この平張りハウスの防風効果は絶大です！風速 50m/s は構造計算をされており，実際には 60m/s 以上も耐えているのが現状で，ものすごい効果なのです。（中略）需要の高い物日に安定供給が行えるのも，そのおかげ…」(『太陽の花』2016.6.21：沖縄県花卉園芸農業協同組合 HP)

名護市食肉センター　平成 12 (2000) 年・13 (2001) 年の事業として，名護市数久田（すくだ）区に，名護市食肉処理施設（名護市食肉センター）を北部振興事業（農林水産省）として整備し，平成 15 (2003) 年 4 月 1 日に操業を始め，119 人を雇用し，県内豚生産 44 万頭のうち，15 万頭の処理が可能となった。北部での食肉処理場の開設は，北部 12 市町村の悲願であり，企画官になって直後の懸案事項の 1 つでもあった。当時，沖縄本島には，中部と南部の境，那覇市真玉橋（まだんばし）に，唯一の処理場があったが，畜産の振興を考えるとき，北部にもう 1 つの処理場と言うのが，北部 12 市町村が熱望していたことだ。数久田は，名護市西部と東部の動脈の結節点だ。県との調整も不可欠だったが，県から北部広域組合に出向していた，娘息子の通った「名門」城岳小の先輩を助けて，県と北部組合と市との連絡調整に当たった。

　牧野副知事はじめ，県も前向きに動き，中南部に加え，沖縄本島 2 つ目の処理場が竣工し，**本島に二眼レフ構造をつくる**という，北部振興の趣旨にそった事業となった。サミット前後は，本土では，石垣牛の名が通っていたが，今は，本部（もとぶ）牛も有名になった。

伊平屋村「霞が関分室」　平成10（1998）年から15（2003）年の6年間，島田懇事業（防衛庁〜防衛省，農水省と連携）として，恩納村（海ぶどう），伊江村・伊是名村（とこぶし），伊平屋村（ひらめ）の4村が共同分担して，北西部四村観光連携型養殖場（養殖施設，水産共同処理・流通加工施設）を整備した。222人の雇用が実現した。防衛省の担当事業だったが，岡本補佐官の懇請で，水産庁が**予算を求めずに全面的に**バックアップした。平成13年（2001）・14（2002）年，伊是名村産業支援センターを北部振興事業（農林水産省）として整備し，農林水産業を担う人材にIT研修なども実施した。

　北部振興も軌道にのったある日のことだった。北部事務組合から電話があり，急遽，官邸での次の協議会に，案件をもう1つ入れたいという。伊平屋の養殖漁業の施設整備だった。この事業は，島田懇の，「ひらめ」「とこぶし」「もずく」の養殖事業から始まっている。基地所在市町村で，沖縄きってのリゾート地でホテルが集積する恩納村に，伊平屋，伊是名，伊江の養殖食材を入れるという話から始まった。伊平屋・伊是名の両村は基地所在市町村ではないが，米軍の訓練空域にあたり，何とか両村の振興ができないかということだった。島田懇で好成果を挙げ，伊平屋村では，拡張事業を行いたいというのだ。**思いつきでなく，実績を踏まえた話だ。**

　水産庁も応援すると，農水省から出向している鈴木均補佐を通じて伝えてきた。なにせ，官邸での会議に間がなく，次の会議前の主計局への説明も終わりかけていた。案件整理に自治体間で不平等があってはいけないし，本島からも遠い伊平屋村から，名護，那覇，東京と調整のリレーをするコストは避けたい。窮余の策で，伊平屋村役場と伊平屋漁協の精鋭に上京してもらい，内閣府の会議室で作業をしてもらった。

　北部事務組合も入り，その会議室は一時的に，やんばる・伊平屋となった。上司に相談してのことだが，北部振興に**真剣に取り組む環境の可視化も役目**と思った。日が暮れると，そっと，有志が助けに入った。無事，会議に間に合い，伊平屋島から東京に派遣されてきた人々も大変な満足感があった。担当室時代，一夜，岡本行夫さんの自宅で，伊平屋，伊是名，恩納の漁協の人々と一緒に京子夫人が剥いたリンゴをいただいた記憶がよみ

がえる。伊平屋では，この時を契機として，高級魚で美味なヤイトハタはじめ陸上での養殖が盛んになったと聞く。岡本さんの追悼文庫本では，比嘉元名護市長がこの事業の現況を伝えている（25頁）。

国際海洋環境情報センター　IT産業集積基盤整備事業として，名護市豊原区に国際海洋環境情報センター（海洋研）が平成12（2000）年から計画された。平成14（2002）年に整備が完了し，38人が就業した。名護市東海岸では，マルチメディア館の成功裡のスタートの後，名護市のテクノクラートたちの尽力で，IT企業の集積の機運が高まった。投資税額控除制度を用い，北部振興費を使って，移設先振興策として，第2，第3のマルチメディア館（みらい○号館）をつくっていくことになる。

　海洋研の話は，当初，難航していた。科学技術庁（現，文科省）所管の海洋科学技術センターの研究所を北部振興費でつくりたいという話だった。市長以下推進していたが，市議会のなかで，貴重な北部振興費を使ってまで行う仕事かという話が出た。平成12（2000）年，サミット後の9月市議会では，市の予算案がいったん取り下げとなった。

　海洋研の計画を聞くと，**地元の雇用も生まれ，子供たちに夢を与える勉学の場にもなる**こともわかってきた。この時はリアルに存在していなかった，国立高専のプレ・ステージにもなることもあって，将来的な東海岸の発展にとっても，海洋県沖縄にとってもふさわしく思えた。比嘉前市長に頼まれ，市議会の長老と3人で腹を割って話をした。長老は理解を示してくれた。地元の話を聞いて，海洋研に大事なディーテールをお願いした。地元の子供たちに刺激となる展示の場，チューターの機会を設け，さらに，地元の飲食店が，研究員と職員に弁当を販売するという2つのことだ。郵政省（現，総務省）所管のNICTの恩納村の亜熱帯計測研究所の整備でも同様のお願いをした。亜熱帯計測研は，小渕内閣の閣議決定としての振興策の一つだったが，NICTも，志喜屋文康恩納村長はじめ地元の要望をよく聞いてくれた。海洋研，計測研ともに地元に溶け込んだ。海洋研計画がスタートしたことで，名護市久辺三区を中心とした，移設先・周辺

振興，北部振興が本格化した。平成15 (2003) 年4月11日，恩納村に OIST が建設されることに決まったが，地元の細部にわたる要望を大事にすることは OIST にも続いている。

IT 回廊　平成9 (1997) 年・10 (1998) 年，島田懇事業（郵政省（現，総務省）・防衛庁（現，防衛省））として，名護市豊原区にマルチメディア館が整備された。名桜スピーチ当時，6社が入居し，122人を雇用していた。NTT の雇用支援のため，上物整備は郵政省，移設先での象徴的な事業として，周辺整備は防衛庁（防衛施設庁）が行い，支援の相乗効果をあげるため，**2省庁が分担共同する，当時，例を見ない事業**だった。

　国際海洋環境情報センター竣工と同じ年，同区にマルチメディア館が増築され，平成15 (2003) 年，第三マルチメディア館（現，みらい1号館）が整備された。これらは，北部振興事業・移設先振興事業（防衛省，総務省，経産省，科技庁〜文科省）として実施された。豊原区の「みらい館シリーズ」は，令和の現在，5号館まで整備されている。マルチメディア館とその姉妹館とともに，「IT 回廊」を現出した宜野座村のサーバーファーム整備事業は，平成12 (2000) 年・13 (2001) 年，北部振興事業・周辺地域振興事業として実施された。名桜スピーチ当時，IBM データセンター，オリックスコールセンターなど8社を誘致し，320人を雇用した。平成16 (2004) 年，北部事務組合「自身」が，北部振興事業（総務省）として，北部広域ネットワークを整備し，広域圏自体の振興事業の嚆矢となった。

　平成14 (2002) 年9月10日，情報通信産業特別地区（名護市・宜野座村）の指定同意が行われ，同年7月10日，名護市が金融業務特別地区に指定された。指定前，かんぽコールセンター（現，(株)かんぽ生命コールセンター）が名護市市街地に進出し，35名を雇用していた。ある日，郵政の先輩の日野和也さんからの問い合わせがあった。簡保事業のコールセンターを，沖縄振興，北部振興を兼ねて，名護につくりたいという。NTT104 コールセンターの成功を見ての話だ。名護市や名護市商工会と調整し，マルチメディア館がある東海岸でなく，旧名護町での設営となり，日野さんと一緒に現地を見に行った。かんぽコールセンターは今も名護市街地にある。

人材育成・雇用開発　平成9 (1997)年・10 (1998)年，名桜大学関連事業が島田懇事業 (防衛庁 (現，防衛省)・郵政省 (現，総務省)) として実施され，多目的ホール，留学生ホール，総合研究所が整備された。地域の人材育成と学習活動の支援拠点として，平成14 (2001)年・15 (2003)年，名護市は，北部生涯学習推進センターを北部振興事業 (文科省) として整備した。同じ二年間で，北部雇用能力開発総合センターが，厚生労働省事業として名護市に整備され，平成15 (2003)年9月に開所した。同年，北部振興事業 (厚労省) として，名護市において，情報通信・金融関連産業振興に資する人材育成事業が実施され，県内外への派遣研修及びセミナーを開催し，平成14 (2002)年から，内閣府事業として，金融人材育成モデル事業も実施した。

定住条件の整備・まちづくり　平成13 (2001)年から16 (2004)年までの3年間，恩納村は，赤間運動場を北部振興事業 (文科省) として整備し，野球場，サッカー場など，住民のスポーツ活動施設を設けた。同じ3年間に，国頭村は，北部振興事業 (防衛省) として，国頭を中心に，沖縄で盛んな全国レベルのスポーツであるパークゴルフ場などを整備した。平成13年，名護市は，緑のネットワーク広場整備事業を実施し，北部振興事業 (防衛省) として，駐車場及び公園などのレクリエーション施設を整備した。

　平成14 (2002)年，名護市は，辺野古地区を中心とした魅力あるまちづくり構想策定事業を実施し，北部振興・移設先振興事業として，内閣府 (沖縄政策統括官室北部振興班) が直接担当した。商店街の形成や良好な居住環境の創出などの構想を策定し，久志区の久志海岸ルネサンス構想，豊原区の豊原区情報通信・金融関連企業立地実現化計画をも踏まえて，同年10月から，久辺三地区まちづくり懇話会が開催された。平成13 (2001)年・14 (2002)年，北部振興事業 (防衛省) として，北部事務組合が，北部地域振興活動拠点・情報交流拠点である北部振興会館を名護市宇茂佐 (うむさ) 地区に整備した。

| 名護中心市街地 |

平成14 (2002)年・15 (2003)年，名護市は，名護市中心市街地活性化計画策定事業を実施した。北部振興事業として，内閣府（沖縄担当政策統括官室北部振興班）が直接担当し，平成14 (2002)年11月から，中心市街地活性化計画策定調査委員会が開催された。北部振興のコアは，移設先振興だったが，西海岸の名護の市街地の活性化も，比嘉市長時代からの夢であり懸案だ。市街地周辺は，岸本市政期，大型店舗やアパートなどができたが，名護十字路付近の活性化は今どうなっているのだろうか。

　総務省に戻る直前，名護の市街地調査が北部振興の議題になった。東門美津子衆議院議員（元副知事，その後，沖縄市長）から，「中心市街地調査」について，説明をして欲しいとオーダーがあり，議員会館に向かった。「佐藤さん，名護の中心市街地の整備って，簡単にできると思いますか？」。「思いません。無理して行うというものでなく，今回は，地元から，自分たちのできる範囲でやっていきたい，とのことです。」「意欲的な人たちが沢山いると思う？」「いいえ。今さらと思う若者のなかには，もう，郊外に居を移している方々も多いですね。例えば，婦人洋品店も，地元の女性が年に何回か買ってくれるボリュームで，生計を立てていることも見聞きしています。地に足の着いた計画調査になることを望んでいます。」。東門さんは，琉球大学の前身の英語学校を出て，最初の赴任が名護の教諭だった。「そこまでわかっているなら安心しました。地元のよき相談相手でいてください。」と言われた。稲嶺知事は，「東門さんの話は，不思議にいつもどんな党派の人々も耳を傾けるのですよ。」と言う。

| 北部振興の様々な事業 |

北部振興事業は，平成9 (1997)年末のスターターを経て，平成12 (2000)年から本格始動し，非公共事業である沖縄北部特別振興対策事業（観光，農林水産，情報通信・金融関連，人材育成・雇用開発，まちづくりの5カテゴリー）は，平成15 (2003)年の名桜スピーチ当時，78件を数え，9施設が竣工し，13施設が整備中だった。公共事業である沖縄北部特別振興対策特定開発事業は72事業を推進していた。地元のニーズに基づいた，非公共事業の5つのカテゴ

実践国際法〔第3版〕

小松一郎 著　外務省国際法局関係者有志

岡野正敬・御巫智洋・濱本幸也・大塚建吾
谷内一智・林裕二郎・深堀　亮・大平真嗣

A5変・上製・596頁　ISBN978-4-7972-8056-2 C3332

定価：5,500円（本体5,000円）

「生きた国際法」最新版【2022】

国際法を「味方につけ」「使う」
実務を支える国際法基本書

「生きた国際法」最新版【2022】
「国際社会における法の支配」が今直面する課題

航空経済紛争と国際法

中谷和弘 著

A5変・並製・212頁　ISBN978-4-7972-3353-7 C3332

定価：4,180円（本体3,800円）

日米・豪米・欧米間の航空紛争、シベリア上空
通過料など航空権益をめぐる諸課題を国際法
の観点から検討。航空協定の解釈・適用の実
態に迫り、国際航空法の新たな地平を切り拓く。

相談支援の法的構造

「地域共生社会」
構想の理論分析

菊池馨実 編著　〔総合叢書〕

A5変・上製・344頁　ISBN978-4-7972-5477-8 C3332

定価：8,580円（本体7,800円）

「相談支援」と「地域共生社会」を多様な法分
野から考察。社会保障の持続可能性を支える
市民的基盤の再構築を図るべく、その規範的
諸条件や法的基盤を、多様な法分野から検討。

菊池馨実　編著

相談支援の法的構造
――「地域共生社会」構想の理論分析

「相談支援」と「地域共生社会」を
多様な法分野から広く考察

社会保障の持続可能性を支える市民的基盤の
再構築を図るべく、その規範的諸条件や法的基盤を
多様な法分野から検討

5477-8013 | 定価 | 本体7,800円

〒113-0033　東京都文京区本郷6-2-9-102　東大正門前
TEL：03(3818)1019　FAX：03(3811)3580　E-mail：order@shinzansha.co.jp

信山社
http://www.shinzansha.co.jp

リーにも対応する 4 つの公共事業の整備カテゴリーを記す。

- 名護市の根路銘（ねろめ）海岸高潮対策事業（平成 12（2000）年から 17（2005）年の 6 年間）などの観光・リゾートにふさわしい景観形成に資する海岸整備
- 本部町の浜元中原線道路改修事業（平成 12（2000）年から 15（2003）年の 4 年間）などの観光・リゾート客等の利便性の向上に資する施設整備
- 名護市の外郭線（II 工区）街路新設改良事業（平成 13（2001）年から 17（2005）年の 5 年間）などの産業振興に資する施設整備
- 名護市公共下水道事業（平成 13（2001）年・14（2002）年）などの定住促進のための事業

　平成 9（1997）年来の島田懇事業は，北部 12 市町村中，名護市，国頭村，東村，本部町，恩納村，宜野座村，金武町，伊江村が対象市町村だった。名桜スピーチ当時，名護市マルチメディア館，東村村民の森などの整備済事業はじめ，これら 8 市町村で 19 事業を数えた。

域内人口の増加・新規雇用の創出　平成 12（2000）年 2 月から平成 15（2003）年の名桜スピーチ当時までに，北部協は 12 回，移設先周辺協は 9 回，開催された。

　北部 12 市町村では，平成 9（1997）年度の人口は約 12.2 万人から，平成 14（2002）年度では約 12.5 万人となり，5 年間で，3,566 人，約 4,000 人の増加となり，名護市は，5.5 万人から，5.7 万人に約 3,000 人増加した。平成 3（1991）年度から 8（1996）年度の間では，北部全体では約 300 人（名護市は約 2,000 人）の増加となり，さらに，北部振興策の効果として，約 1,000 人の直接の新規雇用を創出した。

5　橋本総理の思い

南の堂々たる拠点空港，IT 特区・回廊，沖政協，高専・名桜大

橋本元総理は，名桜スピーチで，沖縄振興，北部振興の果実である様々なデータと明るい傾向値を踏まえて，次の感想を述べた。

- 那覇空港は名実ともに我が国航空ネットワーク上，南の堂々たる拠点空港に成長。
- 小渕総理が自らの生命をささげたサミットが無事終了。小渕総理をぜひ皆さんの心のどこかにとめていただきたい。
- 施策の効果と誘致の努力が相まって，沖縄はいま全国にさきがけてIT の先駆地「IT 特区」になりつつある。
- 情報通信産業は観光産業に次ぐ沖縄の基幹産業になり，沖縄経済自立のシンボルとなった。
- 沖政協は，閣議に準ずる最高の組織。県と国とが一体となり沖縄の将来を協議していく場であり，関係国務大臣と沖縄県知事が対等の発言権を持ち得る場所。
- 5年前には何もなかった，名護市及び宜野座村の東海岸地区は，いまや「IT 回廊」となりつつある。これほど短期間に急速な人と産業の集積を実現した地域振興の事例は全国的にもない。沖縄のこれはプロジェクトX と言いたい。
- 地元の方々が沖縄高専の学生や教職員を仲間として温かく迎え入れてくださっている。
- （北部12市町村の）人材の育成と雇用の開発のポイント（拠点）は，この名桜大学の存在だ。

今後の期待としての真言

名桜スピーチは，今後の期待として，今もこれからも大きな意味を持つ言葉で締めくくられた。

（那覇空港沖合展開）
- ●那覇空港は，今後は将来の旺盛な航空需要に的確に対応するため，沖合展開をしっかり進めていくことが重要。

（東京銀座と競争）
- ●DFSができると，東京銀座と沖縄とが競争する時代がやってくる。

（沖縄の若者の雄飛）
- ●沖縄の若者が沖縄を誇らしく思い，県内はもちろん国の内外に雄飛していくのが，沖縄の諸課題が解決できた究極の姿。

（高専からの人材輩出）
- ●21世紀の沖縄と我が国をリードする人材が国立高専から巣立つことが楽しみ。

（「北部振興は沖縄振興，沖縄振興は日本全体の活性化」）
- ●今まで一時間かけて申し上げたのは，北部の振興は沖縄の振興に，沖縄の振興は日本全体の活性化につながるということ。

経団連ミッションとFT紙　平成16（2004）年2月3日～5日，5年ぶりに経団連が沖縄投資環境の視察ミッションを組成した。福岡在の九州の責任者も参加し，本島各地の特区はじめ，高専・OIST建設予定地などを視察した。沖縄の当時の姿に多くの参加者が感嘆したこのミッションから18年の時が流れた。平成の終わり頃から，この5年ほどの，福岡はじめ奄美群島に到る九州の発展は著しい。平成16（2004）年4月24日・25日両日付のフィナンシャル・タイムズ紙は，デービッド・ピリング東京支局長の署名記事をのせた。沖縄県が首都東京より速い速度で成長しているという内容で，当時の県の「企画調整グループ」の東江隆美企画調整室長は，インタビューを受け，観光（国内誘客），情報通信（コールセンターブーム），健康長寿の三本柱を，その主な理由とした。名桜スピーチから1年もしないうちに，世界に喧伝される記事

がFT紙に掲載された。「宜野湾スピーチとその後」（名桜スピーチ）は，名桜大学 10 年史（271 頁〜276 頁）に納められている。

「2010 年，世界で初めて人間が搭乗する外骨格ロボットを開発したスケルトニクス。このベンチャーを率いる白久レイエス樹はいま，新たなロボットの開発に取り組んでいる。（中略）車の整備士を務めるフィリピン人の父親と，日本人とフィリピン人のハーフの母親を持つ端正な顔をした男は，沖縄に生まれ育った。（中略）中学生の時にテレビで「ロボコン」を観て，沖縄工業高等専門学校（通称，沖縄高専）への進学を決めた。（中略）沖縄高専は歴史が浅くて僕が 2 期生，（中略）上級生もいながらチーム全体を指揮するリーダーとなって挑んだ 4 回目の（高専ロボコン）大会で，（中略）全国大会でも他校の追随を許さず，念願の初優勝。（中略）2013 年夏，（スケルトニクスの）新型を完成させると，さらに夏休み中に沖縄に帰郷し，沖縄高専の工場を借りて，3 号機を作った。（後略）」（川内イオ『沖縄の異端児がロボティクス革命に挑む，搭乗型ロボットスーツで世界に挑む！』2015 年 7 月 14 日　東洋経済 ONLINE）

「東京大学発の建設テックベンチャー，ARAV（アラブ，東京都文京区）は建設機械向けの自動制御システムの開発に乗り出す。（中略）建設機械にこうした技術が採用されれば，建設現場の労働環境の改善にもつながりそうだ。（中略）ARAV は 2020 年 4 月，白久レイエス樹社長の母校でもある東大の産業連携本部の支援を受ける形で設立。（後略）」（『建機の自動制御システム開発へ，東大発建設テックベンチャーの ARAV』2021 ／ 3 ／ 10　06：11　SankeiBiz）

「琉球大学工学部教授（沖縄県）に，ベンチャー企業（H2L）創業者で早稲田大学前准教授の玉城絵美さん（37）が就任した。（中略）玉城教授は 1984 年，北谷町出身。琉球大学工学部卒業後，筑波大学大学院，東京大学大学院を修了。コンピューターで人の手を自由に動かすことができる装置「ポゼストハンド」を開発し，米誌タイムの「世界の発明 50」に選ばれた。（中略）琉大教授への就任は公募がきっかけ。「母校に恩返ししたい」と決意した（後略）」（『テーマ：沖縄はいま，琉球大学教授にベンチャー創業者の 37 歳女性が就任』2021 年 5 月 3 日 09 時 00 分沖縄タイムス：朝日新聞 DIGITAL）

第4章

令和の時代，これからの沖縄振興

1　名桜スピーチから20年を経て

令和の課題の処方箋を探して　平成15（2003）年の名桜スピーチ，平成16（2004）年の国立劇場の開場と国立高専の開校からおよそ20年の月日が流れた。現在の沖縄の置かれた状況をあらためて俯瞰してみる。俯瞰することは，沖縄の将来課題はないのかを見つめることにつながり，**沖縄の課題の解決は，我が国の難事に対する優れた処方箋**にもなるからだ。第1章・第2章・第3章では平成中期の沖縄振興について語った。令和となり，復帰50周年後を考えたとき，昭和40（1965）年代における昭和の沖縄振興，平成中期（1995年〜2004年）の沖縄振興という，2つの盛り上がりを経て，令和の次の盛り上がりを期して，どういう課題があるのか，未完の第4章を記してみたい。

　当初，第3章までで尽きると思った。第5章の奮闘の日々を並行して書き綴るなか，それでよいのだろうかという気持ちになった。その気持ちが，この第4章となった。平成中期の選択と集中を活かし，受け継ぐ。その上で，すべての分野に目を凝らして，「令和の沖縄振興」を図る必要はないのだろうか，というのが，この第4章のテーマだ。その際，平成16（2004）年以降，平成18（2006）年末から，稲嶺県政下の振興を継承発展させた仲井眞県政下に達成したアウトプットを参照する。

　現下のコロナ禍における，沖縄の経済社会文化の落ち込みに関する冷徹な分析を加える必要もあろう。平成中期の「県政不況」と単純に並べ論じることはできないまでも，十分な検証が必要だろう。直近の数値・傾向値の徹底的な洗い出し，これが必要不可欠だ。このことを前提として，稲嶺，仲井眞両県政期における傾向から，今ある前提・課題を思いつくまま記してみたい。平成26（2014）年頃，石原一彦沖縄振興局長（後の内閣府審

議官）の下，内閣府を兼務していた時代に得た知見，安達俊雄さんから提供いただいたレジュメからの示唆も参考にした。

仲井眞県政期の傾向値　平成中期の沖縄振興は，稲嶺県政に実を結び，**仲井眞県政で一層の発展を見せた。**仲井眞県政最後の年である平成26（2014）年時に把握し得た傾向値を記す。全国順位は特に記載がなければ，47都道府県のなかでの順位だ。稲嶺県政（平成10（1998）年〜平成18（2006）年）の実積の上に，**仲井眞県政**（平成18（2006）年〜平成26（2014）年）**は，各分野に意欲的な数値目標を掲げ，それら目標に対して着実な成果をあげた。**平成26（2014）年時以降の値は，今後の有為な傾向値を，安達さんのレジュメから，適宜，採り上げた。

　明るい傾向値としては，観光・交通，情報通信・起業，亜熱帯農林水産業，雇用・人材，経済成長などの各分野における事象・データがある。平成26（2014）年当時，平成中期の沖縄振興施策を経て，課題として残った傾向値，課題として見えてきた傾向値もある。所得・生産性，人口・高齢化，健康，交通，農業，教育などの各分野における事象・データがある。伸ばすべき明るい傾向値，克服すべき課題の傾向値，双方の大前提として，沖縄において今も近未来においても基盤となる数値・条件がある。

　明るい傾向値，課題として見えてきた傾向値，そして，基盤となる数値と条件。これら3つのカテゴリーの平成中期からの定量的な傾向値から，7＋1の課題が導き出されるのではないか。その上で，沖縄の空を飛ぶ鳥の目で，令和の沖縄振興が目指すべき8つの視点をあげる。

2　明るい傾向値

観光・交通：入域観光客数，宿泊施設増減率，那覇空港乗客数・国内直行路線数，国際貨物取扱量，外国クルーズ船寄港実積，那覇・名護間公共交通所要時間短縮　平成25（2013）年の入域観光客数は658万人で対前年比11.1％増となった。平成33（2021）年（令和3年）での沖縄県

の観光誘客目標値は 1,000 万人とされ，平成 30（2018 年）年値では 984 万人となり，この内，外国人は平成 26（2014）年の 89 万人から，平成 30（2018）年の 290 万人となった。平成 24（2012）年の人口 10 万人当たりホテル件数，人口 1 万人当たりホテル客室数・宿泊施設の増減率は全国 1 位の増加率だった。

「中でも懸念されるのが，観光産業の急ブレーキだ。復帰時には年間 44 万人だった観光客数は右肩上がりに増え，令和元年には 1016 万人と初めて 1 千万人を突破した，ところが 2 年は新型コロナ禍で前年比 6 割以上も減少し，374 万人にとどまった。」（川瀬弘至『沖縄復帰 49 年・自立経済半ば』令和 3 年 5 月 15 日付産経新聞 2 面）

「沖縄を訪れる国内外の観光客は 18 年度に 1000 万人を超えたが，新型コロナウイルスの感染が拡がった 20 年度は前年度 72.7％減の約 258 万人と過去最大の落ち込みとなった。」（『沖縄復帰 49 年コロナが経済直撃』2021／5／15 05：00　毎日新聞 HP）

「観光客数は（中略）本土復帰以降，最大の減少幅となった。外国人観光客は復帰後初めて，ゼロだった。」（国吉美香，木村昭『沖縄復帰 49 年　基地依存経済からの脱却も　コロナ直撃』2021／5／15　07：00　朝日新聞 HP）

　那覇空港乗客数は全国 5 位となり，羽田空港に次ぎ国内 2 位の国内直行旅客路線数となった。那覇空港の国際貨物取扱量は，平成 24（2012）年は平成 20（2008）年の 70 倍であり，同年に羽田を上回り，国内第 3 位となった。外国クルーズ船寄港実績は，平成 15（2003）年の 70 回から，平成 25（2013）年には 126 回となった。平成 25（2013）年に起工した沖縄都市モノレールの延伸は，中南部（那覇）・北部（名護）間の公共交通機関所要時間について，140 分から 98 分となり，40 分強の短縮をもたらした。

情報通信・ICT：県外からの進出数，雇用者数，県内総生産額

情報通信産業関連企業の県外からの進出数は，平成 2（1990）年から平成 26（2014）年の累計値で 301 社，雇用者数は約 2 万 5 千人となった（平成 30（2018）年までの累積値では，454 社，約 2 万 9 千人）。ICT 全体の県内総生産額は，平成 12（2000）年から平成 23（2011）

年の 10 年間で 5 倍に増加した。

亜熱帯農林水産業：ゴーヤー，マンゴー，キク，モズク，クルマエビ，キノコ

亜熱帯農業として，ゴーヤー，マンゴー，キクの全国生産出荷量，モズク，クルマエビの養殖漁業生産量が全国 1 位となった。林業生産高は，北部振興事業をスターターとする，「やんばる」におけるキノコ栽培により，平成 12 (2000)年の 1.5 億円から，平成 23 (2011)年の 5.5 億円に大幅に増えた。

雇用と人材：有業者数，就業者比率，失業率，離職率，質の高い技術系人材，起業，女性起業家率

平成 19 (2007)年から平成 24 (2012)年にかけて，有業者数が増加したのは，沖縄県と東京都だけだった。平成 12 (2000)年以降，就業者比率における沖縄県の全国格差は減少した。平成 26 (2014)年の沖縄県の有効求人倍率（1 月～12 月）は，最高 0.78 倍，最低 0.62 倍となった（平成 30 (2018)年値では，最高 1.25 倍，最低 1.12 倍。）。

「「復帰 50 年」が 1 年後に迫る中，観光がリードしてきた沖縄経済は新型コロナウイルスの感染拡大で大打撃を受け，雇用にも影響が及んでいる」（中略）「影響は深刻で，20 年度平均の有効求人倍率は 0.79 倍と前年度 0.52 ポイントも低下。5 年ぶりに 1 倍を切り，全国最下位となった。」（毎日新聞 HP（沖縄復帰 49 年　コロナが経済直撃）2021／5／15　05：00　毎日新聞 HP）

平成 12 (2000)年以降，女性の失業率の低下が顕著に見られ，男性の失業率も低下し，若年者失業率も緩やかながら低下傾向で推移した。さらに，新規高卒者と新規大卒者の就職後 3 年目までの離職率も緩やかに低下した（平成 30 (2018)年値では，沖縄県の完全失業率は 3.4 ％であり，沖縄経済振興 21 世紀プランの令和 2 (2020)年の 3.6 ％をクリアした。）。

高専，大学院大学による「質の高い技術系人材」が輩出し，平成 22 (2010)年の起業未経験者の起業割合は全国平均の約 3 倍となり，平成 24 (2012)年の女性起業家率は全国 9 位だった。平成 17 (2005)年時で，人口

10万人あたり研修医数は全国1位だった。

経済成長：実質経済成長率，経済規模，税額，米軍基地収入割合

経済規模は他の都道府県を上回るテンポで成長し，平成19（2007）年から平成32（2020）年（令和2年）の実質経済成長率は全国1位が見込まれた。経済規模自体は，復帰当時の5,000億円から，平成21（2009）年度には8倍の3兆9,000億円となり，ICT全体の県内総生産額は，平成12（2000）年から平成23（2011）年の10年間で5倍増となった。県税である法人事業税（決算額）は，平成21（2009）年に全国34位となり，以降，30位台をキープし，平成24（2012）年は37位だった。平成25（2013）年分の所得税（国税）は，前年比14％増の261億円で，4年連続の増加となった。

　県民総所得に占める米軍基地関連収入の割合は，平成14（2002）年頃から，昭和47（1972）年の15％から5％に低下し，ほぼ横ばいで約2,000億円で推移した。これは，観光収入のおよそ半分の額だ。

　「米軍基地への依存度も減り，軍用地料など関連収入が県民総所得に占める割合は復帰時の15.5％から6.0％へと縮小した。」（川瀬弘至『沖縄復帰49年・自立経済半ば』令和3年5月15日付産経新聞2面）

　「（前略）代わって成長してきたのが観光産業だ。県民総所得の割合は復帰時客数の6.5％から14.9％（17年度）に。（中略）しかし，新型コロナウイルスの影響が直撃し，揺らいでいる。」（国吉美香，木村昭『沖縄復帰49年・基地依存経済からの脱却も・コロナ直撃』2021／5／15　07：00朝日新聞HP）

医療・環境・教育・生活：医療費，ゴミ排出量，教育設備費，マーケット店舗数

平成23（2011）年度の1人当たり医療費は全国45位，1人1日当たりゴミ排出量は全国47位だった。OISTの運営費交付金の規模は，東工大，神戸大と同レベルとなり，平成23年の小学生1人あたりの教育設備費は全国2位の数値だった。人口10万人当たりのスーパーマーケット店舗数

は全国1位となっていた。

3　課題として見えてきた傾向値

**所得・生産性の格差：県民所得，
市町村民所得地域格差，労働生産性格差**

平成23（2011）年度時点で，平成12（2000）年以降の人口1人当たり県民所得は，全国平均の7割前後で，横ばいないし減少気味で推移したが，依然として全国47位だった。平成22（2010）年度までの市町村民所得は，地域別の降順で，那覇（114.8），八重山，宮古，南部，北部（91.5）を示した。平成18（2006）年度値では，那覇（112.6），北部（93.0）だった（（　）は県平均を100とした場合の数値）。

「県によれば，復帰時の47年度だった県民総所得は平成29年度現在で4兆6742億円に拡大（中略）だが，本土との格差は否めない。1人当たりの県民所得は234万8千円で全国平均の約7割しかなく，政府への財政依存度は復帰時の23.5％から37.9％へむしろ増大している。」（川瀬弘至『沖縄復帰49年・自立経済半ば』令和3年5月15日付産経新聞2面）

2000年代に入り，**職業間の労働生産性の格差が増大した**が，これは，職業間のミスマッチが平成12（2000）年からの10年間の後半期以降で，拡大したのではないかと推測する。

**人口・高齢化・生活：人口増加率，平均寿命，
高齢化増加率，各種世帯数，居住空間**

人口増加率は本島中南部では増加傾向だが，本島北部・宮古・八重山は減少傾向にあった。合計特殊出生率は全国1位で，高齢化率は全国47位だが，人口のピークは平成32（2020）年（令和2年）と予測され，その後（令和元（2019）年時），2025年（令和7年）と予測到達年が早まった。

平成22（2010）年値で，平均寿命は，男子30位，女子3位に転落していた。平成22年から平成52（2040）年（令和22年）にかけての高齢化増加率（想定）は全国1位となり，若年層の余命が低下していた。

　平成 22 年時で，平成 47（2035）年（令和 17 年）までの，65 歳以上の世帯数増加率，同時期のひとり世帯数の増加率も全国 1 位となっていた。平成 22 年時，100 世帯当たりひとり親世帯数も全国 1 位，平成 23（2011）年値で，ひとり親世帯の出現率は全国平均の 2 倍となった。1 人当たり居住室畳数は全国 47 位，空き家率と持ち家率ともに全国 46 位となった。1 住宅当たり延べ面積は全国 45 位，最低居住面積水準未満の対主世帯数割合は全国 3 位だった。

健康・医療：男性肥満率，アルコール性肝疾病死率，職場検診異常発生率，医療機関数，医療関係者数

　平成 22（2010）年の男性肥満率は全国 1 位，平成 25（2013）年の人口 10 万人対アルコール性肝疾患者病死率も，男性は全国 1 位，女性は全国 2 位，平成 23（2011）年から，3 年連続で，職場検診異常発生率（有所見率）は全国 1 位の値だった。

　医療機関（病院，診療所，介護老人保健施設，調剤薬局など）の数は全国 47 位で全国最低値を示した。平成 24（2012）年の人口 10 万人当たりの一般診療所数は全国 44 位，歯科医療診療所数は 40 位，薬剤師数は 47 位，歯科医師数は 39 位，医師数は 25 位だった。

交通：車依存率，海運の高コスト

　平成 21（2009）年の交通手段としての自家用乗用車依存率は 90 ％という高率を示している。那覇市内の道路は東京 23 区など本土の大都市よりも混雑し，高齢化が急速に進むなか，交通弱者が急増した際の公共交通手段の圧倒的な不足への対処が大きな課題となっている。平成 25（2013）年まで連続して，人身交通事故に占める飲酒絡みの事故比率は全国 1 位で，全国平均の約 4 倍の値だ。

　平成 23（2011）年時点で，40 フィートコンテナの海上運賃は，東京・那覇間は，東京・上海間の約 3 倍であり，島嶼県であることによる海上における高コスト物流体質も引き続きの課題だ。

農業：農業所得，農業就業者数，小規模の島々 平成24（2012）年の1戸当たり農業所得は全国平均の半分だった。農業経営において，担い手育成が不十分で農業就業者数が減少し，小規模の島々における農家・製糖事業の経営が，依然として不安定な状況に置かれている。

教育・環境・過疎：進学率，教育予算，待機児童数，リサイクル率，小規模の島々 大学・短大・高校の各進学率は全国順位は47位，建設費等を除く，小学校児童1人当たり教育予算は全国47位，同じく，中学校生徒1人当たりでも全国41位だった。平成25（2013）年の保育所待機児童数は全国2位の高い値を示した。リサイクル率は全国41位の順位だった。久高島のイザイホー（12年ごと）は，「島外への移住者増」により，3回連続中止（平成2（1990）年，平成14（2002）年，平成26（2014）年）され，次回は令和8（2026）年となる。小規模の島々の過疎化を象徴する話だ。

> 「12年に一度，午年の旧暦11月15日から5日間にわたって行われます。島で産まれた女性が，祭祀集団に入団するための儀礼で，最近では1978年（昭和53年）に行われました。久高島の祭事の中でも，最も神秘的といわれています。」（知念村（現，南城市）教育委員会『久高島・久高島資料・イザイホー』）

4　基盤となる数値・条件

地理的基盤：領海・水域，有人の島々，唯一の海を隔てた島嶼県，可住割合，米軍施設・区域 県域の領海と排他的経済水域は，我が国全体の約14％を占め，最東端から最西端まで約1,000km，最北端から最南端まで約400kmのなかに，49の有人の島々を含む，160の島々が存在する。沖縄を中心として，台北，上海，そして，マニラ，香港，ソウルといったアジアの主要都市への距離は東京よりも近く，ほぼ同心円上に均等に分布する。本土と陸

路でつながっていない唯一の島嶼県でもある。

　総面積は全国 44 位だが，可住の割合は全国 11 位，平成 26（2014）年時，米軍施設・区域面積の県土面積に占める割合は 10.2 ％だった。本島の米軍提供施設，区域面積は本島面積の 18.3 ％，在日米軍施設・区域の 74 ％が沖縄に集中している。

> 「県によると，米軍専用施設は，本土に復帰した 1972 年から 2019 年 3 月までに約 9400 ヘクタールが減ったが，現在も約 1 万 8484 ヘクタールが残る。約 7 割が沖縄に集中する構図は変わっていない。」（国吉美香，木村昭『沖縄復帰 49 年』2021／5／15　07：00　朝日新聞 HP）

気候・環境的基盤：平均気温，台風，降水量，森林面積，水資源，土壌

年平均気温の高さは全国 1 位（平成 22（2010）年は 23.1 ℃），全国平均の 2 倍強の台風が接近する。年間降水量は全国平均を上回るが，1 人当たりでは全国平均の約 4 割となる。

　県土面積の 47 ％が森林で本島北部と八重山に集中し，本島森林面積の 9 割は北部で，そのうちの 25 ％がダムの流域を占める。安定供給可能水量は復帰時の約 4 倍となった。本島中南部の水資源の 8 割は本島北部に依存し，**本島北部の水源地環境の将来的な保全**が課題だ。県土の土壌の約 55 ％は赤土（国頭マージ）となっており，**赤土対策・対応も歴年の課題**だ。

農業的基盤・資源的基盤・戦後処理

サトウキビは農家数の 7 割が栽培し，耕地面積の 5 割を占める基幹作物となっている。土地改良事業の各設備・整備率は復帰時の数パーセントから 50 ％前後になった。伊平屋沖には，レアメタル，亜鉛，鉛などを含む沖縄近海最大の熱水鉱床の可能性があり，本島南部・宮古島に水溶性天然ガスが賦存している。戦後処理問題として，県内の推定不発弾総量は全国の約 4 割を占める。

5　傾向値が導く7つの課題と喫緊の課題

急激な少子高齢化　復帰60周年までに，県人口がピークとなる可能性が大きいなか，根源的な課題である**急激な少子高齢化**にどう対応していくのか。

　福祉のみならず，産業，交通，街づくりはじめ，施策全般を横串しで束ねつつ，ハード，ソフト両面でどのように対応していくのか。

> 「南西地域活性化センター（NIAC，大嶺満会長）は3日，新型コロナウイルスの感染拡大が県内の出生数に及ぼす影響の推計を発表した。2021年の県内出生数の予測について，20年の1万4910人（推計値）から7.5％減の1万3791人になると見通した。」「年間出生数が1万4千人を下回るのは，沖縄戦直後の1946年の1万173人以来となるという。」「調査した金城毅上席調査員は，「早ければ，22年ごろには，沖縄も自然減に転じる可能性も出てきた」と人口構造への影響を指摘した。」（『県内出生数，沖縄戦直後以来の1万4000人割れか　NIAC21年予測』2021／6／04　琉球新報HP）

ICT・DX，観光，物流ハブ，亜熱帯農業の一層の展開，アジア・アセアン展開　4次振計を受け，5次振計の眼目であったICT・DXによる産業・雇用創出，質を大事にした観光，物流ハブ，亜熱帯農業の一層の展開どう行っていくのか。

　内外に向けた広い視野で，さらなるブランディングはじめ，従来のマイナス（対策）の今とこれからのプラス（対応）への転換など，具体的な展開をどう図るのか。

> 「（前略）赤土は沖縄の土壌の約55％を占め，農業的に栄養に乏しく栽培できる作物も限られる。しかし，この赤土が美味しい紅茶の栽培には欠かせないと内田（智子）さん（（註）沖縄ティーファクトリー）は話す。「紅茶のアロマは抗酸化作用なので抵抗する力ですから，豊かな環境よりもやせている方が抗酸化作用は出る。」（中略）肥沃な土はお金をかければ作れるが，赤土は神様しか作れない。」（中略）内田さんは2000年から沖縄で紅茶作りを開始。（中略）名護市にあるカヌチャリゾートは，2017年から施設内で国内初となるリゾートでの紅茶栽培に乗り出した。（中略）「一番思うのは，そのままの沖縄

が価値がある気がするんですね。そのままの強い紫外線，ミネラルの降る場所，やせた赤土，それが結果としてプラスになる。(後略)」『「沖縄の紅茶」が国際コンクールで2つ星，世界で評価される理由は“神様しか作れない”赤土【沖縄発】』2022年3月21日月曜午後0：30：FNNプライムオンライン（沖縄テレビ）

「農業生産額の減少方向が続くなか，付加価値の高いブランド作物を生み出そうと，自治体や地域の農協が積極的な品種登録を進めている。(中略) 産出額が94年以降35％減少する一方で，最も登録品種を増やしたのは沖縄県。同期間の増加数は116件と9.3倍になった。2位以下は北海道（61件），静岡県（43件），新潟県（40件）が続く。(中略) 沖縄県では同県花卉園芸農業協同組合（浦添市）が直営農場で育てた「太陽の○○○」と名付けた小菊の新品種を次々と登録した。県内は夏の暑さが厳しく，収穫できる農産物はサトウキビなど一部に限られる。そこで着目したのが春の彼岸でお供えに使われる小菊。冬の生産に特化するための品種を開発し，春の彼岸用小菊では全国シェア9割を占めるまでになった。競争力を高めたことで県の農業算出額は22％減にとどまる。(後略)」『農業新品種，登録2.9倍，北海道・沖縄ブランド戦略で攻勢』令和4年1月15日付日本経済新聞1面

※登録品種増加数上位の農協（94年度比21年度）は，1位が沖縄県花卉園芸（浦添市：86件増加），2位が全農（東京都千代田区：21件増加），3位がホクレン（札幌市：12件増加）～日経電子版1月15日5：09から抜粋。

沖縄発や県資本のアジア・アセアン展開では，JETRO，JICAはじめ，JBIC，NEXIといった海外に関する国の組織の機能を活かしていくべきではないか。

「(前略)「ICT KŌBŌ URUMA」では，DX戦略におけるシステム開発拠点の拡充と同時に，U／Iターン希望者の採用による移住者の増加や，沖縄県内の学生を採用することによる雇用創出など，地域の活性化にも貢献していくという。」「さらに，同拠点をアジア市場におけるDXビジネスの戦略的拠点と位置づけ，アジア地域に向けてデジタルビジネスを今まで以上に拡大させるための足掛かりにするとしている。」「なお，「ICT KŌBŌ URUMA」は，沖縄県うるま市の「沖縄IT津梁パーク」に入居している。今後，沖縄の民間企業や行政機関など。様々なプレーヤーとのコラボレーションを推進。さらに，同施設内に入居する企業との共創により，新事業創出も目指していく。」『凸版印刷　沖縄にDX開発の新拠点を開設　アジア市場の戦略的拠点に』

2021年6月3日　Biz／Zine ニュース

「(前略)「沖縄浦添流通センター」は，主要幹線道路に隣接し，沖縄本島全域への当日配送を可能とする24時間稼働可能な大型低温帯汎用・専用併設型多機能物流センター。」「また，那覇空港とアジアの主要市場（中国，香港，ソウル，タイ）が飛行時間4時間圏内となる地理的優位性を生かし，日本各地のエリア商材をアセアン諸国に届けるハブセンターとして保税・動物検疫機能にも対応する。(後略)」『国分グループのりゅうせき低温流通，沖縄浦添流通センター稼働』2021年6月4日冷食日報（食品産業新聞社 HP）

雇用のミスマッチ解消，生産性向上，経済効率化，高付加価値化

アフター・コロナの情勢を踏まえ，雇用の創出・保持のため，全国より高い雇用のミスマッチをどう解消し，さらなる就業者比率の向上をどう図っていくのか。

平成中期以降からの懸案である生産性向上のため，人財・人材の育成，ICT・DXによる非製造業における**経済効率化**，亜熱帯農業はじめ産業全般への**高付加価値化**を一層進めるためにはどうしたらよいか。

県民所得の全国格差減少のために

完全失業率の低下，法人事業税の増加，豊富な技術系人材の胚胎という，明るい傾向値があるなか，県民所得の全国格差を減少のためには，どのような理念の下で，どのように具体的に対応していったらよいのか。

防災・感染症に着目した県土・空間づくり

我が国全体で温暖化が進み，気象条件が変わるなか，亜熱帯県・島嶼県として，津波，台風，感染症といった，**防災・感染症に着目した県土・空間づくり**，それに資するハード，ソフトの充実に努めるべきではないか。

総合的な街づくり，将来世代に伝える動線づくり

基地跡地利用はじめ，沖縄で伸び行く

分野領域を視野に，総合的で魅力的な街づくりをどうしていくべきか。土地土地の歴史（地歴）にも思いをいたすべきではないか。

　懸案の普天間基地の返還を控え，本島中南部・北部の均衡ある発展のため，さらに県土全体で，**将来世代に伝える動線づくり・街づくりをどう行う**べきか。平成中期にも進展した**本島南北格差の解消**をさらに進めるべきではないか。

> 「私は，よくいうことだが，もし首里の街が戦前のままそっくり残っていたら，沖縄は，京都，奈良，日光と肩をならべる観光地となって交通機関が便利となった今時，おそらく日米の観光客が洪水のように流れこんできたであろう。首里の街の美しさは，ちょっと他に類のない美しさであって，（後略）首里親国という言葉があった。」（山里永吉『沖縄史の発掘』54頁）

> *No more beautiful place than Sheudi, so far as verdure, elevated situation, and attractive foliage, is concerned.* (125) 「緑，立地の高さ，魅力的な草木の葉に関して首里ほど美しいところはない。」J. Spalding; The Japan Expedition（島田孝右訳『スポルディング日本遠征記』22頁）

> 「「キャンプ・キンザーを含め……」4月16日，米ホワイトハウスでジョー・バイデン大統領との会談に臨んだ菅義偉首相は，こう切り出した。」「（中略）キンザーは，県都・那覇市に近接し，大動脈の国道58号線沿いの一等地にある。面積は，東京ドーム57個分の268㌶と広大だ。浦添市長の松本哲治は，跡地にキャッシュレス決済や自動運転車などの実験都市を築く構想を描いている。」（『基地返還少しずつ』2021年（令和3年）6月16日付讀賣新聞1面）

国土保全と島々の振興

　国土保全のためにも，**有人の島々各々の特性を踏まえた振興をどう展開していくか**。

> 「コールセンターや企業のコスト削減のコンサルティングなどを手がけるアクトプロは島内のアイランドホテル与那国に，30人規模でセンターを立ち上げる。（中略）従業員となる若年層などの移住による離島振興にもつなげる。（中略）糸数健一町長は，「島外からの交流人口が増えれば島に活力が生まれる」と期待する。（中略）与那国島の人口は16年の陸上自衛隊駐屯地開設で200人ほど増えて約1700人となったが，ピーク時の35％にとどまる。（中略）森田朗東大名誉教授（行政学）は，「政策的なテコ入れなしに離島の過疎化を食

い止めるには限界があるが，企業進出に伴う人口移入が進めば地域経済に一定の効果はある」と指摘する。」（児玉章吾『最西端の離島にコールセンター，与那国の休業ホテル活用』2022／2／9　20：15　日本経済新聞HP）

※コロナ禍

コロナ禍のなか，適時適切に，県民の命をどう守り，県経済低迷打破をどう図るのか。

6　令和の大きな8つの視点

沖縄県を取り巻く国際情勢　沖縄県を取り巻く国際情勢が厳しさを増すなか，地勢的に，現在の沖縄振興のあり方を冷静に検討するなかで，意図すべきことはないか，企図することは何か。

「中国による尖閣諸島（沖縄県石垣市）の占拠を想定し，自衛隊，海上保安庁，警察，外務省の担当者が参加する図上演習を複数回実施していることが6日，分かった。」「今年2月に中国海警局の船が尖閣諸島に接近・上陸を試みた場合に海保による危害射撃が可能との見解をまとめたことを踏まえた図上演習も実施。米軍が参加して日米共同で事態対処シミュレーションを行っていることも判明した。複数の政府関係者が明らかにした。」（『尖閣占拠を想定　図上演習　自衛隊・海保・警察　米軍とも連携』令和3年6月7日付産経新聞1面）

「（前略）米バイデン政権は，中国の台湾侵攻は近い将来に起こりうる現実の脅威だとして，危機感を強めている。」「沖縄本島から台湾まで約580㌔㍍。日本最西端の与那国島（沖縄県与那国町）からは約110㌔㍍しかなく，台湾の山並みが望める日もある」（中略）「沖縄県の本土復帰後も，米軍は一貫して沖縄への部隊駐留を重視してきた。日本の防衛に加え，朝鮮半島や台湾海峡での有事に即応するために，沖縄は地理的な優位性があるからだ。」「中国が軍事力を背景に海洋進出を強めるにつれ，沖縄の戦略的な重要性はさらに高まっている。」「（中略）沿岸監視隊は2016年，自衛隊の部隊として初めて与那国島に配備された。地上レーダーで航空機や艦船を監視するのが任務だ。軽武装だが，有事になれば武器を手に敵と向き合うことになる。政府はこの頃から，南西諸島防衛を強化し始めた。」「（中略）島への自衛隊誘致を主導した与那国町議の与那原繁は，活発化する中国軍や海警の動きに，こう不安を吐露する。「『中国の脅威は感じない』とか，『話し合いで解決すべき

だ』とか言う人もいる。しかし，尖閣での中国の動きはそんな生やさしいものではない。自衛隊をもっと増やしてほしい。」」(『対中「最前線」攻防続く　米「台湾有事」に警鐘　政府　自衛隊の行動具体的に検討』2021年（令和3年）6月17日付讀賣新聞4面)

「（前略）政府は沖縄を語る際に繰り返し「南西諸島防衛」に言及するが，この言葉は50年前はほとんど使われなかった。」「（中略）だが，2010年代以降は戦略環境の変化が明らかになる。」「（中略）台湾海峡で有事となれば，沖縄本島や先島諸島も中国ミサイルの射程圏内に入り，文字通り「対岸の火事」ではなくなる。」「（中略）かって，「後方」だった沖縄は「前線」として半世紀前よりも一層厳しい状況に置かれている。」(杉本康士『沖縄変わる戦略環境「出撃拠点」から「防衛最前線」に　返還協定締結50年』令和3年（2021年）6月19日付産経新聞3面)

創発性，戦略性，重厚な施策群

（観光，物流，DX，亜熱帯農業など）将来発展の可能性の高い分野領域は何か。（防災，交通，医療福祉など）永く基盤となる分野・領域をどのように堅固に施策化していくのか。

　客観的なデータに基づき，創発的で戦略的な公共・ハード事業，非公共・ソフト事業を展開し，令和の時代，我が国をリードする，県民のための重厚な施策群を実施すべきではないか。

大いなる優位性・潜在力喚起，我が国目抜きの政策施策

沖縄の特性・得意を活かした分野領域に対する取り組みを一層進めるべきではないか。定量的にとらえ得た大いなる優位性と潜在力を活かすべきではないか。さらに明暗双方の傾向値を踏まえ，大きな視点に立って，沖縄振興策全般の再構築を行うべきではないか。

　平成中期の振興の成果の上で，沖縄の特性を活かし，沖縄社会・沖縄資本の発展をもたらすテクノロジーや文化ソフト分野の振興なども考えていくべきではないか。さらに，平成中期以上に，沖縄の振興策が，我が国全体のなかでの目抜きの政策施策となるよう，努めていくべきではないか。

参考地域の見分 平成中期以降，今日にいたるまで，**本土における沖縄にとって参考となる地域，例えば，福岡はじめ九州の都市，奄美群島**における振興の近況を見分する必要はないか。見分のうえで，沖縄の特性・特殊性ならではの施策を点検，分析し，さらなる施策群を構築するべきではないか。

「今回算出した 12 のランキング（（註）総合，ポテンシャル，多様性受け入れ，創業・イノベーション，多様な産業，人材の充実，暮らしやすさ，魅力，移住者にやさしく適度な自然環境，余生を楽しみながらの仕事，子育て，起業スピリッツ）において，1つでも 10 位以内にランクインした都市は全国で（分析対象とした 100 都市※のなかで）40 都市，福岡は全てのランキングで 10 位以内。全体的に九州の都市（（註）福岡，鹿児島，久留米，佐世保，熊本，宮崎，佐賀，長崎，北九州）の強さが目立つ。」。※沖縄県からは那覇。『ランキングによる都市の持つ「成長可能性」の可視化』2017 年 7 月 5 日：野村総合研究所

「奄美市名瀬大熊と瀬戸内町節子に陸上自衛隊の駐屯地，分屯地 2019 年春に開設され 2 年が経過した。（後略）」「陸自 2 施設の開設に伴い，奄美駐屯地に 350 人，瀬戸内分屯地に 210 人の隊員が配備された。家族とともに異動してきた隊員もおり，20 年度の住民税は陸自関連だけで，奄美市で 7000 万円，瀬戸内町で 3700 万円それぞれ増えた。また両市町とも，基地周辺対策事業を活用し，食肉センターや一般廃棄物し尿処理施設など，住民生活に関する施設整備も行っている。」「（中略）瀬戸内町阿木名集落には，家族と一緒に赴任した瀬戸内分駐地の隊員が暮らす官舎がある。（中略）集落は活気があふれている。（後略）」（『奄美陸自配備 2 年（上）立地 2 市長（ママ），隊員移住で集落に活気　税収増。財政上の恩恵も』2021 年 6 月 5 日：南海日日新聞 HP）

「（前略）4 視点（安心度・利便度・快適度・富裕度）の上位 50 位にランクインした市区の都道府県合計を各都道府県の自治体数で割った比率を比較してみた。医療・福祉など安心度では長崎が 62 ％，熊本が 50 ％，鹿児島が 42 ％と九州勢が上位を占める。単純にランクインした市区合計でも傾向は変わらない。」「（中略）安心度を構成する指標「人口当たり病院・一般診療所床数」と「0 ～ 4 歳児数」の上位 50 位には，長崎県と鹿児島県がともに 7 市ランクインしていた。」（東洋経済「都市データパック編集部」『都道府県別「安心度」では九州勢が強さを発揮』東洋経済 ONLINE：令和 3 年 6 月 17 日）

質の充実とそれに資する量

平成中期の量と質の追求を進め，**質の充実とそれに資する量**というデュアルな目標を設定するべきではないか。

平成中期に芽生え伸張していた，目標を設定し，成果を定量把握する，という循環回路システムを今一度堅固に築き，進むべきを進め，足らざるを補うべきではないか。

> 「ご承知のように，尚順男爵は書画・骨董・食文化等に長け，非常に博識で，先見の明に富んだ方でいらした。その証拠には，本書の九十頁の随筆の中に「今後振興計画の一条件としても，本県の特殊位置を利用しておおいに観光客の誘致に務める事である。それには官民各方面に亘り，所謂衆智を集めて独立せる一局を設けて講究する事である。随って外客を迎えて第一線に立つ味覚の研究，此れ又大切なる事と思うのであります。」と七十年近くも前に現在，沖縄県が質の高い観光・リゾート地の形成をめざし，沖縄振興計画の中に盛り込んでいる事を指摘しておられる」（尚弘子『松山御殿物語』283頁）

県経済のけん引，各界の要望意見の徹底的な聴取

コロナ禍の影響を踏まえ，観光，情報通信はじめ，アフタ・コロナの県経済のけん引をどう描き，効果ある施策をどう立案するのか。特に，全国的な**地方創生の契機**を，沖縄でどう活かし，どうリードするのか。

令和の沖縄振興においても，県下自治体，広域，経済界はじめ，**各界の要望意見を徹底的に聴取**し，重視するべきではないか。

人財・人材の活躍・育成

平成中期に基盤がつくられていた，**人財・人材の活躍**をどう確保し，将来に活かしていくのか。さらなる人財・人材の育成をどう図っていくべきか。

> 「（前略）沖縄県内の企業が2022年に取り組む経営課題として「人材育成」が50.0％と最も多く，全国でもトップとなった。「デジタル化（IT活用の強化）」も全国トップで2割が課題と答えた。大同生命では，新型コロナウイルスの影響で既存の従業員のレベルアップやリモート環境下で業務推進の必要性に

迫られたと分析している。（後略）」（『沖縄の企業が 2022 年に取り組みたい課題，最も多いのは？コロナが影響　大同生命が調査』沖縄タイムス＋プラス：2022 年 2 月 9 日 09：51）

意義ある令和の振興策とは，沖縄の子供たちのために

鉄軌道，ゼロエミッション，南北センターといった平成中期の構想はじめ既往の課題は令和の時代にどう進めていくべきか。例えば，新たな都市交通システムの構築，ゼロを超えたマイナス・エミッション，沖縄を拠点とする我が国のソフトパワーの強化というように読み替えて検討していくことは，今日的に大きな意義があるのではないか。

　経済だけでなく，芸能文化といった沖縄の特性をどう発信・発展させていくのか。例えば，国際交流基金の機能の活用に加えて，JICA はじめ今ある組織の機能も沖縄でのさらなる展開が考えられないか。

　復帰前後，平成中期の蓄積の上で，「特別な計画」として，沖縄の将来，沖縄の子供たちのために，意義ある令和の沖縄振興を推進するべきではないか。

7　令和の沖縄振興

復帰時・平成中期の振興策の理解

第 4 章までを編み，数々のエピソードをたどるなか，あらためて，得心がいったことは，平成中期の沖縄振興は，復帰前後の沖縄振興の蓄積を土台に築かれていることだ。復帰前後の論点，積み残した宿題課題を，平成中期の視座で吸収し，単なる復習ではなく，将来に向けて換骨奪胎しているのだ。

　昭和 47（1972）年の復帰前，山中大臣が任された沖縄シフトの政府と，山中先生の台湾での恩師だった屋良主席の下の琉球政府とで，施政権下の時代，旧県政下の頃の課題にも遡って，振興の太柱が築かれた。平成 9（1997）年 11 月 21 日の復帰 25 周年記念式典の総理式辞の冒頭では，「沖縄

返還の歴史的意義を，改めて確認するとともに，21世紀の沖縄の発展を祈念して，政府として，記念式典を挙行することとしたものであります。」とある。**平成中期の沖縄振興策を正しく理解して**，次の計を立てていくこと。これらのためには，何が必要となるのか。よくよく分析検討を重ねなければならない。

内外の環境変化の直視

令和4（2022）年，復帰50周年を迎えた。今後とも，沖縄振興について，県内の議論の一層の盛り上がりに期待したい。その際に，平成中期の沖縄振興問題からオーソドックスに言えることは，**沖縄をめぐる内外の環境変化を直視すること**だ。令和になる前，奄振法制は面目を一新した。

　今後10年，四半世紀を深く考えると，**県経済・福祉両面からの本島，琉球弧の「動線」のさらなる構築は大丈夫か，今後の急速な少子高齢化に備え，福祉は無論，すべての分野での施策の備えはできているのか**。平成中期，「選択と集中」により，タネをまき，刈り取ってきた，その後の計は十全か。**公共事業の質的充実と非公共事業の創出**といった，平成中期，沖縄に根差した課題クリアのために，**全国にさきがけ成しえたような先導性**はあるのか。同時期に構築された釣り具セットの見直しは大丈夫か，新たな設えは必要か。

「第三期」の沖縄振興へ

復帰前後，平成中期は，各々，第一期，第二期の沖縄振興が盛り上がり，輝かしい成果を示した時代だった。これからの令和の沖縄振興は，「第三期」の輝かしい時代，そうあってほしい。内外の情勢変化をよく睨み，県民にとっての真の利益を見極めなければならない。情報通信，観光，亜熱帯農業という平成中期の沖縄振興の精華を伸ばすとともに，南北センター構想，都市交通システム，将来的な街づくり・動線づくりといった，第二期の宿題・課題の解決も大事だ。その際，沖縄の為政者・リーダーは，苦渋の決断・一層の果断な決断を要するかもしれない。第一期，第二期の沖縄振興の時と同様，それ以上に，その決断に，国は寄り添い，支えていかなければならな

い。沖縄の人々の様々な声を，政治の俎上にのせていくルートの構築・強化も必要だ。

　政策資源の宝庫である沖縄から，第二期を凌駕する，沖縄が日本をリードする施策群が現れてほしい。令和の時代こそ，「日本は沖縄のために，沖縄は日本のために」という NIRA 報告書の香西先生の言葉は，大事なモットーとなる。

　次の第 5 章では，私の沖縄担当の 2000 日の泣き笑い，沖縄の深い世界に少しだけでも触れ得た経験談，そのエピソードを綴る。

　　大事なことは，案の段階から関与した人が，自分で担いで走らなければならない，ということです。次々に人にデディケート（dedicate，ささげる）したり，やれと命令したりしていると，最初の人の情熱は段々伝わらなくなっていきます。結局は，一番強い情熱を持った人がやり通すことが大事です。」「目標を決めたら，「これをやるためには絶対に動かさない，これを死んでもやり抜く」という「意志」が重要だと思います。ウィンストン・チャーチル元英首相の言葉です。「Never, never, never give up（絶対，絶対，絶対あきらめるな）」」（岡本行夫『日本にとって最大の危機とは』170 〜 172 頁）

　　「そして，「沖縄」への思いも変わらぬものがある。（岡本）代表は，（自伝の）日本語版では「沖縄」を単独の章にしたいと考えていた。戦争時に悲惨な犠牲を強いられた沖縄の歴史を知ることの重要性，過重な米軍基地負担を何とかしなければならないという切なる願いも外務省退官直後から変わらず世間に訴え続けた。」「（前略）沖縄担当首相補佐官に就任すると，特別職で兼業可であるにもかかわらず，（中略）OAI を休業状態にすることを決められた。（中略）銀行から個人の資産を担保にお金を借りてまでスタッフの給料を払い続けてくれた。さらに，代表自身の補佐官としての報酬はすべて返還していた。」「沖縄への思いは，補佐官退任後も一個人として，今に至るまで変わらず続いていた。」（澤藤美子『危機の外交：あとがきにかえて　岡本代表のライフワーク』467・468 頁）

　　「私は「（佐藤総理から）山中君，沖縄担当大臣を命ずる」と言われたときに，「属人主義ですか，属地主義ですか？」と聞いたんです。「なんじゃ？」と言われるから「私の後の人も全部そうですか」と言ったら「いや，山中君の若さと行動力に期待して頼む」と言われたから，「じゃあ，属人主義ですね」と（念を押したんです）。「沖縄の問題，あるいは後に環境庁を作った公害問題，

こういうものも後に（総理府）総務長官が兼務するわけじゃないですね」と
言ったら「そうだ」と言われるものですから，それで，やりました。」（山中
貞則『沖縄復帰25周年を語る』16・17頁）

名護市辺野古に完成した沖縄工業高等専門学校の全景
（『決断』［参考文献・引用文献］所掲）

沖縄復帰 30 周年記念式典
記念品（タトウ）表紙

伊平屋のティダ（太陽）の絵画
（沖縄郵政管理事務所時代）

第5章

沖縄担当奮闘の日々

1　沖縄問題担当室の630日

【平成8(1996)年10月〜平成10(1998)年6月】

よきことを記して　この章では，平成8（1996）年から平成16（2004）年までの奮闘の日々をエピソードとしてまとめた。いつか記録に残すべきと思いつつ，まだ，歴史は乾いていないと筆を止めた部分もある。岸本名護市長の最後の言葉は，「ノーサイド」「なかよくね。」だった。**よきことをつなぐことの大切さが随所にこぼれ出るエピソード集にした。これから続く人々のためになることは何かと思い，ポジ**ティブに，参考にして欲しい内容を記録した。

　平成中期に活躍した，沖縄のテクノクラートはじめ，沖縄の人々のことをもっと記したい。後日，記す機会があればと思う。

父の琉球出張　沖縄復帰前，霞が関の各省庁には，長期短期の琉球政府への出張が数多くあり，社会保険畑の厚生事務官だった父も出張し，琉球切手と琉球舞踊の人形などを土産に持ち帰った。私は小学3年生だった。琉球切手の発行元の琉球郵政庁の後身が，沖縄郵政管理事務所だ。沖縄赴任中，家内が，高名な琉球舞踊家の玉城流玉扇会家元の玉城秀子先生のスタジオに，NHKの島崎浩記者の奥さんの紹介で通った。社会人になっても，沖縄は「遠い邦」だった。安室奈美恵さんの歌の様に。

> 「ここでも後に厚生次官から内閣官房副長官になる翁久次郎（児童家庭局）企画課長はじめ，貴重な出会いがあった。翁さんは首席内閣参事官も経験され，大変見識のある方で，平成八年に亡くなられるまで，僕は大変世話になった。企画課時代，印象に残るのは，まだ琉球政府の時代の沖縄での出来

事だ。」「そういう時期に琉球政府に初めて児童福祉課ができ，課長補佐の橋本光男さんが予算，（法令係長の）ぼくが法令の指導ということで半月ほど沖縄に出張した」古川貞二郎『霞が関半生記』76・77頁

守礼の門のメダル

沖縄問題担当室に勤務するまで，沖縄の地を踏んだことは一度もなかった。沖縄の歴史文化地理，政治，国際的な位置づけを突き詰めて学んだこともなく，高校日本史レベルの知識しかもっていなかった。社会保険庁長官付（「づき」と読む。秘書役）として，翁久次郎長官（彼の官房副長官）に父は仕えた。県立千葉高に入ったとき，翁さんは喜んでくれて，父に，入学お祝いと，首席内閣参事官時代の政府の沖縄復帰記念式典の記念品であった「守礼の門のメダル」を託してくれた。メダルをずっと大切に持っていたが，現在の家に落ち着いてから見失っている。コロナ禍で小宅を大整理して，沖縄関係のいろいろなものが出てきた。家内はどこかに静かに眠っているのではと言う。

旧制県立千葉中

千葉市立稲毛中から，県立千葉高に学んだ。大田実海軍中将は千葉高の前身の旧制千葉中の出身だ。沖縄問題担当室時代，当初，防衛庁のこと，防衛施設庁のこと，琉球・沖縄の人文地理を何も知らなかった。これらを教えてくれた佐藤勉さん（後の那覇防衛施設局長）は高校の先輩だ。育ったのも，同じ稲毛だ。

佐藤局長は，米軍施政権下の沖縄で，日本政府沖縄事務所（那覇日本政府南方連絡事務所（南連）の後身）に出向した。奥さんは，美人多きことで誉れ高い宮古島狩俣（かりまた）の出身だ。佐藤局長は，古巣の防衛施設庁のことを，第四の自衛隊として「土民軍」と誇りをこめて呼び，沖縄人脈地脈を知り尽くした象徴のような人だった。後日，私も，旧郵政省，総務省のみならず，霞が関で，沖縄の深く広い人文（じんぶん）を理解できる人材を育てていきたいと思ったものだ。沖縄・本土の何人もの長老たちに教えてもらったことを，つなげていきたいと，今も思っている。

ミシガン州立大　　入省して3年目，縁あって家内と結婚し，一年，留学先のミシガン州立大学（MSU）に伴った。英語が好きで，海外旅行経験豊富な家内はともかく，初めての外国だった。江川晃正通信政策局次長（後の放送行政局長），金澤薫放送行政局企画課長（後の総務事務次官），平井正夫通信政策局地域通信振興課長（後の総務審議官），直属の3人の上司が背中を押してくれた。不安のなか，イースト・ランシングの留学生センターの日系の婦人にとても親切にしてもらった。

　彼女が言うには，MSUへの日本人留学生の著名人に2人の沖縄県出身の日本人がいる。戦後まもなく留学した，川平朝清（かびら・ちょうせい）さんと尚弘子さんとのこと。川平さんは，当地で，米国人の奥さんを見つけ，一緒に米軍施政権下の沖縄に戻り，尚さんは家政学を修め，琉球大学の教授になっているという。MSUは琉球大学の開学支援校だ。川平さんは，沖縄民政府（琉球政府の前々身）時代の芸能文化行政の責任者（文化部芸術課長）であり，沖縄放送協会（現在のNHK沖縄放送局）の会長を務めた人物で，川平慈英さん，ジョン・カビラさんの父君だ。琉球王朝時代，先祖が，組踊を主宰する踊奉行を務めていた。尚先生は，松山御殿（まちやま・うどぅん）家（尚順男爵家）の一員であり，後に，副知事を務めた方で，ご本人とは，およそ10年後初めてお会いした。

　尚弘子先生から，いろいろなことを教わった。担当室勤務の頃，東京で，郵政の先輩の稲村公望さんから紹介いただいたのが最初だったか。「佐藤さん，私のところの男の子の孫は「諄」，曾祖父に当たる尚順男爵と同じ音読みをあえてつけたの。」とおっしゃった。国立高専でも，組踊劇場でも，大学院大学でも，いつも弘子先生がまとめ役だった。米国留学・MSU時代のこともお聞きする機会もあった。

　沖縄サミットの後，諄君の父親の尚諭（さとし）さんとのお付き合いが深くなった。松山勤務二年目に入るころ，家内と那覇に行き，先生，諭さんご夫妻に会食に誘われ，ライトアップされ首里城の夜景がとても印象的だった。弘子先生から，お生まれから今日に至る深いお話をしていただいた。学者として昔ながらの沖縄の食材・料理の豊かさ，滋味の深さ，健康への好影響を世に広められた。副知事も務め，長く自民党沖縄県連の婦人

部会長を務め，幾多の政争を見守ってこられた。

伊東郵便局　29 歳で伊東郵便局長となった。内々，希望を聞かれた際に，小笠原倫明調査官（後の総務事務次官）を通じて，團宏明事業政策課長（後の日本郵政公社副総裁）に，家内の地元の清水市（現，静岡市清水区）のある静岡県にとお願いした。伊東郵便局長は，当時，伊豆半島の副幹事局長（幹事局長は三島局長）で，静岡県で唯一の労務困難局だった。楽しくありがたい 1 年の局長時代だった。当時の石原英司労務担当課長代理（労担）が，奥さんとともに，後年，那覇勤務の際，訪ねて来てくれた。

伊東在のかんぽ OB から，沖縄復帰の時，志願して，簡易保険外務（セールス）の復活チームの一員として，沖縄に滞在した苦労話を聞いた。戦前，沖縄県にもあった簡易保険事業を周知する苦労話から，慣れない，沖縄の水，米，食べ物の話まで聞いた。水は硬水で石灰が沈殿し，ろ過しないと飲めなかった。戦後，水田がほとんどなくなった沖縄では，当時，本土から輸入した古米が広く流通し，美味しくなくて喉を通らなかったそうだ。街の食堂で古米が普通に出てくる状況は，平成 8（1996）年，9（1997）年時の沖縄出張でもよく体験した。苦いゴーヤーは，やがて，やみつきになったと教えてくれた。ゴーヤーとオリオンビールが懐かしいと目を潤ませていた。

「五　交通・通信　3　郵政事業　現在沖縄において未実施の積立郵便貯金，定期郵便貯金，定額小為替，郵便振替，簡易生命保険等については，その実施準備を進め，復帰後すみやかに実施に移すこととする（後略）」『沖縄復帰対策要綱（第一次分）』昭和 45 年 11 月 20 日閣議決定

沖縄産のゴーヤーも，醸造工場の立地から，名護の水（みじ）と呼ばれるオリオンビールも，今は，日本中どこでも手に入る。伊東は全逓，全逓信労働組合（現，JP 労組）発祥の地の 1 つだ。沖縄郵政管理事務所の最初で最後の若造の総務部長の時，沖縄全逓と組合交渉をする立場となった。総務部長室にあった，琉球全逓のキーパーソンの亀甲康吉さんの追悼本を

読み，本土と沖縄の各々の全遞が，沖縄は日本との思いのもとに，気脈を通じ，連携し合って同時に誕生したことを知った。

誉の沖縄担当　平成8（1996）年10月1日，突然，内閣事務官に併任され，1週間前の9月24日に設置されたばかりの内閣官房内閣内政審議室沖縄問題担当室に行くことになった。官邸どころか，通り向かいの，担当室のある総理府本府の所在もわからない。間違えて，衆議院か参議院の事務局のアネックスに行った。当時は，霞が関のごく普通の行政官，特に郵政の人間にとって，官邸，内閣官房というところは，普段関係のあるところではなかった。

　総理府本府（現，内閣府本府）の建物に，やっとこさ，たどり着いた。会議室のなかに，偉い上司たちが，小さな机を前に小さな椅子に座っている。省庁の係長の机と椅子だ。沖縄開発庁（沖開庁，開発庁）の庁議を行う会議室が，内閣官房に提供された。今は本省幹部となっている当時の部下・後輩が，私の「家財道具」を段ボール2箱に入れて持ってきてくれた。沖縄問題担当室と，その後の世界が長くなるとは，当時，思ってもみなかった。

　橋本総理，梶山官房長官の下，**内閣の最重要課題として，沖縄問題がとりあげられていた**。担当となったことに，家内は喜んでくれ，父母も名誉なことと言ってくれた。岡山県笠岡市出身の母の男兄弟は4名とも兵役につき，1人は南方で戦死していた。平成8（1996）年頃は，昭和の太平洋戦争はいまだに身近な出来事だった。

救いの段ボール運び　「庁議室」の窓際には，内閣審議官（審議官・課長級）が5人並んで座っていた。その下に，補佐以下の「島」（机の並び）が3つあった。奥から，安保外政，調整庶務，沖政協関係の3つの島だ。担当室が，沖縄米軍基地問題担当室として発足したときは，2人の内閣審議官の下，安保外政の島のみだった。沖政協の島に，各省庁では係員が座る小さな椅子と小さな机をあてがわれた。

　一番奥の安保・外政「島」の守屋武昌審議官（後の防衛事務次官），鹿取

克章審議官（後の在尼大使）に挨拶をした。私が仙台市役所勤務経験がある
ことを知っていたのか，守屋さんから，「私も宮城ゆかりだ。よろしく。」
と言われた。「ところで，この内容を，わかりやすくまとめてください。」
と資料を渡された。確か，防衛関連の法律にかかわるものだったか，赴任
当時，防衛行政にかかわること，まったく知識がなかった。何せ，沖縄問
題担当自体，ふってわいたことだ。来てすぐに，机（公務員一年生に戻った
ような小さな机）の上で，何とかでっちあげて，守屋さんに渡した。守屋さ
んは，ギョロリとこちらを見て，「役に立たないな。」という風情で，その
後，一瞥もくれなかった。

　とんでもないところに来たと思った。途方に暮れていたのを見かねたの
だろう，安保・外政島から，涼やかな眼をした釣りバンドの男性が声をか
けてきた。「佐藤補佐，補佐の方に申し訳ないですが，よかったら，この
段ボール，官邸の大食堂に，一緒に運んでもらえませんか。」。これが，脇
坂真一内閣事務官（主査，後に補佐，防衛省地方協力局労務管理課長）との出会
いだった。「島田懇が開かれるのですよ。」と言う。島田懇て何だろう。し
かし，よかった。これで仕事ができた。失職しなくてよさそうだと，心の
底からホッとした。当時の官邸は，今の公邸で，階上には，大客間（大客
（おおきゃく））という会議室があった。大食（おおしょく）と呼ばれた大食堂
という名の会議室，小食（しょうしょく），小食堂という名のこじんまりし
た部屋もあった。総理府本府も初めてなら，向かいの官邸も初めてだ。コ
ンパクトで機能的な造作で，小さなスペースも上手く活用していて，その
後も，行くたびに感心した。後年，階段下の部屋から，岡本行夫さんが出
てきて驚いたことがある。

　大食で，初めて，岡本行夫さん，座長の島田晴雄先生，稲嶺惠一（知事
を経て，現，琉球石油参与）さん，渡久地政弘さん，琉球新報・沖縄タイム
スの両社長と出会った。司会は，古川貞二郎官房副長官。役人の最高位の
事務副長官（当時，政務副長官は一人だ。）を初めて目の当たりにした。全逓
沖縄と連合沖縄のトップとして，渡久地長老が座っていた。後ろからそっ
と挨拶したら，「僕も郵政だからよろしく。」と言ってくれて，正直，ほっ
とした。渡久地さんは稲嶺さんと同じ本部（もとぶ）町出身。奥さんは今

帰仁御神（なきじん・うがみ，今帰仁美人）だ。

通信・空港・港湾の謎　沖政協組成前，沖縄県の吉元政矩政策調整監（後に副知事）は，マルチメディア，今でいう，ICT，IoT，DX の振興を求めていた。それで沖政協「島」の編成で，大蔵（主計），建設（都市計画），自治（沖縄県出向経験者）に加え，郵政からも一人ということになったと聞く。橋本総理の宜野湾メッセージでは，「通信」が「空港，港湾」より先に書かれていた。守屋さんに，後日聞いても判然としない。防衛においても，情報通信，今で言うサイバーが一層大事になることを予期してか，というのでもなさそうだ。平成 9（1997）年，沖縄県はマルチメディア推進室を設置。仲井眞県政での知事公室長となった又吉進さん（現外務省参与）も同室で活躍した。通信＝コミュニケーション＝遍信，というワードで，沖縄の世界に入っていくことになった。私が行くことについて，思い当たることはあるが，所詮，それは「人」の話でしかない。平成 8（1996）年時，**沖縄・本土・内外の修羅場**という，「天」と「地」がなければありえなかった。そういう初日だった。

及川さん　2 日目の朝，唯一の本省審議官クラスで，担当室の元締めの及川耕造内閣審議官（後の特許庁長官，防衛大臣補佐官）から声をかけられた。「沖縄の仕事は，国政の最重要課題。沖縄県をこれから伸ばすために，通産省と郵政省とで，情報，通信の枠をさきがけてつくらないか。」ということを言われた。郵政省のことを考えるとありがたい話かもしれないが，初日来のことを考えると，**政府全体のバランスと調整**とが必要なんだと思った。「沖縄県の要望にもありますね。まずは，沖縄県との接触を始めている通産省，郵政省とで考えてもらってからですね。」と答えた。

　これでよかったかわからない。その後，大蔵省から来ている井置一史内閣審議官，同じく主計局から出張って来ている北原貴志雄補佐，2 人からも信頼してもらえた。郵政省のことは大事だけど二の次。**一番目に，沖縄と政府全体のことを考えよう**と心に決めていた。

　総務省に戻ってから，及川さんから便りがあった。OB連で楽しく集おうということだった。僕が幹事をするので，佐藤君は幹事の幹事をとのこと。その後，何回も会合を開いた。松山赴任前，いつの頃か，私からは開くのをお願いしていない。そうこうしている間に，総務省を退き，常連メンバーの岡本さんが逝去されてしまった。悔やむことしきりだ。

泡盛の甕　沖縄問題担当室には，大きな泡盛の甕が1つあった。少女暴行事件の地，金武（きん）町の吉田勝廣町長の寄贈だ。勤務時間が終わって，柄杓で，泡盛の水割りを各々がつくった。沖縄勤務の経験のある佐藤勉さん（准課長級の主幹），林幹雄審議官（直前まで，沖縄総合事務局次長，後の統計局長）の経験談，2次振計から沖縄に携わった，及川審議官の苦心談を聞いた。佐藤さんは，うちなーむく（沖縄の婿）だ。及川さんからは，琉球政府時代からの下河辺淳さん（平成28（2016）年8月13日逝去）の沖縄との関わりも伺った。担当室には，霞が関の各省庁幹部，沖縄県庁の事務方，名護市はじめ基地所在市町村のキーパーソンなど，多くの人々が出入りし，そんななかで，**沖縄問題が内蔵する行政全般の「ものさし」**を知らず知らずのうちに学んだ。開発庁と施設庁との関係，オール霞が関の難しさ，調整・査定の論理や考え方，総合事務局と防衛施設局各々の苦悩。大変な時，大事な時に，沖縄の仕事に急に振り込まれたが，武芸百般，得難い授業を速成で，先ずは東京永田町で受けた。

沖縄行　沖縄への初出張は，平成8（1996）年11月だった。空港に降りると，花と香水の香りがした。欧米の空港の匂いのようだ。暖気と湿度が本土とは明らかに違う。JALもANAもジャンボジェットで，映画を上映し，小さな紙箱の弁当が配られ，和食か洋食か聞かれる。和食はおにぎり，洋食はサンドウイッチ。鹿取さんの後任の外務省からの審議官で，「和食ですか，洋食ですか。」と問われて，「両方」と頼んだ豪の人もいた。

　最初の頃，沖縄問題担当室員の旅費はなく，私は郵政省に願って出してもらった。沖縄県庁と難しい交渉にあたり，何度も単騎で沖縄入りした及

川審議官の自腹は相当な額だった。航空燃料税負担などの制度構築はまだの頃で，沖縄に1～2泊出張すると10万円以上かかり，ニッ・キュウ・パで沖縄2泊3日レンタカー付の今とは隔世の感がある。**沖縄の入域観光者数増には，ハード，ソフト両面での種々の平成中期の沖縄振興施策が奏功した。**古川副長官の指示で，やがて旅費も手当されることとなった。

　平成8（1996）年から平成16（2004）年まで，東京から沖縄へ，公私ともに百回以上は訪れたろうか。平成12（2000）年から13（2001）年の一年間の沖縄勤務もあり，有人の島々も相当に廻った。沖縄の隅々を理解するようにという内閣官房の先輩方の示唆，沖縄中を見て廻って欲しいという，沖縄郵政の好意，一緒に沖縄に住んだ家族のおかげだ。岡本アソシエイツに行くと，岡本さんから，いつも，今度は何十何度目かね，と笑顔で聞かれた。沖縄勤務の中での回数もあり，3桁台になったことで，いつの頃からか，数えるのをやめた。

　「（前略）沖縄には48の有人離島があるのだから，離島にはそこの島に行ってみなければ分からない，それぞれの島の願いがあるはずです。」（中略）「そしていよいよ伊平屋に架橋が出来た時に，私も行きまして渡り初めをしました。ところが野甫島の人達はこっちの岸に来ないんです。向こうの野甫島の方に待っているわけです。そこで私が行って真ん中で抱き合ってカチャーシーを踊って，もう涙，涙，涙ですよ。これは離島のまた離島にしか分からない問題なんです。こういう所に行って，現地で聞いて，その場で処理して歩くということがどうしても必要です。」（山中貞則『沖縄復帰25周年を語る』6・7頁）

クミ（米）とミジ（水）

　岡本さん，安達俊雄内閣審議官（後の政策統括官）のアテンド，同僚とコラボし，時に1人でと，沖縄各地への出張が重なっていった。食べたこともなかった，沖縄の食材は，物珍しさを卒業して，美味しくいただくようになった。平成9（1997）年・10（1998）年頃は，那覇を離れて遠くのドライブインや島々では，本土の古米で炊いた白飯が出てくることもあった。沖縄の結婚式では，本土の銘柄米1キロが引き出物となることも経験した。戦前，稲作は

各地で行われていたが，沖縄戦後は，八重山，本島の一部で行われるだけだ。古米も，平成16（2004）年頃には姿を消し，県内どこでも，美味しいご飯をいただいた。

　水については，中南部の那覇では，硬水で石灰質が沈殿するので，ろ過機が必要と聞いていた。復帰後の公共事業の目玉として，本島の水がめとして，北部に多くのダムが竣工し，中南部に給水していた。大変な事業だったと思う。おかげで美味しい水が那覇でも飲めた。各戸の屋上にある貯水タンクも使われることは少なくなっていた。北部の首長さん方からは，戦前，中南部は，「やんばる」の森林を持っていくし，戦後も，植樹祭も名護に決まっていたのを持って行った。今は，水まで持っていくのだと半ば冗談交じりの話を聞いた。島田懇，北部振興では，東村に代表されるように，ダム（福地ダム）周囲の環境を観光に役立てるといった動きも出た。復帰後の沖縄の公共事業は，地下水を貯める宮古島の地下ダムなど，沖縄の地勢に合わせた，他に例を見ない先鋭的なものが多い。

土民軍　勉（ベン）さん，脇坂さんから，施設庁のこと，那覇防衛施設局のことを教えてもらった。佐藤勉さんは，復帰前，日本政府沖縄連絡事務所に勤務し，那覇防衛施設局（現，沖縄防衛局）の設営にあたった。当時は，自衛官は無論のこと，防衛施設局員の成り手も不足していた。脇坂さんは奄美の喜界島出身で，お母さんと奥さんは沖縄本島の出身だ。お母さんの実家の門中（もんちゅう）墓は，大規模で有名な糸満市内の幸地腹（こうちばら）門中墓だ。

　2人から，防衛施設庁職員は自衛隊員であり，陸海空に次ぐ4番目の自衛隊だと聞いた。本土でも，米軍の事故で住民が被害にあった時，管轄の施設局職員が進んで手術用の皮膚を供出したこともあった。泡盛，一升瓶片手に，地元調整に回り，土民軍の自称は，武器を持つこともなく，地元との難事の調整にあたる立場を誇らしく語るときに使われた。勉さんと脇坂さんは生え抜きの土民軍だった。どこか，郵便局の地元貢献にも似た世界だ。**権限でどうこうというより，住民・お客様に誠実にきめ細かにあたる。**施設庁と郵政事業は，その実，似ているところがある。施設庁は，

防衛省の内局に吸収され，郵政事業は，郵政公社を経て，日本郵政グループとなった。

マブイ（魂） NIRA 研究会担当の県庁からの出向者は，知事秘書も務めた才媛だ。内閣府の企画官時代に，沖縄県庁の企画調整のキーマンが部下を伴い上京し，3 人で会食したことがあった。部下の方も，優秀な方だった。女性の先輩でもあり，NIRA に出向していた先輩の近況を聞いてみた。県庁で順調に活躍されていた。「マブイが沢山おりるような先輩ですね」と聞いてみた。すると，「そうですよ。それ以上の方です。」と言う。

久高島簡易郵便局設営のため，島に所縁のある女性を局長にという話があった。長く行われていないイザイホーのためにもなるという。本島中南部を中心とする急激な人口増のなか，女性の郵便局長の任命も続いた。尚弘子先生や東門美津子先生のような代表選手が出る教職とともに，郵政職員は女性の活躍の場でもある。郵政管理事務所でも，常勤・非常勤の女性職員が活躍し，女性の特定郵便局長も生まれ，10 の PT でプログラムが拡充された JICA 沖縄国際センターでのボランティア活動に積極的に参加している人もいた。令和 2 年度末，沖縄総合事務局の総務部長に荻堂（おぎどう）信代さんが就任した。総事局初の女性の総務部長だ。内閣府企画官時代に大変お世話になった仕事師だ。

不思議なご縁の方に，沖縄の仕事のなかでお世話になった電通 OB の福井忠義さんがいる。福井さんは復帰前の沖縄電通を開設し，復帰のロジに力を尽くした人だ。今ある沖縄電通をつくった緒方正三郎元電通常務の先輩だ。ご自身は奄美の生まれで，奥さんは沖縄だ。郵政省に入ってすぐお会いする機会があり，「郵政は，地域，郵便局が頂点の逆ピラミッドですね。そこは，霞が関のほかの組織とは違いますね。」と言って感心された覚えがある。担当室勤務になって 10 年ぶりにお会いし，那覇でイラブー汁を 2 人で食べたりした。

ご子息からの電話で，横浜の病院にお見舞いに行った。「君はこれからも沖縄に関係していくだろう。」「2 つ言っておきたい。1 つは，気づいて

いようが，奄美も沖縄も女性が畑で，男性は草の種でしかない。男性たちのわからないところで，**女性のネットワークがあって，厳かに祈りを捧げ，沖縄というところを決めているのだよ**。」「それと，僕はこんなにも沖縄の仕事をして，沖縄の女性と結婚したのだが，沖縄は恐ろしい。この歳になっても**知らないことが次から次へと出てくる**。」そう言い残して，平成13（2001）年3月3日に逝去された。

その月の16日，那覇の海際のパシフィクホテル沖縄で，偲ぶ会が催された。福井さんの畏友として，嶺井政治沖縄電力会長が弔辞を述べた。沖縄郵政管理事務所総務部長だった私が追悼の言葉を次に述べた。子供のように可愛がってもらっていたからだろう。電通からは，故人の後継者である緒方さんと野瀬英昭さんが出席した。

「（前略）島のあちこちに在（あ）る「御嶽（うたち）」を見学して廻ってゐるとお祭りに出遭ひました。白い着物をつけ，アダンの葉で作った冠を被った十数人の女性と「鉢巻」と呼ぶ帽子を被って控へる男性一人とが，地に座って手を合わせ，ただの土壁に向って繰り返し繰り返し祈り，供えた御神酒を廻し呑んでゐました。見てゐたのはたまたま行き遭はせた私と同行者二人の三人だけで，観光客は誰一人ゐない「祭り」でした。」「久高島は沖縄発祥の地，本土で云えば高千穂の峰の様な神々の住む神聖な島として崇められ，そこに住む人々は今も神々と共に在るのです（平成十四年五月二十日）。」（徳川義宣『徳川さん宅の常識』122・123頁）

「沖縄には男子の入れない聖地が数多くあるということをテレビで見たことがある。そして人が神と話すことができるのは，特別な能力を持った女性（ノロ）だけが神と交わることが出来，神事の全てを司るとのことだった。（中略）テレビで観た海から押し寄せる，猛毒のウミヘビを手づかみで捕る久高島の神職の女性は，いったん獲物を全てノロに捧げ，分けてもらっていたのだそうで，男性は除外された完全な女性上位なのだ。」（奥村禎秀『美ら海漂流記』65・66頁）

安達さん　　平成9（1997）年9月，沖縄の振興策を精力的に統括していた及川審議官が通産省の総務審議官に栄転された。後任は，貿易局審議官だった安達俊雄さんだ。及川さんから私のことを聞いた

のだろうか，安達さんの初出張の時にアテンドを命じられた。那覇での空き時間，スーパーに行きたいと言い，沖縄の豆腐の値札をじっと見て，「その土地の生活必需品の値段を見ることが大事だよ。」と教えてくれた。

　安達さんは，通産省の課長時代，法案制度づくりで，強面に各省庁に対応したとかで，霞が関のなかでは恐れる向きも多かった。論理的にアカデミックに，沖縄振興を見ていくとも言っていた。沖縄問題の難しい局面を調整するなか，安達さんは，通産省（現，経産省）のことは大事にしつつも，それ以上に各省庁の仕事が沖縄において充分に成果が挙がるよう気を配った。常に，沖縄の様々なファクターに真剣に向き合った安達さん，今の安達さんは，「理」は無論，それ以上に「情」の人だ。VAN 戦争もあって，当時，郵政省と通産省は犬猿の仲と言われていた。

　安達さんは，私のことをずっと見てくれた。滅多にないというより，空前のことだが，官邸，内閣府の上司と図り，郵政省，後には総務省と相談し，内閣府企画官として，官邸に再び呼んでくれた。猫ならぬ虎が犬の子を大事に養ってくださった。安達さんは，平成 9（1997）年から平成 15（2003）年にわたって，内閣官房・内閣府で沖縄問題総括の事務方を務めた。政務の指示の下，「内閣官僚」と呼ぶに相応しいキャリアだ。

ラジオ沖縄　　平成 9（1997）年の後半から，50 億円の調整費調査・事業を中心とした，新たな沖縄振興策を知ってもらうため，沖縄のラジオ単営社からの広報番組が始まった。私は何をどの順番で誰が語りかけていくか担当した。コンテンツとロジの計画を練った。ラジオ単営局として歴史あるラジオ沖縄の放送だった。尚先生の夫君の尚詮（せん）さんが，復帰をまたいで，昭和 35（1960）年から昭和 49（1974）年にかけて，ラジオ沖縄の専務，社長，会長をされ，平成 9（1997）年当時の島崎浩社長は島田懇有識者懇メンバーだった。調整費調査・事業の解説を，担当した各省庁の大勢の課長補佐にお願いしたが，リスナーに，どのように受け止められるかを常に案じた。当時，霞が関の課長補佐は，ベテランの方には憧れのポストであり，若手には試練の場だった。どの補佐も，快く，懸命に，これからの調査・事業を語った。担当のディレクターからは，番

組は好評をもって迎えられている旨の話を聞いた。世辞ではなかったと思う。調整費のとりまとめとは，沖政協とはで，私もぜひ一コマをと言われた。上司の内閣審議官たちに相談した。ぜひ，やるようにということだったが，各省庁の実務者からの施策紹介を一つでも多くと考えた。結果，「一コマ」は日の目をみなかった。

テレビCM　平成 9 (1997)年の年末を控え，総理府広報室と沖開庁とがコラボして，沖縄の民放向けに，沖縄振興策のテレビCM をつくり流すこととなった。私もコンテンツについて意見を求められた。沖縄の若者がサンシンを爪弾いて浜辺で歌っている，沖縄の若い男女2 人が，夢のある振興策があるので結婚を誓う，といった複数の原案を見せられた。担当室には，総理府・沖縄開発庁からの出向者で仲程（なかほど）倫由主幹（後の沖縄総合事務局次長）という本部町出身の方がいて，いろいろ教えてもらっていた。ある日，ふと，仲程さんが，「沖縄県民が真剣に耳を傾けるのは，自分たちの子や孫たちの将来の幸福ですよ。」と言う。CM のこと，迷うことなく，**沖縄の子供たちが夢見る将来を**，政府が県の各界の人々と相談してつくりつつある，これがモチーフであるべきだと意見を述べた。広報 CM はその趣旨でつくられ放映された。

アンケート　橋本内閣では，沖縄問題は行革問題と並ぶ国政上の最重要課題だった。平成 9 (1997)年末か年明けか，仲程さんが担当室員にアンケートを配った。それぞれの考えを書いて欲しいと言う。内容は，行革による中央省庁再編時における内閣官房沖縄問題担当室の扱いだ。沖開庁は，新設される内閣府の基本組織になることが決まりつつあり，沖開庁と一緒になって，内閣府に入るか，今のままか，というものだった。

瀧川さん，牧さんの顔を思い浮かべた。**担当室の後裔が現状の政府全体の調整機能を持つこと**。それを前提に，復帰時に調整官庁たることを期待された沖開庁が，内閣補助事務をし得る内閣府の組織になるなら，合わさってもよいと書いた。外政安保に渡る調整業務，内閣全体の調整業務を

引き続き行い，官邸直結の機能を維持して欲しい。将来，時に，少女暴行事件，米軍基地使用権原問題のような，政治・行政上のクリティカルな状況が出てきた場合，官邸，すなわち，総理，長官，副長官直結の**柔軟なフォーメーションを何時でもとってほしい**，と書いた。

鈴木長官，山中秘書からの電話

平成9（1997）年末は，ジェットコースターに乗っているような毎日だった。何時の間にか，担当室内での私の仕事も増えていった。そんなある日，鈴木宗男沖縄開発庁長官から，突然，問い合わせの電話が入った。調整費のことだったか，税制の事だったか。サブだったか，ロジだったか。私の応答を聞いた後，「ところで君はどこの省庁の出身か。」「郵政省です。」「（穏やかだが，高い声で，）ところで，君はどこの省庁のために仕事をしているのか。」「一省庁のためでなく，大事な沖縄問題のため，政府全体のために仕事をしています。」「そうだね。それでよろしい。」とのことだった。

平成10（1998）年2月9日のことだ。山中先生の弟の山中健太郎秘書から名指しで，電話に出てほしいと言う。お会いしたことがない方なので，人違いではと思ったが受話器をとった。「君が佐藤補佐ですね。山中から君に聞いて欲しいといわれていることがある。」「何でしょうか。」「年末の沖縄の税制特例で，主税局はこう言っている。自治省税務局はこうだ。双方とも事実なのだろうか。」。「双方ともに事実です。」。「ありがとう。君が中立公正であると聞き，山中から聞くように言われたのだ。ありがとう。」。翌10日は，沖縄の特別な税制関係の自民党政務調査会（山崎拓会長）・総務会（森喜朗会長）が開かれた。政務から信頼され，世のため人のために尽くせる，公務員の本分を日々実感する充実した日々だった。後年の九州勤務の際，管内視察で，山中先生の墓所近くの山中貞則顕彰館を訪ねる機会があった。先生所縁の畜産畑の農水OBの西山信雄館長に大変親切にしていただいた。先生と沖縄のことで，話が尽きなかった。

> 「私，非常にもう長い政治生活で，沖縄に対する問題を，ここしばらくは私がずっと見てあげられると思うんです。誰が知事であろうとですね。代議士な

んかでも小選挙区なら（自民党は）一人もあがっていませんよね。それであっても沖縄については私が保証人ですから，検分をしていきますから，予算にしても執行にしても変わりなく大丈夫だと思います。」「しかし，政治家はいつまでも政治をやっているものではないし，「老いさらぼえて哀れなり」と言われるまでやるのは，これは恥です。従って惜しまれて去る時もそう遠くない私ですから，と言ったら呉屋（秀信）君が「それは沖縄県民が困ります！先生だけは死ぬまでやってください」と言ったんですが，それはもう沖縄県民がそうやって頼りにして下さるのは，身に余る光栄です」（中略）「沖縄問題は当分は私が最後には責任を持ちますから，安心してやっていただきたいと思うのです。」（山中貞則『沖縄復帰 25 周年を語る』18 頁）

式典の記念品　政府の記念式典は，出席者に記念品を配布することが通例だった。平成 9（1997）年，25 年記念式典の準備が本格化したのは秋口のことで，11 月までわずかの期間しかない。郵政省は復帰 25 周年式典の記念切手を発行する。私は，記念品としてこの未使用切手を貼った記念台紙（タトウ）を提案した。経費を抑えて，日英両文で説明文もつけられる。この提案が採用され，郵政省郵務局，郵趣の組織は大変だったろうが，喜んで協力してくれた。式典の招待状は郵送ということだった。急を要する話だ。総理府には，切手の用意も，すぐに使える現金もないが，郵便局には料金後納という手段がある。当時，東京中央郵便局で後納はできたが，総理府本府が普段持ち込む国会内郵便局ではできなかった。郵務局（長谷川憲正局長）と東京郵政局は，すぐに，国会内局を後納局に指定した。担当室の 1 年 7 か月，日常の用で頻繁に，国会内局に通った。式典の後，窓口に行ったら，局員さんから，「先日は後納局の指定をありがとうございました。仕事がやりやすくなりましたし，局の格もあがりました。」と語りかけられた。郵政省はどうなっていくのか，郵便局の人々も，日々案じている頃だ。

　式典の記念品には後日談がある。平成 14（2002）年，30 周年式典の際，内閣府企画官として，再び，式典本部員の委嘱を受けた。この時も，30 周年記念切手を貼ったタトウを記念品でということで，旧総理府・沖開庁の「重鎮」から相談を受けた。25 周年の切手の意匠は，琉球舞踊の「四

つ竹」だった。30周年は，総務省（郵政事業庁）では，琉球王国の「進貢船」だという。日本国の式典に，明清への進貢船。私は，「重鎮」氏に，政府，総理の紋章だと思って，五七の桐の紋を，タトウの表紙に記すことを提案した。「重鎮」は，「わかりました。少し日をください。」と言って，実現した。「重鎮」氏から教えてもらったのは，皇室のご紋章は菊と桐。桐紋もご紋章なのだそうだ。桐紋は，歴史的には，足利幕府，豊臣政権，今は，政府・官邸に使うことをお許しくださっているというのだ。天皇陛下（上皇陛下）のお印は，桐の別名でもある「榮（えい）」の一字。身も心も引き締まったが，そういう環境で，仕事が出来て，心の底から有難いと思った。

平成9（1997）年，25周年式典では，自見庄三郎郵政大臣から大田知事に記念切手が贈呈された。平成14（2002）年，30周年式典の時には，片山虎之助総務大臣から稲嶺知事に贈呈された。25周年，30周年ともに，山中先生が乾杯の発声をした。

「私は近年，中山王府式楽の楽器と琉球漆器の調査研究に着手した。近年といっても，本腰をいれて史書文献や研究書を読み始めてからは，まだ一年にもならないが，それでもある程度の沖縄史・琉球文化史の知識を得たつもりになってゐた。」「Aは私の親しい友人の一人で，幼稚園から大学まで同級だった。卒業後二十年近くたつ。彼は学究の徒であり専門は生物学，なかでもハゼの分類ださうだが，植物・動物・昆虫にも精（くわ）しく，極めて厳密な知識を会話にも求めるので，友人間ではAと動植物を話題にすることは敬遠することにしてゐる。Aは歴史についても精しい。日本史・東洋史・世界史，いづれにおいても人並み以上の相当な，しかも正確な知識を持ってゐるらしい。」「歴史的発展過程を異にした別々の地域や国が今日一つの国家を形成している例はいくらでもある。日本でも沖縄を含めて一つの国家である限りは，その地方の歴史・文化をないがしろにしてはいけない。しかも沖縄は多くの文化，中でも言語や宗教・風俗に，本土全体の郷土ともいふべき素朴にして純粋な姿・形を保ちつづけて来てゐる。これを軽んじてはならない。むしろ日本民族文化の源流を辿り探る上にも，沖縄の歴史・民族・風俗についてもっと教育面でも積極的に採り上げ，深く，かつ広く教えるべきだと思ふ。」「沖縄には実に美しい言葉や信仰があると思ふ。実は新年の「歌会始」（今年の正月のお歌会はじめ―宮中儀式）に今度詠んだ和歌に「神あそび」

という言葉をつかった。『おもろそうし』から採ったのだが、みやびな素朴な美しい言葉だと思って、とりあげてみた。」「Aは以上の様なことをなんの気負ひもなくたんたんと私に語った。Aはまだ沖縄を訪れる機会に恵まれたことがない。」「Aの家は、日本で唯一、苗字のない家であるが、彼の名は「明仁」といふ。公職は生まれた時から「皇太子」である。」（徳川義宣『殿様のひとりごと「琉球に関する知識」』25〜27頁）

「琉球に関する知識」のタイトル下に小字で、著者の徳川義宣先生の次のような解説がある。「昭和五十年七月十八日 琉球新報掲載 題（琉球に関する知識）は新聞社がつけた。この題では何のことか誰のことかわからない。新聞社は話題の主が皇太子殿下（上皇陛下）であることに、なるべく読者が気づかない様にとつけたと推され、活字の組み方も読みにくく組んであった。同年七月十九日より沖縄国際海洋博覧会が開催され、皇太子御夫妻（上皇上皇后両陛下）が初めて訪沖された。」。宮内庁ホームページによると、昭和50（1975）年の歌会始のお題は「祭」、皇太子殿下（上皇陛下）のお歌は、「神あそびの歌流るるなか告文（つげぶみ）の御声聞こえ来新嘗の夜」とある。

「（前略）私が琉球漆工藝の研究に取り組み始めた頃、親しい友人の一人で、同じく学徒といふ立場にあっては畏友である皇太子殿下—実は友人間ではいつも渾名（あだな）のチャブと呼んでゐるので、殿下だから〝畏〟のわけではない—から、「いま日本美術史の本には沖縄の美術や工藝は殆ど触れられてゐないし、学校の講義ではどうなんだい」と質問されて絶句したことがある。全く殿下の御指摘の通りで、いま日本中の大学で日本美術史の講義が幾百行われてゐるか知らないが、おそらく沖縄県下の大学を除いたら、例は皆無に近いだろう。しかも沖縄の文化は日本本土とも、もちろん中国とも異なって独特な花を咲かせてをり、東洋美術史・日本美術史を学ぶとき、中でも漆工藝史の上では極めて重要な接点となってゐる。私が講義に琉球漆工藝史を採り上げた理由には、沖縄史研究者としての、この殿下の御指摘が疼（うづ）いていた。」（徳川義宣『美術館長みてある記』180・181頁）

「（前略）琉球漆工藝史は全くの白紙の状態に戻して書き直す結果となり、それまで琉球製であることを隠され、或いは否定されて来た、古く技術的にも世界的水準に伍し若（も）しくは擢（ぬき）んづるほどの優秀な漆工品の中にも、十五世紀から十七世紀前半にかけての琉球製が多数伝存してゐると捉え

られるに至りました。その研究の結果は，沖縄県本土復帰五周年記念事業の一端として沖縄開発庁の援助―実はその裏には当時皇太子でをられた今上陛下の御支援と学術的御教示とがあったのですが―のもとに『琉球漆工藝』と題した図書を荒川浩和氏（注：東京国立博物館漆工室長）との共著で日本経済新聞社の円城寺次郎社長の温かい御理解によって出版するに至りました。」
（徳川義宣『徳川さん宅の常識』122・123 頁）

自治体と郵便局　　平成 9（1997）年末は，沖縄問題だけでなく，行革問題も大詰めの時だった。行革会議に出席していた官邸の枢要なメンバーが，私たち「沖縄組」が待つ方に，こちらの方も（が）大事というふうにせわしく足を運ぶこともあった。気づいてみれば，密度の濃い官邸の空間に入っていた。ある休みの日，郵政省での沖縄振興の責任者でもあった先輩から電話があった。「郵政は運輸と一緒になろうとしたが許されない。自治省と一緒にということになりそうだが，君はどう思う。政府全体を見通す仕事をさせてもらっている君の考えを聞きたい。」と言う。「そうなのですか。他の選択肢もないのですね。ならば，その方向性をポジティブに考えていく方がいいですね。」「逓信・郵政の祖の前島密は，内務・自治で尊敬される大久保利通がとても信頼した腹心でした。」「実際，前島駅逓頭は，大久保利通内務卿の代理もつとめ，逓信だけでなく，内政全体の見識を持っていました。」「特定局長，組合にも，そういう話をしてもいいと思います。」「逓信と内務とのコンバインと考え，相乗効果を出せればいいのですが。僭越ですが，それが国益だと思います。」「沖縄の現状を見るにつけ，**島々はじめ地域を支えるのは自治体と郵便局だと思いますよ。**」と，受話器の向こうの先輩に話をした。前島男爵の広い守備範囲は，令和 3（2021）年の NHK 大河ドラマ「青天を衝け」に描かれた。

25 周年記念式典　　総理式辞は，蛇腹という形で，めくりやすいようにつくる。印字した紙を一枚一枚糊ではり，コップでなぞり，何十もの折り目をつくった。完全な手作業だ。脇坂主査と石山主査に手伝ってもらった。式典当日，外務省から貸与されたウォーキー

ドーキーという無線機を腰につけ，朝早く担当室に出た。机の電話が鳴っていたので，受話器を取った。「万国津梁の鐘」の銘文などの確認の問い合わせだった。羽田に向かい，チャーター機に乗った。総理式辞は，正本以外に，もう1冊つくり，懐に入れた。それが嗜みだと総理府の「重鎮」に教えてもらった。副本は日の目を見ずに済んだ。

　式典は無事終わった。秋口からの本格的な準備で，総事局も沖縄県庁も大変な状況だった。東京からは，順調に進んでいないようにも見えることもあったが，林審議官の後任で，総事局次長兼総務部長から併任を受けた香川弘明審議官は，「沖縄の人々は，最後はロジを見事にまとめます。大丈夫ですよ。」と言っていた。そのとおりだった。式典がお開きとなり，「段ボールのわが上司」の脇坂主査と2人で乾杯をと思っていたところに，沖縄郵政の稲村所長から電話がかかってきた。谷垣禎一科学技術庁長官が慰労してくださるとのことだ。式典は，政府からは三権の長，官房長官，外務大臣，沖縄開発庁長官，防衛庁長官はじめ，閣僚の出席もあった。谷垣大臣と秘書の方，私と脇坂君とで，楽しく食事をいただいた。脇坂さんは，防衛庁内局勤務の時，谷垣防衛政務次官にお仕えしていた。

海軍通信兵　国立高専と並び目玉となったのが，NTT104電話番号案内センター誘致の話だ。比嘉名護市長が，NTTが，沖縄振興に寄与するため，那覇で開所していた104センターを，これはいいと直感したところから始まった。女性中心の職場であること，懇切丁寧な応対が大事なこと，時間ごとの勤務で，車で通えること，これらから，**若い女性を中心とした新たな雇用の場に最適**と思ったそうだ。地元では，専用のオペレートのシステムを，素人が扱えるのかといった意見も出た。そういう時，比嘉さんは，「いやいや，大丈夫。那覇での仕事を見学したが，私が，郵便局で電信の仕事をし，海軍で通信兵をしていた頃の，モールス信号のトン・ツーに比べれば，とても簡単。」と言って，意に介さなかった。比嘉さん，嶺井さん（元沖縄電力会長，元副知事，元NHK沖縄放送局長），亀甲さん（初代の沖縄全逓委員長），沖縄の錚々たる方々に逓信と海軍の電信屋さんがいる。

施設局と総事局

式典が終わり，名護市の住民投票が近づいた。嶋口武彦那覇防衛施設局長（後の防衛施設庁長官）から，官邸がとりまとめた北部振興について，施設局員に話をしてほしいと要請があった。指示を受け，東町の郵政管理事務所の近くの久米（くめ）のテナントビルにあった施設局に説明に行った。局長以下，多くの職員がいた。名護市長はじめ，久辺三区，名護市全体から，どうしてそのような要望が出て，どのように実現の途があるのか，プロセスを踏まえて話をした。その頃多くなっていた日帰り出張だった。

　総理府本府に戻ると，沖開庁の総務課長が，沖縄総合事務局にも説明に行ってほしいと言う。鈴木宗男長官から指示されたとのことだ。とって返すように，翌日，今度は，泊（とまり）のテナントビルに入っていた総事局に説明に行った。こちらは，襲田正徳局長以下幹部が主だったが，それでも相当の数だ。1 つの内容を 2 つの場で話すことを，思わず知らず，体現することとなった。

崎間さん

琉球銀行会長の崎間さんとも，いくつかの思い出がある。互いのストレス解消に，一夜，崎間さん，稲嶺さんに誘われて，安達さん，私と 4 人とで，借り切って，カラオケに興じたことがあった。夜 9 時から開くというので，稲嶺さんがわざと乱暴にシャッターを開けて見せた。みな心を通わしていた。突如，ガラ携に，崎間さんの秘書から電話が入ったこともある。「崎間に代わります。」「今，羽田から都心に向かっている。首都高が渋滞して，約束に間に合わない，この状況を相手方に伝えてほしい。」。信用していただいてのことだった。崎間さんは，平成 29（2017）年 12 月 19 日に逝去された。

比嘉市長を迎えに

平成 9（1997）年 12 月 24 日，安達審議官に呼ばれた。「今日，内密に，比嘉名護市長が上京し，官邸に向かう。迎えに，羽田空港までついてきてほしい。」。羽田空港に向かった。機転を利かせ，羽田空港で復路のキップを 4 枚購入し，安達さんと，那覇到着便に近いゲートで待った。姿が見えない。聞くと，反対側の

ゲートを出たところで，記者に取り囲まれているという。「審議官，すいません。」と言って，とっさに反対側に走った。比嘉さんと秘書の中本正泰さんが大勢の記者に取り囲まれている。市長が「遅い。」と一喝。後にも先にも，比嘉さんからの一喝はこの時だけだ。「こちらです。」と言って，速足で，モノレールに乗った。大勢の記者は，空港から車と思ったのか，「しまった。」と何人もの声がした。それでも，2，3人の記者がモノレール車内に入ってきた。執拗な質問があったが，比嘉さんは口を一文字に結んでいた。某駅から差し回しの車で官邸へ。パパラッチのように追ってくる車も何台かあった。私は総理府本府と官邸で控えた。

「二十四日の朝，岸本（建男）助役，島袋（利治）収入役，末松（文信）企画部長，それに市民代表の仲泊（弘次）氏を自宅に呼んで，「私はこれから東京へ行くが，私に万が一のことがあったら，協力し合って頼むよ」と言い，カラカラーに古酒を入れて杯を交わしたんです。再確認してもらう意味で，「もう一杯飲んでくれ」とも。「空港などでは記者をまいたのですが，東京に到着してからは，駅まで迎えに来てくれるはずの内閣府（（註）原文のママ）の車が遅れて，マスコミに，泥棒でもしたかのように取り巻かれてしまいました。もちろん，そこでは，一言もコメントしませんでした。」（中略）「私は。橋本総理に「では，正式に言いましょう」と，覚悟を伝えました。」「私は，（沖縄本島）北部が昔からいかに貧しく，苦労をいかに強いられていたかを話し，「こんな北部の問題をぜひ理解してください」と頭を下げました。そして，「日本の武士は，その任を終えて去るときには辞世の句を遺したそうですが，自分はそんな才能がないので，琉歌を遺しておきたい」と申し上げ，橋本総理からペンと紙を借りました。」「義理んすむからん　ありん捨ららん　思案てる橋の　渡りぐりしや」（中略）「橋本総理は泣いてしまって，ティッシュペーパーで何度も顔を拭っていらっしゃいました。」「そして，私が，「これから，受け入れを表明します。しかし，名護の振興だけではなく，沖縄本島北部・離島を含めての振興策を，ぜひ閣議決定してください」とお願いすると，橋本総理は，分かった……と，答えてくださいました。」（比嘉鉄也元名護市長『沖縄普天間飛行場代替施設問題10年史「決断」【証言】橋本総理の涙』55・56頁）

「クリスマスイブの日の朝，比嘉さんが電話をかけてこられた。「私は受け入れを表明して辞職します。岡本さん，どうか名護と「やんばる」のことを後々まで頼みます。」（岡本行夫『現場主義を貫いた外交官（追悼文庫版）』264頁）

アイ・ハヴァ・ドリーム

岡本補佐官のかばん持ちが頻繁になった。式典の後，大田知事の拒否表明までの間，知事とバイで語る岡本さんのアテンドも命じられた。岡本さんは粘り強く交渉を続けた。そんなある日，山田文比古沖縄県参事（稲嶺県政でサミット事務局長，駐仏文化公使，東京外国語大学教授を経て，名古屋外国語大学教授）ご夫妻の差配で，岡本さんと4人で，那覇で美味しい琉球料理をいただいたことがある。帰りしな，山田先輩に，「今起きているようなことは，役人人生でありましたか。」と聞いた。山田さんは，「いえ。ないですよ。佐藤さんは，こういう経験が出来て，役人冥利に尽きますよ。」と言われた。知事の拒否の考えが変わらぬなか，岡本さんと安達さんと3人，那覇空港の待合室にいた。岡本さんが，「何か，気の利いたことを発信したいな。アイ・ハヴァ・ドリームのような言葉はないかな。」と，洒落をこめて話された。いつものスマイルだが目は笑っていない。安達さんと私が何を返したか，覚えていない。

岡本さんとの沖縄行

大蔵省（現財務省）から来ていた井置審議官は，イタリア駐在経験もある司法試験合格者で，何より主計局を愛していた。主計局は，各省庁の母親役として，きついことを言いつつ，「案件の詰め具合」「政治・行政全体の動き」を考えながら査定のステップを踏む，そのタイミングが大事，と教わった。井置さんは，「佐藤君は，岡本さんにも使ってもらったらどうか。情の深い人だから。」などと言っていた。宮内庁の主計課長となり，その後も度々教えをいただきに伺った。

　沖縄問題担当室の階下の3階に岡本沖縄問題担当総理補佐官室があった。古川副長官も退任直後に使っていた部屋だ。岡本さんの近くにおいてもらうことが徐々に多くなり，補佐官室と担当室との行き来も頻繁になった。沖縄へのアテンドを，安達室長を通して，命じられることも度々になった。当時の在沖米軍四軍調整官（エリア・コーディネーター）はリバティ海兵隊中将だった。岡本さんは，「沖縄のためにも，日米は対等」というウィル（意志）を貫いていた。

「98年から沖縄県知事を務めた稲嶺惠一さん（86）は，こう振り返る。「沖縄に来る人は，大概のめり込んで沖縄一辺倒になるか，本土の論理を貫こうとするかのいずれかになる。岡本さんはそのどちらでもなかった。日本のためにどうしたらよいのか，日米関係を考えつつ，沖縄にとって何がいいか，ギリギリの線で考えていた。強力な責任感と使命感で人を結びつけた。」」（飯塚惠子『追悼抄「沖縄，イラク…現場を走る」』令和2年8月11日付讀賣新聞夕刊）

同じ飛行機，同じ車中，寝息も聞こえる隣に多くいた。いつまでもそういうことが続くと思っていた。松山在の四国の局長の時も，香川での用事ができたので，高松で会おうということになった。岡本夫人と澤藤さんと3人とのこと。松山だと道後温泉だが，高松の長老に聞き合わせて，宿を準備したが，予期せぬトランプ大統領当選で，NHK特番に急に呼ばれて，ポシャってしまった。令和3（2021）年4月24日，一周忌に句を詠んだ。山田文比古さんに，下の句をいただいて，一首となった。

　　　伊江の百合海に献じる岡本忌　　　風歩

　　　伊江の百合海に献じる岡本忌天まで届け追悼の声

岡本さんからの電話　大田知事の移設拒否表明，岸本市長の当選と目まぐるしい日々が続いた。ある日，岡本さんから家に電話があった。「たつやさん，いつもありがとう。ところで，今の状況だと，沖縄全体の政府の振興策は縮減する方向になってしまうと思う。君はどう思うか。」「残念です。沖政協を主とする今の新たな振興策は，政府と県との信頼関係が全てのベースになっています。」「君が一生懸命やってくれている仕事は暫時かなりのペースダウンとなるが。」「一省庁のことではないですから。」。この後も，何度か経験したが，このような時は，躊躇せず，一個人より公（おおやけ），それも一省より政府全体というのが私の志と所作だ。このときも案じるように側にいてくれた家内に支えてもらった。

官邸・政府，与野党ともに，沖縄のことでできることがあれば全てやっ

ていきたい。そういう「情」が，基地問題と言う冷徹な課題があるなかでも，放出していた時代だった。**データと知見の蓄積に基づいた振興策のいくつもの種が頭のなかを駆け巡った。**近い将来，花が咲き実を結ぶため，再度，アクセルがかかる機会を念じて答えた。

> 「沖縄の歴史に思いを致し，沖縄の未来のためにやれることをやるべきではないか。本土の誠意を沖縄の人々が感じ，一つの共同体の意識が育まれなければならない。その本土側の努力なしに，沖縄の協力を要請もしくは強制するのは，正義に適っていない。岡本の（梶山）官房長官への言葉には，こうした認識と感情があったのだろう。同じ感情が首相と官房長官に共有されていたが故に，感情横溢型の沖縄官邸が成立し，岡本補佐官は縦横に活躍することになる。」（五百旗頭真『現場主義を貫いた外交官（追悼文庫版）』353・354頁）

岡本さんの辞任　平成10（1998）年3月10日，岡本補佐官は沖縄問題担当補佐官を退いた。令和2（2020）年4月24日に亡くなられてから公刊されたドキュメントにもあるように，その後も，岡本さんの沖縄問題への傾注は止まることはなかった。退任の日，補佐官室に旧知の人々が集められた。「段ボールの上司」の脇坂さんも私もいた。岡本さんは，ワープロで，和歌ならぬ狂歌が打たれた，「行夫」と手書きの署名がある紙を配った。全国紙，県紙二紙の記事にもなった歌だ。その紙は今も私の手元にある。

源平（減兵）の争い果てぬ琉球の我が傍らに平の泡盛　　　　行夫
（岡本印）

大田県政の最後の時期は，行政推進の面でも，県庁内は相当に混乱していた。県の主張をできる限り尊重し，時に本音でものを語り合う，政府の方針に賛意を示してくれる県の幹部職員もいた。そんななか，岡本さんにアテンドしたある時，県の三役クラスの実力者に，「この佐藤さんは，とても立派な人物です。県の方で請い受けたらいかがですか。」といきなり言われたのには驚いた。先方が感心した顔をするので，あわてて，「補佐

官のお言葉ですが，私にも帰るところ，帰らなければならないところがあ
ります。」と言った。その後，岡本さんと2人きりになったときに，まじ
めに抗議したことを覚えている。「そうかなあ，郵政省も総務省になると
大変だよ。」ととぼけていた。

　岡本さんの辞任後，政府は，外務（田中信明審議官），防衛（守屋審議官），
内閣（安達審議官）の3審議官と，大田知事，山内徳信出納長（元読谷村長）
との間で，移設関係の調整を続けた。平成10（1998）年4月24日には，総
理府庁舎内で協議が行われた。安達さんの歌がある。

　　海辺（海ヘリ）の三線（三審議官）の音もむなし美らの海妹背の心何時
　　ぞ通わん

　内閣府企画官時代，北部振興も，島田懇，沖政協との相乗効果で，確実
に成果を挙げていた。そんな平成15（2003）年の4月15日，岡本さんはイ
ラク担当として再度の総理補佐官になった。その3日後，名桜大学の理事
長になっていた比嘉元名護市長が上京した。理事長の依頼で，古川副長
官，安達政策統括官はじめ表敬のアテンドをした。そして，岡本さんを官
邸の執務室に訪ねた。「比嘉さん，高専も名桜もコールセンターもうまく
いっていてうれしいです。佐藤企画官は得難い人物なので，沖縄から手放
してはいけませんよ。」と，岡本さんは語った。もっとおもしろいことを
言われたのだが，活字に出来ない。

梶山先生　梶山前長官を田波耕治内閣内政審議室長（後の大蔵事務次
官，国際協力銀行総裁）が議員会館に訪ねることがあり，カ
バン持ちをした。当時の議員会館は両院ともに現在と比べものにならぬ狭
さだ。翌年の沖縄での勤務で，沖縄の長老たちから教えてもらったが，梶
山先生は，ずっと，沖縄のことを気にかけておられたそうだ。25周年式
典では，記念レセプションで挨拶をされた。沖縄サミット決定時も大変喜
んだとの報道があった。狭い部屋の狭い通路で，田波さんと先生の秘書と
が親しげに話しをしていて，田波さんの後ろで，恐縮して立っていた。し

ばらくして，秘書の方から，優しく丁寧な言葉で，「補佐，申し訳ありませんが，もうすこし横に寄っていただけませんか。」と言われた。すぐに傍らによって，後ろをみると，梶山先生が静かに佇んでおられた。梶山先生のご人格そのものがじんわりと偲ばれる。

島田懇で県紙両社長をともに待った3時間のやりとりで，梶山先生は，古川副長官を厚く信頼するようになった。梶山夫人は，先生が逝去されてからも，古川さんとずっと親交を重ねている。ご高齢になり，古川さんへの季節の便りはご子息の梶山弘志先生からとなった。それでも一言直筆で添書をされていると，古川さんから伺った。

何十人かの長　田波さんが大蔵事務次官に転出された後，内政審議室長になったのは，竹島一彦国税庁長官だった。内政審議室の歓送迎会が総理府本府で開かれ，室内室であった沖縄問題担当室員も参加した。竹島室長にビールを注ぐと，「内政室は，どれくらい職員がいるの。」「沖縄問題担当室含め，30人程度です。」。直後，竹島さんは新室長としてのあいさつで，「何万人の長から何十人かの長になった。」と，皆を笑わせた。竹島室長の下を，平成10（1998）年6月に離れたが，3年後の平成13（2001）年7月には，副長官補として，竹島さんの指導を再び受けることとなった。沖縄から内閣府企画官になってすぐに，国立高専のことで，安達政策統括官と一緒に内政の副長官補室（かつての内政審議室長室）に飛んで行ったこともあった。竹島さんは沖縄振興の様々な面で尽力された。

縮小沖縄問題担当室　大田知事の官邸との対話拒絶のなか，沖縄問題担当室はコアメンバーを残して縮小せざるを得なくなった。安達さんは，沖縄問題担当室の冬の時代と呼んでいる。ある時，安達さんから，バイで話があった。「ぜひ，残ってほしい。内閣審議官ででもお願いしたい。」。正直，驚いた。当時の内閣審議官はユニークな職制で，内政・外政両審議室では，事務次官級の内政審議室長から，審議官級の安達さん，本省課長級まで，皆，内閣審議官だった。準課長の企画

官級の内閣審議官もいたが，補佐級からの審議官は前代未聞だった。

　沖縄のことで，半生，何度もあるのだが，この時も，自分からは，沖縄，沖縄問題から離れてはいけないと思った。結局，郵政省の人事がクローズするなか，後輩の後として，簡易保険局経営企画課課長補佐ということになった。同期の多くは局の総括補佐になっていた頃である。初めての郵政事業であり，ことの次第から，冷ややかに遇されることを覚悟した。

最後の出張　郵政に戻ることが明らかになりつつあるなか，内々の挨拶も兼ねて，内閣事務官としての最後の沖縄出張があった。県庁内で，政府と意思疎通し，歯を食いしばって頑張ってもらっていた，与儀朝栄さん，上原良幸さん，知念建次さんたちが迎えてくれた。これからも気脈を絶やさぬようにしようと誓い合った。名護市や沖縄市のテクノクラートの人々も惜しんでくれた。与儀さんたちは，「よかったら，こっちへ亡命しないか。」と言う，亡命したって仕事があるはずがない。与儀さんたちだって，大田県政末期の状況で，政府とよしみを通じる不穏な者たちとみられていたはずで，彼らこそ苦しかったはずだ。後日，稲嶺県政，仲井眞県政で，この方たちが，本来の能力相応に処遇され，活躍したことは本当にうれしかった。

　担当室配属直後，沖縄に初めて出張に行った際に，県庁の人々から，「みなさんは，ずっと沖縄のことをやってくださるのでしょうね。」と重たい質問があった。普天間が返還された後の都市計画が主務である，建設省（現，国土交通省）の都市計画技官の織田村さんは，「ずっとやっていきますよ。」と淡々と述べた，私は，「官邸の意向次第ですよ。」と，それはそうだろうが，つれない返事をした。そんな時があって，長い間，沖縄を見守り続け，時機を得た時，集中的に仕事をさせてもらった。織田村さんは，都市計画技官の先輩・後輩や県内有識者と協力相談しつつ，今も，立派なデザインを保持しているはずだ。

牧さん　郵政省に戻る前夜，平成10 (1998) 年6月22日，牧さんが，一夕，沖縄開発事務次官室に来てほしいと言う。勤務時間後，応接卓に，本マグロの握りばかり並んでいる一升盛りの寿司桶があった。「ポケットマネーだから遠慮せずに。」。築地からの取り寄せだった。オリオンビールと泡盛とで，1年7か月の労をねぎらってくださった。「本当にお疲れ様でした。開発庁はじめ，政府全体のため公平に誠意をもって仕事をしてくれた。何より，沖縄の人々に真剣に向き合ってくれた。郵政に戻っても，君の沖縄への関与はこれからも続く気がするし，続けて欲しい。これからも，沖縄から目を離さないでいて欲しい。」「今，大田知事の下にいる，自治省の後輩を案じている。後任として，最後の琉球国王（尚泰王）を支えて上京した家柄の自治の後輩を推薦した。」「君もわかるとおり，沖縄は，内務省，自治省から見ても難しいところ。」「好人物だ。君のことは話してある。仲良くしてほしい。」とのことだった。その方は，後に延岡市長になった。郵政の先輩の勝野成治さんが心配して，牧さんへの挨拶がてら部屋をのぞいた。次官と補佐とがバイで，本マグロをつまんでいるのに驚いたようだ。大切な時間・空間だと察して，すぐに帰っていかれた。

　牧さんとも，亡くなられるまで，お付き合いが続き，優秀なお嬢さんの就職の相談に与ったこともあった。牧さんは，沖縄のよき代官であり，沖縄のためのことを思い続けていた。沖縄の島々，どこの市町村でも，ふと，牧さんの話が出ることがある。牧さんがご存命だったら，霞が関の若い官僚のなかで沖縄のことを定点で見守る人財たちを育て続けたのではないか。平成の島田叡（あきら）知事とも言える方だった。

ボランティアで　簡易保険局に温かく迎えられた。郵政3事業のなかで，郵便・貯金両事業以上に実績と深みのある世界だ。官邸で，一補佐の立場で様々活躍していた，そういう風が伝わっていた。「「かんぽ」に来てもらって，ぼくらはうれしい。」と古参の人々に言ってもらった。直属の山口一弥課長にも大切にしていただいた。人生至る所青山あり，というのはこういうことを言うのか，と思った。担当室に

居た時の人脈は，簡保局でも役立ち，初めての簡保事業での渉外でも，大蔵省（現，財務省）も農林水産省も親身になってくれた。

　未完の沖縄振興についての想いは続き，家内の許しを得て，週末，沖縄にボランティアで行った。野中官房長官の訪沖の便に乗り合わせたこともある。簡易保険局に１年居た後，九州・沖縄サミットの準備のなか，通信政策局の総括補佐となり，有村正意局長，稲村審議官のカバン持ちとして，サミット準備会合で，１年ぶりに官邸（現，公邸）に入った。

名護市役所前の広場で沖縄サミット開催祝賀会カチャシーを舞う岸本建男市長
（『決断』所掲）

名護市役所
（『決断』所掲）

2　沖縄郵政管理事務所の 372 日
【平成 12(2000)年 7 月〜平成 13(2001)年 7 月】

金澤さん　　1 年 7 か月の担当室勤務の後，郵政省に戻った先は，簡易保険局経営企画課課長補佐だった。ドタバタのなか，ポストが見えなくなっていたなか，拾ってくれたのが，着任前の局長の金澤薫さんだった。入省後，放送行政局企画課の事務官の頃の企画課長だ。霞が関の眠狂四郎と呼ばれたクールな容貌と裏腹に心が温かい。放送法の権威で，昭和 62（1987）年・63（1988）年の放送法大改正の際には，私の拙い具申も聞いてくれた。

　通信政策局長になった金澤さんに呼ばれた。当時，郵政大臣だった野田聖子先生が沖縄で講演する下原稿をつくるように言われ，とてもうれしかった。30 代の大臣にふさわしく，金城哲夫先生とウルトラマンのことも書いた。先生は，そこもわかりやすく強調された。地元新聞にはそのことが載った。「（沖縄マルチメディア特区構想について，）沖縄の振興策というのではなく，日本にとっても重要。ぜひ成功させたい。」「私幼いとき，ウルトラマンが大好きだったんです。生みの親が沖縄出身の人と聞いてうれしくて。ウルトラマンの正義は心の中に残っている。子供たちにも夢を残すためにも成功させたい。」。**簡にして要を得た，沖縄振興のスピリットだ。**

　最近，野田幹事長代行にマルチでお会いする場があった。近況報告ということで，現在，顧問をさせていただいている会社で，新しい環境のもと，社長はじめ社員の方々からいろいろな薫陶と刺激を受けて充実している旨を答えた。「佐藤さん，ところで沖縄のことは，あんなに沖縄のことをしていたのに。」と。ぐっと，喉の奥にこみあげてくるものがあった。申し訳ないと思いつつ，場を考えて，あえて斜め遠くの話をした。

　金澤さんは，その後，郵政省出身の初めての総務事務次官となり，内閣府企画官の時，「沖縄出張についてきてほしい。」との話があった。「総務省が旅費を出してくださるなら。」と言った。平成 13 年末の大きな山を越えた後のことだ。平成 14（2022）年 5 月 28 日，金澤さんは，羽田で，搭乗口の前の椅子に座って 1 人で待っていた。隣に座った。ややあって，ほほ

えみながらも，「佐藤君は，いつまで沖縄のことをやっているのだ。」と言われ，生意気にも，「沖縄のことに段落がつき，新しい総務省が落ち着いてから帰ります。」などと言った。沖縄総合通信事務所，沖縄行政評価事務所，総事局を回り，沖縄県庁では，金澤さんは，稲嶺知事に，「沖縄は情報化と国際化に対応しやすい地域」「企業立地の増加を期待」と語った。帰途の飛行機で，通路の向こう側から，寝たふりの私をずっと見ておられた。金澤さんは，沖縄のことを深く見守っていた。内閣参事官として，内閣官房に居た時，特定局長会の下地達男元会長が逝去されたが，全国の実質的なトップだった方に，郵政省時代なら，相応の儀礼があった。平成24 (2012)年3月31日，NTTの副社長だった金澤さんにお願いして，宜野湾市我如古（がねこ）の下地さんの『おうち（お家）』に一緒にお線香をあげに行っていただいた。沖縄郵政の長老の仲本薫さんがアテンドをしてくれた。

　福岡博多で退いた後，慰労いただき，その後，二度，一緒に沖縄に行った。いつのまにか，沖縄を巡る安全保障や沖縄の神代からの歴史を勉強され，私の知らないことを沢山教えて下さる。コロナ禍の前の直近の沖縄行で，「沖縄の人は，佐藤君に話を聞いてもらって安心するのだね。」ということを，ふと言われ，恐縮している。

村岡官房長官の裏書

平成9 (1997)年，沖縄復帰25周年記念式典の後，官房長官室から，村岡長官が沖縄問題担当室スタッフ全員を慰労したいとの話があった。一夕，赤坂見附のお好み焼き屋でごちそうになり，審議官たちから，あらためて，長官に紹介された。「佐藤補佐は郵政省からだね。僕も郵政大臣だったのだよ。」「大臣時代の長官の名の辞令をもっています。」。「そうか，その辞令に裏書をしてあげないとね。」と言われた。翌平成10 (1998)年，簡保局勤務となってしばらくした9月の半ば，足立盛二郎局長（後の郵政事業庁長官）に呼ばれた。「今日，村岡先生を訪ねたら，『君のところの，佐藤君。内閣官房で沖縄問題に大変尽くしてくれた。よろしく頼むよ。』といわれた。」と嬉しそうに語った。言葉を大切に，裏書をしてくださった。

補佐官の補佐官　平成10（1998）年9月9日，事務次官はじめ郵政省幹部の勉強会で，岡本行夫さんが，外交情勢について語ったことがあり，誰かが教えてくれて，一番後ろで静かに聞いていた。岡本さんは，最後に，「日本の外交を考えると，日米同盟，アジアの安全保障が大事だが，沖縄問題はその要石です。補佐官の補佐官として，よく補佐をしてくれた佐藤さんがいないと大変なことになっていました。」と突然言ってくれた。岡本さんらしい言動で，胸を打った。

　平成27（2015）年2月，岡本アソシエイツの澤藤さんから電話があった。21日の土曜日，岡本さんの依頼で，ピンチヒッターとして，立命館大学の岡本ゼミの講師（講義の話者）の1人となった。岡本さんからは，「君の生きざまを話してください。」とあり，思いっきり，学生さんたちに話した。忙しい岡本さんが，楽しそうに，ずっと後ろで聞いていた。週明け23日に，岡本さんからメールをいただいた。「（前略）私への賛辞が多すぎるとは思いましたが，聞いていた私も，佐藤さんの情熱のこもった人生論に思わず胸が熱くなりました。学生たちも，佐藤さんのように溢れんばかりの想いをもって走り回っている官僚もいるのかと感銘を受けたに違いありません。（後略）」とあった。沖縄勤務の時，訪沖の際，必ずと言っていいほど，声をかけていただいた。東町の郵政管理事務所の応接で，岡本さんがノートパソコンを使っていたこともある。国外での大事を済ませた岡本さんからの急の電話で，夜の那覇空港で到着便を出迎えたこともあり，外務省の同期の方との那覇での会合に呼んでもらったこともある。

　平成27（2015）年，松山赴任前，岡本さんから，お揃いの柄で色違いのネクタイを餞別にいただいた。サミット情報通信大臣会合など大事な時にしめた。サンケイビルの顧問になって，華やかなマフラーをいただいた。寒い時に重宝している。退官の祝いではない。逝去されてから一か月たった頃，澤藤さんから，岡本さんが，海外で求めて，自分で使おうと思っていたという，岡本さんが大好きな海の色をしたブリーフケースをいただいた。そのなかには，以前，岡本さんの依頼で，私がまとめた，紙ファイルが4冊入っており，本書を起こすにあたっての大切な種子となった。

　その後，刺しゅうの入ったポケットチーフもいただいていたことを，家

内から指摘された。コロナで1年延ばした娘の1時間だけの挙式に着たモーニングの胸に我流でさした。明治神宮の係の人が見とめて，「素敵なチーフですね。」と言って，きれいなスリーピークスに折ってさし直してくれた。松山から，博多に移った夏休み，クルーザーに乗せてもらった。総務省を退いて挨拶をと思ったが，「それには及ばず，また，クルーザーに乗せるから。」と言われ，そのままとなった。

> 「安全保障問題や経済振興策などについて意見交換する「第4回沖縄・関西交流セミナー（主催・沖縄経済同友会，関西経済同友会）が五日，名護の万国津梁館で開かれ，（中略）岡本行夫氏が「二十一世紀の日本の針路と沖縄」と題して基調講演した。（中略）「観光客が四百数十万人，コールセンターでの雇用が三千人を上回ったことなどを例に，「確実に変わってきている」と評価。政府の支援とともに「自治体の首長がどれだけ一生懸命やるかが大事」として，嘉手納町の嘉手納外語塾や名護市のマルチメディア館などを成功例に，「多様化の象徴である沖縄の可能性を競争原理の中で伸ばしていけるかが大事になる」と指摘した。」『沖縄・関西交流セミナー』2001年（平成13年）4月5日付沖縄タイムス夕刊1面

ボランティアでの沖縄行

簡保局，通政局時代，公務もあったが，冠婚葬祭もあり，休日を利用し，家内に話して，沖縄に短日で度々出かけた。平成中期の沖縄振興が未発・未完であることが心残りだった。稲嶺県政の県庁も市町村も，沖縄郵政も施設局も，温かく迎えてくれた。沖縄の人々は，意気盛んな時よりも，心底，頼ったときの方が温かく接してくれる。本土の感覚では弱々しく思うかもしれない。沖縄で苦労された真部朗さんは，「沖縄の人々は義理が薄いかもしれないが，情は厚い。」と教えてくれたが，私もそうだなあと思う。「情はあるが，義理立てはしない。」と言えるかもしれない。

　千葉高時代，寮で一人暮らしをしたが，その時入り浸った，第2の父母のような先生夫妻がいる。奥さんは，結婚前，国府台（こうのだい）女子高の先生をしていた。沖縄の仕事をするようになって早い時期に言われた。「あらためて，沖縄の歴史や文化を調べてみたの。いろいろ大変な歴史が

あるわね。あなたが，他の県，地域で尽くすようには，沖縄の人々は感謝することはないかもね。本土の人がどんな汗を流しても，悪気なく，心のどこかであたりまえと思うわね。」。

沖縄の父となった，山中先生ですら，大田県政の頃，尽力された事業の竣工式で，下座に座っていた。国の「代官」が，「先生，そんな席におられることはないのに。」と義憤まじりに言うと，「いいのだ。こういうことには慣れている。それでも，沖縄県民のために山中はやっていくのだ。」と言われたという。山中先生の心境にほんのちょっとでも近づきたい，それからずっと，そう思っている。家内が，沖縄のことが好きで，子供たちにとっても良い思い出になっていることもありがたい。

「（前略）米国中西部の穏やかな田舎町での悠然とした老教授の講義，静岡県下の漁師町の郵便局員の荒っぽくとも情のこもった挨拶，東北のとある市役所の静謐な職場での筋を通した論議，優しい笑顔の下の歴史の琴線に触れながらの沖縄での交渉，今までたどってきた様々な空間でのコミュニケーションを振り返ります。「行きましょうね。」という優しい言葉づかいが，「ぜひ，行きたいんだ。」という強い意志を表したり，人・時・場に応じ，言葉の意味は精妙で深遠。言霊（ことだま）という文字に納得することしきり。」「総務省・郵政事業庁の時代も，基本は心と心とをつなぐコミュニケーション。モラル（人倫）とモラール（士気）が世界的に問われる21世紀を迎え，この基本形を追い求めていくことが，「新生」総務省・郵政事業庁の仕事であり，国民・お客様に的確にお応えしていく公（おおやけ）の姿と肝に銘じています。」

「郵政トピックス」2000年5月号，私の編集後記だ。

仲井眞さんと情報通信特区構想　平成12年（2000年）のサミットの前，沖縄国際情報通信特区の推進方策等に関して，郵政省通信政策局を事務局に調査研究会が開かれた。局の総括補佐の私もメンバーの選定はじめ相談を受けた。事務局には，大橋秀行室長と飯泉嘉門室長とがあたった。

飯泉さんは自治省からの出向だ。何度も沖縄に足を運び，調整費をつかって動き出しているITの各種案件も自家薬籠中にした。補助金（調整

費）と交付金のコンバイン，起債案件の活用はじめ政策のシーズを蓄えたそうだ。徳島県知事となり，県下で，ハード，ソフトのICT立県に素晴らしい成果をあげた。神山町はじめ，徳島県下の全国をリードする成功事例を見るにつけ，**平成中期の沖縄振興策が，阿波で粟の花のように咲き誇っているようだ**。四国に赴任し，知事の話を直に聞き，県下隅々まで回ってそのように確信した。

　小坂憲次先生が郵政政務次官で，先生は日本航空勤務の時代，国頭のオクマリゾート開発に携わったと言っておられた。小坂先生は岡本行夫さんの大親友だ。平成12（2002）年1月26日の沖縄市のコールセンター事業（沖縄市テレワークセンター）の開所式で，にこやかにほほ笑む，小坂さん，岡本さん，仲宗根正和市長の写真がある。この事業は，郵政省（現，総務省）の電気通信格差是正事業で支援が行われ，施設は既存のショッピングセンターの建物を改造し，市街地空洞化対策として，1,000人規模の雇用を見込んだ。仲宗根さんは，「経済活性化の突破口にしたい。」と述べ，小坂先生は，「沖縄国際情報特区構想の具体化に向け，沖縄の発展のために。」とコメントした。平成28（2016）年10月21日，小坂先生は逝去された。

　「KDDIエボルバは2月1日，「沖縄セルラーフォレストビル」に新たなBPOセンターを開所し，2022年2月より運用を開始したことを発表した。沖縄市テレワークセンター，那覇ビジネスセンター，COI那覇ビルに続き4拠点目のコンタクトセンターになる。（中略）フル操業時で沖縄4拠点合わせて約1300名の雇用創出を見込んでおり，同社は沖縄地域における雇用創出や地域創生に貢献する考え。センターのデザインは海や空から多くの人々が行き交う沖縄を象徴する「港（PORT）をイメージに構築したという。海と陸とを表現した床素材や空港の滑走路をモチーフとしたエントランスなど，さまざまな人財が活躍する場を目指している。」熊谷知泰「KDDIエボルバ，沖縄エリアに4拠点目のBPOセンター・約1300人の雇用創出」2022／2／01　16：15，2022／2／04　09：17（マイナビニュース　TECH＋）

　通政局には地域通信振興課という課があり，地域と振興という言葉を，霞が関で最初に名乗ったセクションだ。入省3年目の米国留学前，ここにいた。飯泉さんは，ここの室長だった。地域情報化の基本理念のテレトピ

アは，金澤さんがつくった枠組みで，沖縄は唯一の全県テレトピアだ。この頃，この地域課に，沖縄国際情報特区構想推進室が置かれた。沖開庁以外の省庁で，沖縄のための組織が置かれた稀有な例だ。

名護湾でのシーカヤック

平成11（1999）年4月29日，翌平成12（2000）年に，名護市部瀬名（ぶせな）で，サミットが開かれることが決まった。直前まで，8候補地の枠外か8番目という状況だと報道され，福岡か宮崎で首脳会合，沖縄は蔵相か外相会合かという記事もあった。新聞各紙には，その日の午後，喜びでカチャーシーを踊る岸本市長の写真が載った。

　その頃，何度かの自腹沖縄行のなか，末松文信企画部長（現，県議会議員）と時間を共にしたことがあった。末松さんは，部瀬名もよく見えるからと，趣味のシーカヤックに誘ってくれた。末松さんの『おうち』には，シーカヤックが道に面して吊り下げられていて，平成8（1996）・9（1997）年の喧騒を経て，漕げずにいたが，今回が処女航海だという。末松さんは，住民投票と市長選を経て，やっと趣味を思い出したのだろう。2人乗りの前座席に乗せてくれたが，私は泳ぎが苦手で海も怖い。奥さんに，ポーク（ポークランチョンミート）と卵焼きが入ったスパムむすびを持たせてもらって，おそるおそる乗り込んだ。波荒く，後ろに達人が居ても怖かったが，大海原で降りるわけにもいかず我慢しとおし，船酔いならぬカヌー酔いとなって，海に餌を相当にまいた。そんななか遠望すると，本部から恩納まで，海洋博会場からサミット会場まで一望でき，名護湾の様子が手に取るようにわかった。名護市内のひんぷんガジュマル近くの三府龍脈碑（ヒンプンシー）にある王朝時代の名護遷都論も成程と思える絶景だった。三府とは，国頭（くにがみ）府（北部・北山），中頭（なかがみ）府（中部・中山），島尻（しまじり）府（南部・南山）のことで，18世紀の頃も，やんばると中南部との確執があった。

　「（（前略）（註）三府龍脈碑文を受けて）名護は平地広大どころか気候温和，水量豊富，風光明媚（後略）」（山里永吉『沖縄史の発掘』231頁）

谷さんの訪沖 小渕内閣の下，沖縄サミットの準備は急ピッチで進められた。郵政省では，通政局長が省内のとりまとめ役で，局の総括補佐として，官邸での沖縄調整の仕事の経験は，官邸との縁が薄かった郵政省では役に立ったことと思う。事務次官会議で，古川副長官が各省庁事務次官自ら沖縄を訪れるように，まずは自分が先鞭をつける，という話をした。郵政事務次官は，後に人事院総裁となった谷公士さんだった。谷さんから，同期の次官秘書の徳茂雅之補佐とともに，沖縄出張の随行を命じられた。ロジは次官の希望を聞き調整した。谷さんは，事務次官として最初に沖縄に向かった。平成12（2000）年2月14日から16日までの2泊3日の強行日程だ。

初日，名護の万国津梁館（サミット会場），大宜見の芭蕉布会館（平良敏子さん），国頭の辺戸（へと）岬，東村の福地ダム，村民の森を訪問・視察し，今帰仁村長，東村長を表敬した。2日目は，名護市のマルチメディア館，久辺郵便局，名護郵便局，名桜大学，サミットプレスセンター，宜野湾の嘉数高台，那覇の天久副都心を訪問・視察し，その合間に，島田懇委員だった東江（あがりえ）康治名桜大学学長，岸本名護市長を表敬した。最終日は，首里城公園，那覇104コールセンター，糸満の平和祈念公園（遥塊の塔など），豊見城の旧海軍司令部壕を訪れ，稲嶺知事を表敬し，沖縄郵政管理事務所で全職員に訓示をした。谷さんの希望もあり，郵政省の所掌に留まらず，広く視察・表敬した強行日程だった。

首里城正殿を見学していた時，説明役がいたので，谷さんから少し離れた。韓国人観光客だという老紳士が英語で語りかけてきた。「この宮殿はとても立派に再建されている。日本政府はなぜ，もとは異なる王国を偲ぶ宮殿をこのように正確に復元するのか。」。官邸時代のことを思い出しつつ，「この施設の復元は，日本政府として，**琉球沖縄の歴史と沖縄県民のことを大事に思いつつ，沖縄は日本であるというということを内外に示す意義**があります。」「復帰以来，初代沖縄大臣の山中先生が中心となって，ここまでの再建がされてきました。」と，英語で答えた。紳士は心なしか感心した様子だった。その様を，いつのまにか，谷次官が見ていたのを覚えている。令和元（2019）年10月31日，首里城正殿が焼け落ちた。「も

う，復元するところは少ない。」と言われていた高良倉吉先生（元副知事）の陣頭指揮で再復元計画が進められている。偶然だが，その1週間前，平成8（1996）年から，何十回と訪れた美しい正殿を至近距離で眺めていた。

「琉球首里城正殿復元は純国費でやったわけですから，立派な壮大なものができていますよね。落成式に参加して，式典が長引いて終わった時には，もう中天の月がちょうど満月で輝いていました。それで思わず天を向いて『月天心　古城の甍（いらか）　整えり』と言ったら，傍らの崎間（晃）君が，「先生，今の俳句下さい（後略）。」（山中貞則『沖縄復帰25周年を語る』11頁）

「十年前，復帰二十周年事業として復元され，世界遺産にもなっている首里城正殿は，昭和四十五年に琉球政府も文化財保護委員会が復元構想を提案したが，その歳，総務長官になった私も，沖縄の心であり歴史的意義も高い建造物として，復元を推進した。文部省の文化財保護担当者に話をしたが，大蔵省に持っていったら，戦災で形のなくなったものを復元するなど文化財保護とはいえないと，けんもほろろに突っぱねられたという。」「そこで私は沖縄担当大臣として調査費を要求した。なぜ米軍は首里城を焼いたのか。米軍はフランスでもパリに無血入城し，シャンゼリゼ宮なども立派に残っている。日本でも京都や奈良の寺社は爆撃せず，皇居にも爆弾を落としていない。それは敵国といえど，その国の伝統や国民の思いに配慮したからだ。その米軍が首里城を攻撃したのは，そこに日本軍の守備隊司令部があったからである。首里城正殿が焼失したのは，日本に責任なしと言えるか。」（山中貞則『顧みて悔いなし』162・163頁）

沖縄郵政志願　通政局総括補佐を1年務めた。当時の慣例では次は地方の部長になる。有村局長から希望を聞かれ，枢要な地域として，当時，部内でよきコースとされた，東京，関東，近畿の郵政局の総務部長か人事部長ではどうかと言ってくださった。一晩，まんじりともせずに考えた。朝方，家内に，「沖縄の総務部長をお願いしようと思う。一緒に行こう。」と話し，快諾してくれた。沖縄は遠く，このポストは，郵政では人事畑のベテランの方々のポストで，若造が就いた試しはない。有村さんも，「わかった。」と言ってくれた。稲村審議官（後の政策統括官）は，「あっぱれ」と言いつつ，案じてくれた。寺崎明総務課長（後の総

務審議官）は，「同じ事務所の電気通信監理部長ではだめなのか。」と言う。
私は「広く沖縄の人々と交わりたい。」と言った。最後の郵政事務次官と
なった谷さんも送り出してくれた。谷さんは，沖縄出張の際は，案じるよ
うに，東町の郵政管理事務所の総務部長室をのぞいてくれた。

奄美郷友会　平成8（1996）年時の郵政管理事務所長だった稲村審議官
　　　　　　　は，通政局の総括補佐だった私の上司だった。家族を連
れての沖縄勤務を大変喜ぶとともに心配してくれた。沖縄行が決まったあ
る日，沢山の沖縄・那覇在の人々の名刺を見せてくれた。「沖縄に行った
ら，そのうちの何人かに，できたら多くの方々に挨拶に行くように。」。何
かあったら，この人たちが与力してくれるという。頭の良い方で，唐突な
話に面食らうことも多いが，慈父の笑みでゆっくりと語っていた。それら
の方々は，沖縄在の奄美郷友会の人々で，稲村さんは徳之島の出身だっ
た。在沖の奄美の方々の歴史には複雑なものがあり，奄美は一つという言
葉通り，助け合い，成功を収めた人々だ。自分の基盤を伝え，そこに託し
ていただき，心からうれしかった。奄美の方々とのお付き合いも，今も続
いている。

沖縄そばの焼きそば　一晩熟考した，家族一緒の沖縄行だが，朝起き
　　　　　　　　　　　ると不思議に爽やかな気持ちだった。家内はす
ぐに賛成してくれたが，東京に戻った際の，子供たちの現状復帰が条件
だった。長女と長男，どちらかが，「いいよ。」と言ってくれたと思った
ら，もう一人が，「なんで友達と別れなければならないの。」と言う。沖縄
とおとうさんとの関係，沖縄での生活で得られるもの，難しい内容をなる
べくやさしく話すのに苦心した。当初1か月は沖縄での単身赴任だ。東京
への出張で，家に戻ると，家内から太ったと言われ，朝方，漫湖公園で
ウォーキングをして，節制に努めた。船便の錆びた大きなコンテナで，目
黒の柿の木坂の郵政宿舎から，那覇の古波蔵（こはぐら）の宿舎に雛人形
や端午の節句飾りも入った家財を送ったが，大きいコンテナのなかはスカ
スカだった。

　家族四人，那覇空港で，仲本さんはじめ，事務所のみなさんに迎えられ，漫湖公園近くの共同住宅の宿舎に入った。初日，ホテルのレストランで夕食をと思ったが，家内から，贅沢だ，と言われ，買い物もあって，近くのスーパーに行き，奥の沖縄そば屋に入った。ここまでは，子供たちはウキウキだった。焼きそばと野菜そばを 2 人は頼んだ。出てきたのは，沖縄そばの麺の焼きそば，タンメンならぬ野菜炒めがのった沖縄そばで，それを見て，2 人はポロポロ涙を流した。本土とは似て非なるものがでてきたのだ。今まで何回か，沖縄に家族旅行に行っていたが，住むとなると違う。似ているようで違う文化圏に来た，これからどうなるのだろう，東京の友達はどうしているだろう，と涙が出てきたのだろう。あらためて，家族のためにも，よい仕事をしなければと思った。家族にとって，沖縄の経験を実りあるものにしなければと思った。

城岳小学校　那覇市内には古波蔵以外に，もう 1 つ，識名（しきな）にも宿舎があった。一家の沖縄行を案じたのか，所長OB の野村卓さんは眺望からも識名が良いと助言してくださったが，本土からの幹部が多く住み，事務所にも近いことから，古波蔵に落ち着いた。子供たちは，学区の那覇市立城岳（じょうがく）小学校に通った。家内は，徐々に友達を増やし，沖縄特定局長婦人会にも招かれ，ご婦人方と一緒に見様見真似で手踊りを踊るようにもなった。下地達男会長や仲本薫総務課長はじめ，沖縄郵政の人々は，そんな我が家を見守ってくれた。

　小学校の運動会は一大イベントだ。事務所で聞くと，場所取りをして，当日はお重持参だという。家内とお祭り騒ぎになり，宿舎近くの業務用スーパーで食材を仕入れ，プラスチックのお重に詰めた。前日の夕方，校庭に行って，ブルーシートを敷き，場所を確保した。両親も千葉からやってきて，本土でも昔にあったであろう，一大家族イベントになった。夜は奮発して，浦添のピザハウスで 3 世代 6 人の夕食会となった。ピザハウスは，昔からある米国スタイルのレストランで，上原良幸さんは，子供の頃からここのクリームスープが大好きだと言う。運動会にアイスクリームの露店が出ていたこと，応援する大人にオリオンビール缶片手の人もいたこ

とを，懐かしく思い出す。

良幸さん家（ち）でのウークイ

古波蔵にコンテナが届いてすぐに，平仲信明さんが引越し祝いに現れた。平仲さんのボクシングジムは，漫湖の向こう側にあった。宿舎の隅には，パパイヤの木もあった。市内のスーパーで，上原良幸さん夫妻と出くわした。上原さんに後から聞いたが，奥さんは，「佐藤さんの奥さん，すぐに東京に戻ってしまわなければいいのだけど。」と案じてくれたそうだ。夫人は料理上手で，空港近くのご自宅に行って，度々美味しいご飯をいただいた。南部の上原さんの実家のウークイ（旧盆の最終日の先祖送りの行事）に入れていただいたこともある。上原さんの父上が，「今日は，東京から，佐藤さんも来てくださっていますよ。」と言って，サトウキビに火をつけていたことを思い出す。良幸さんは，復帰時，平成中期を経て，沖縄県庁のテクノクラートの象徴的な人物となった。副参事時代から度々いただく良幸ドキュメントもさることながら，話し上手でいつも啓発していただく。四半世紀のお付き合いとなった。

名護のそば屋

平成 12（2000）年のサミット前，那覇から名護までの動線上にある郵便局の臨局に努めた。秘書役の津波恭さんと一緒に，名護を中心に，首脳宿泊地の恩納村含め，危機管理としての臨局を重ねていた。経験豊富な郵政技官の運転手，上原清喜さん，玉城清さん，山川房雄さん。車中，人脈地脈をいろいろと教えてもらった。恩納村から名護市にかけての本島西海岸の国道 58 号線沿いには，各国首脳の泊まるホテルが並んでいたが，米国は，万座ビーチホテルを借り切り，警備車両が多数駐在し，海兵隊員が並ぶ ATM を積んだ車両まであった。恩納局には度々，名護局は必須で，担当室時代から顔なじみの恩納村長，名護市長のところへも足しげく通った。国道 58 号線の那覇から名護までのラインは，南北に長い恩納村を中心に，全国の道府県警，警視庁の警察官，政令市の消防官で満ち溢れていた。地元では，おいしい弁当を食べてもらおう，自分たちでできる振興策をと，警察・消防職員に向けた，弁当

コンクールも開かれた。津波さんと一緒に，白地に赤い〒（逓信の頭文字のテの字）の郵政旗を車に付けて，郵便局を巡回して回った。沖縄都市モノレールもまだ開業しておらず，車がなければ，どこにも行けなかった。

　そんなある日，名護の美味しい沖縄そば屋の1つに入った。その店は，汁をやかんで注いでくれるので有名な店で，ご高齢のおばあさんが奥から出てきて，注いでくれた。地元の言葉で突然語った。「昔，子供の頃，霊力（セジ）の高い人から聞いた。この名護，この辻には，やがて世界中から人が来る。立派な数珠玉を首にかけて人々が楽しく集う。素晴らしいことだ。まさか，この年になって，そういうことになるとは。うれしいことだ。」。津波さんは，何とも恐れ多いと，神妙な顔つきをしていた。沖縄サミットでのIT憲章とIDIは，その後の情報通信大臣会合と保健大臣会合の源流となった。いつの日か，名護沖縄で，サミットのような国際的な「大会合」が再び開催されたらと思う。

　「残念ながら小渕総理は五月十四日，不帰の客となられた。僕は官邸正門の前で迎えた。ご遺体を乗せた車が正門の前に止まった瞬間，ものすごい落雷が二つあった。あとでわかったが，その一つは官邸裏の旧官房長官公邸近くのヒマラヤ杉に落ち，皮がむけていた。車を見送って部屋に戻り，椅子に腰を下ろしたとたん，一瞬だが激しい雨音がした。小渕さんの国政やサミットにかけるメッセージなのだと，その時思った」（古川貞二郎『霞が関半生記』213頁）

　「車はゆっくりと議事堂を一周し，官邸にさしかかった時，大きな音が鳴り響いた─あなた，官邸よ。母がつぶやいたその時でした。5月だというのに雷が公邸の入り口と官邸の入り口の正面で二度大きな雷鳴をとどろかせた　SPさんが声を殺して泣く，その声が静かに聞こえる　霞が関から高速に乗ったとたん，大粒の雨が降り出しました　車にぶつかる雨の音が次第に激しく，大きな音になりました　雨は王子の自宅に着いたとたん同時にやみました　雷は官邸の庭に落ちました」（小渕暁子『父のぬくもり』21頁）

　「首相官邸を通過しようとしたその瞬間に空は俄かにかきくもり激しい雷雨が車列を叩いた。そして稲妻の閃光とともに落雷が首相公邸の立ち木を直撃したのである。」「この時，沖縄でも同じことが起きていた。森首相が臨んだ万国津梁館の竣工式でも，式が終わった途端，激しく雨が降ってきたのだった。」

（野中広務『野中広務全回顧録』160頁）

下地会長　下地達男全特沖縄会長のことも忘れられない。宮古島出身で，本島の人間に負けてなるものかと「あららがま精神」で，復帰後，本土を見習いつつも，沖縄の地場に基づいた郵便局の発展に心を砕いた。「あららがま」は宮古の言葉で，自らの力で苦しい環境に立ち向かうことを意味する，不屈の精神だ。下地さんから，沖縄の政治行政社会，本島と宮古島との関係はじめ，いろいろなことを教わった。公明党沖縄県本部を含め，幅広い人脈を持っていた。最初の出会いは，八代郵政大臣訪沖のアテンドの時で，平成12（2000）年4月21日，特定郵便局代表としての下地さんに，普通郵便局代表の松田一夫那覇中央郵便局長と一緒のところでお目にかかった。全国の特定局長会が多難な時期，全国の副会長だった下地さんが全国の会長代行を務めることとなり，沖縄のなかをしっかりとまとめるため，人格識見ともに卓越している，先島のリーダーの入松田（いりまつだ）孫幸局長に相談に行った。入松田さんは，沖縄の代表が全国の代表となる意義をよしとしたが，1つの提案があった。自分の生まれ島である与那国島を訪れ，与那国郵便局に臨局，最西端の島を自分の目で見て把握してほしいとのことだった。平成13（2001）年5月9日・10日，伊藤高夫所長の快諾を得て与那国に向かう。本島とも，八重山とも違う1つの邦だ。入松田さんの実家で美味しいカジキマグロの刺身に鉄火味噌をつけていただいた。

　郵便局・沖縄特定郵便局長会，組合・全逓沖縄の様々な相談を受けることは，沖縄の総務部長の大事な仕事だ。下地会長からも，戦後からの沖縄郵政の波乱の道筋を伺ったが，郵便局の世界を越えて，それは，沖縄の戦後史そのものだった。仲本さんはじめ，沖縄勤務で，郵政内外で，あらためて大先達（だいせんだつ）たるメンター達から直に貴重な話を聞くことができた。沖縄の人々は，自分の生まれ島，出所を何より大事にする。下地さんも，時に，郵政を越えて，自分の故郷「宮古」のことをとても熱く語った。

　下地さんの全国の会長代行就任のお祝いには，稲嶺知事と尚先生，全逓
沖縄も参加し，大賑わいとなった。幕間の控えで，稲嶺知事とともに，こ
の時も，尚先生から貴重なお話を伺った。下地さんは，私が沖縄担当の企
画官に復帰することを，郵政を超えて，宮古・沖縄の人間として，とても
喜んでくれた。下地さんと仲本さんとは，よき沖縄郵政をつくるために，
時として議論激しくなる。本島南部出身の仲本さんと，下地さんとが，本
島北部国頭の比嘉明男さん（前沖縄支社長）のことを，沖縄特定局長会の
エースだと，同じ見解を別々に私に語ったのには驚いた。奄美（群島）は
1つのようには，沖縄はいかないが，**沖縄全体の利益のためには，苦労し
たリーダーたちの考えは一致するもの**だと知った。下地さんは，連合の渡
久地さんとは直接には交わらず，しかし同じように，私に期待し，将来を
案じていただいた。平成22（2010）年8月10日，生前最後に，宜野湾の
『おうち』の近くで，バスを待つ間に，つぶやかれた言葉が忘れられない。

「1972（昭和47年）5月15日，沖縄が本土に復帰した。」（中略）「郵便局は，復
帰当時の既存の集配郵便局77局，無集配郵便局27局で業務を開始した。ま
た，復帰前は設けられていなかった普通，特定の区別を設け，8局を普通郵
便局とした。」日本郵政グループ『郵政150年のあゆみ』72頁：第2章「高
度成長から安定成長への転換期の郵政事業」：第4節「沖縄本土復帰その他の
取組等」

「平成13年6月24日，かりゆしアーバンリゾートホテル（ニライ・カナイの
間）にて下地の全国特定郵便局副会長（会長代行）就任祝賀会が開催された。
祝賀会に先立ち，内閣府副大臣・仲村正治衆議院議員を発起人代表とする下
地副会長就任祝賀会の発起人会を立ち上げ，その準備が進められた。なお，
祝賀会の祝辞及び発起人を各先生方にお願いするに当たって，次の方々で事
前打ち合わせの上決定したが，特に佐藤裁也沖縄総合通信事務所総務部長に
お力添えを賜った。」（下地達男『鼎（かなえ）・沖縄地方特定郵便局長会と共に』
133頁）

仲本さんの深慮　沖縄勤務が始まり，前後して，佐藤勉さんが，那覇
防衛施設局の総務部長になった。佐藤さんの経歴・
実績では格下のポストだが，あえて手をあげてこられたようだ。沖縄に詳

しい佐藤さんから，「たっちゃんはいいね。郵便局は，島々にも街にも
隅々まであるから，基地所在市町村以外でも，どこにでも行く機会がある
ね。」と言われた。

　仲本総務課長（後の日本郵政公社沖縄支社長）は，「沖縄郵政のことは，ぼ
くらがしっかりお支えします。佐藤部長は，引き続き，沖縄のため，県民
のため，広く沖縄の縁を強化してください。」と初めに言ってくれた。そ
の言葉に甘えず，総務部長の職責として，方々の郵便局と市町村に行く際
は，郵政事業のアンテナを多角的につくった。担当室OBとしては，緒に
就いたばかりの政府の沖縄振興が正しく伝わるように心した。沖縄特定局
長会，沖縄全逓も含め，沖縄郵政のみなさんに背中を押してもらった。管
内（＝県内）出張のときは，津波さんはじめ，これから沖縄郵政を支える
若手が代わる代わる随行した。仲本さんの深慮で，若輩の総務部長ととも
に若手を育てようとしたのだ。随行の皆さんからも，大変勉強させても
らった。

　島田懇OBの牧野副知事から，一夕，両佐藤と懇談したいと話があっ
た。島田懇以来のおつきあいだ。「お2人とも，よく在沖のポストに手を
挙げてくれた。」と感謝された。総務部長の大事な仕事は，郵便局の支援
で，下地会長は，赴任前にお会いしたこともあり，すぐに特定局長会のな
かに入れた。他の管内での人事部長の大事な仕事は組合との交渉で，沖縄
郵政では総務部長が人事部長の任も負っている。沖縄全逓（現，JP労組）
の長老の渡久地さんは官邸以来の顔見知りで，こちらもスムーズに入れ
た。無論，仲本総務課長の助けがあってのことだ。年に一度，総務部長出
席の組合交渉があった。先方の委員長は金城秀安さん（後の労金理事長），
書記長は仲村信正さんで，後に，仲村さんは委員長となり，渡久地さんに
次いで，沖縄全逓からの連合沖縄会長となる。

　仲本さんは，2人の秘書を配してくれた。津波さんは，南部の佐敷町
（現，南城市）の出身の演劇青年で，南部全体の青年団体のリーダー経験者
だった。町田理香さんは首里在で，後に電気通信監理部（今の沖縄総合通信
事務所）勤務の夫君とともに，郵政公社本社勤務もした。津波さんは，名
護市政をみて，南部の広域行政化を推進する若手の1人となった。平成

18（2006）年初，佐敷町は，知念村，玉城村，大里村と対等合併して南城市
となった。今は，那覇で，郵便とゆうちょのダブルデスクで頑張ってい
る。お客様の評判も上々と聞く。

郵便局と自治体を巡る　沖縄郵政管理事務所は，復帰に伴い，琉球郵
政庁の後身として組織され，一つの事務所が
郵政地方 3 局の機能を全て担う，沖縄「郵政省」という仕組みだ。沖縄の
総務部長は，総務部長に加えて，人事部長，財務部長，小郵政省の官房長
の機能をもった職制で，代々，手練れのベテランの人管（人事・労務管理）
畑の人が担い，若造の沖縄の総務部長は後にも先にもいない。所長も，中
嶋久勝次長も，沖縄に詳しいと聞いていたのか，大事にしてくれて，特
に，東京と沖縄との機微にあたることは私に任された。官邸時代から面識
のできていた，仲本総務課長（私の次の総務部長，後の初代沖縄支社長）が，
慈父のように支えてくれた。

　全沖の郵便局の監理責任者として，沖縄を北から南まで回り，郵便局は
無論のこと，役所・役場も，「地域対策」「地域貢献」として，必ず伺うよ
うにした。官邸の事務方としての視点と郵政の人間としての立ち位置が同
じ軌道に乗った。政治主導・官邸主導の現場にいる象徴と思ってくれるウ
チナンチューが多かった。仲本さんの信頼を得たら，仲本さんの血族，同
級生，知人に，その信頼の輪が広がる。1 人の信頼が網の目のように進展
し，そのようにして，人脈の輪が加速度的に広がっていった。

波照間　波照間（はてるま）島には家族旅行でも行った。石垣空港か
ら小さなプロペラ機に乗る前に，体重計に乗り，着席のバラ
ンスをとる。機内には冷房はなく，その代わりに団扇があった。民宿の朝
ごはんは，ポーク卵と，キャベツにかけるケッチャプとマヨネーズを合せ
た味クーター（濃い・美味しい）のオーロラソースがつきものだ。子供たち
は，民宿で同宿のおじさんから，「ハワイでなく，波照間に来て偉いね。」
と言われた。島には，郵便局のほかには，竹富町の支所どころか，駐在さ
んもいないし，JA の支所もない。ただ一つの共同売店は，郵便局長の奥

さんが仕切っていた。

　局長の趣味は船で，遠く，石垣の街の夜景が見える。「年に一度ぐらい，寂しくて，居ても立っても居られなくて，石垣島に船を出してしまいます。」と温厚な局長さんが淡々と語った。有人の島々の島守の本音だ。島々では，郵便局が多くの公共インフラを扱う。郵便局長は，学校長，公民館長と並ぶ公人だ。

与那国　平成13（2001）年5月9日・10日，八重山特定局長会会長の入松田さんとともに，与那国（よなぐに）郵便局に臨局した。石垣島とも全く異なる風土だ。中台の緊張関係が高まった際には，石垣も，沖縄本島も，東京も頼らない。在米の与那国郷友会の縁で，ワシントンの深いところから，直接情報を仕入れるという。戦前の与那国郵便局の伝え書きも読んだ。船を仕立てて，基隆経由で台北へ行き，デパートで買い物をしたそうだ。**那覇に居ても，石垣ででも，わからないことだらけ**だ。家内と子供たちも，与那国に親子3人旅行をした。「石垣からは飛行機がいいよ。」と言ったが，節約からも船を選び，揺れて，「お母さんのお尻が被さってきた。」と，今でも思い出すそうだ。民宿ホワイトハウスに泊まり，元村長のタクシーの運転手さんに島を案内してもらい，ヨナグニサンの標本を見せてもらったという。

宮古と八重山，八重山と宮古　平良（ひらら）市（現，宮古島市）で，平成13（2001）年7月6日，宮古地域と八重山地域の特定郵便局長会の持ち回りの合同会議が開かれた。所長も，次長も，私が行くようにと言う。宮古と八重山は風土も人脈も異なる。懇親会で，先島を束ねる入松田会長から，「最初にこれを飲んでおいてください。」と，二日酔い防止のドリンク剤をもらった。宮古も八重山も双方負けられない対抗意識があり，沖縄本島ではうかがい知れない世界だ。多くの局を回ったが，八重山の黒島局は臨局できなかった。黒島局長から，「佐藤部長は，黒島は牛しかいないと思っているの。」と言われた。黒島は肉牛肥育で有名だ。その黒島へ，内閣府から総務省に戻る際に訪れた。港

で，自転車を借り，畑にいる局長さんに声をかけて驚かれた。「約束を忘れなかったね。」と破顔一笑だ。

北大東，渡名喜　担当室時代，島田懇の関係で北大東（きただいとう）村担当でもあったが，行く機会はなかった。那覇からも，天候にめぐまれなければ，行って帰っては簡単にはできない島で，県庁職員も出張に難儀をする。北大東村人材育成センター・民族資料館という島田懇の施設の落成式典が開かれ，宝くじ販売貢献局としての北大東郵便局への表彰が重なった。北と南の大東島は，八丈島との歴史的関係の濃い，**もう１つの沖縄**だ。平成12（2000）年12月20日・21日，北大東村に１泊した。RAC（琉球エアコミューター）に乗り，無事往復が出来た。往路は伊良皆（いらみな）高吉県議会議長，佐藤勉防衛施設局総務部長と一緒だ。公民館の２階で落成祝いの祝賀会が開かれ，小中学校の先生方も，役場の人も，婦人会の炊き出しをしてもらって，皆参加した。

　婦人会の炊き出しと言えば，担当室時代の終わり頃，平成10（1998）年4月22日・23日，佐藤勉主幹，脇坂主査，河合宏一主査（石山主査の後任）と4人で，島田懇の関係で，渡名喜（となき）島に行ったことも懐かしい。米軍の射爆場のあるところだ。今でいうICTだが，パソコンの小中学校配備もということで同道したが，行ってみると，校舎には充分な設備があった。住民の数は数百人（令和3（2021）年2月1日現在で377人）で，食堂らしき施設は港にあるかないかで，食事は婦人会の炊き出しだった。前日の地元紙の移動編集局歓迎会の残りが出て来て，有難くいただいた。村長は「助役が欠員で困っている。河合主査は自治省（現，総務省）出身だから，残ってここで助役をやらないか。」と，強く勧めた。朝方，皆で海辺を見て回っていると，渡名喜郵便局長が自転車をこいでやってきた。「東京の佐藤補佐はいますか。那覇の郵政管理事務所からの伝言です。」と口頭で伝えてくれた。帰りの船を，村長，駐在さん，郵便局長が見送ってくれた。まるで「寅さん」の世界だった。

久高　担当室時代，電通OBの福井さんと，那覇で，イラブー汁を飲んだ。そのイラブーの燻製をつくる久高（くだか）島に行ったことがあった。勉さんからは，沖縄本島で最も聖なる所だと教えられた。海辺のきれいな貝殻は無論のこと，一木一草全て決して持ち帰ってはならないとされている。沖縄県庁の幹部，福治嗣夫さんは久高島の出身で，祭司を司る女性の方々を助ける，カミンチュの家だ。沖縄郵政には，内間文義さんという島出身の方がいて，内間さんに誘ってもらい，家族でも，久高島に宿泊した。「離島体験宿泊交流施設」という公共施設を使った民泊だ。島を歩いていると，白装束の険しい顔の祭司をおこなう婦人にたまたま出会った。婦人は何人かで小走りに走っていた。徳川義宣先生の著書にも出てくる情景だ。

　長い間，久高島には郵便局がなく，仲本さん，内間さんの案ずるところだった。お2人の努力で，本島往来のただ1つの港の近くに，久高島簡易郵便局ができている。その港の名前を「徳仁港（とくじん・こう）」という。どうして，そういう名なのかを，随分と聞いてきたが，いまだ要領を得ないでいる。久高島ゆかりの西銘順治知事（西銘恒三郎先生の父君）も野中廣務先生も不可思議だったという。福井さんの，「沖縄のことは，いくら詳しくなっても，未だにわからないことだらけだ。」という述懐を思い出す。

縦横斜めの情報一元体　何十回と沖縄に出張し，家族親族旅行も何回もしていたが，行くのと住むのとでは全く勝手が違う。仕事でも，家族4人でも，よく外食をした。ホテルでランチは贅沢に思えるが，気軽に手軽で美味しくいただいたが，どこでも量が多かった。子供たちは逞しく，家内はそれなりに，私はでっぷりと，沖縄の中年男子によくある体格となった。沖縄ではタクシーに気軽に乗り，高校生同士相乗る。古波蔵宿舎から事務所まで歩いて30分強かけて，健康のため歩いて通う約束だったが，五百円玉を握りしめて，宿舎前から乗ろうとして，忘れ物に気づいた家内に見つかったこともあった。

　いろいろな方と公私ともに親しくさせていただき，そのなかで，**沖縄全体がとても濃い地縁血縁の縦横斜めのネットワークなのを実感した。**結

婚式の余興のための練習は大事なことだ。親族の負債を肩代わりするために，早期退職する人もいる。門中（もんちゅう）のリーダーとして生まれたならば，違和感はない。現世の身分よりも，門中のなかでの価値秩序・序列が大事にされる。**後生（ぐそー）が大事**だ。仲本総務課長から，日々，沖縄郵政の人事について話を聞くなかでも実感した。島守でもある有人の島々の局長・局員の配置を常に考えなければならない。那覇市内のある局長さんが，北部出身で，お姉さんが宮古島で飲食店を経営している，などという話が，何十，何百とある。名護での何気ない話が，翌日には，那覇市内で伝言ゲームのように話されていた。

　本土も，かって，このような密度の濃い情報伝達系があったのだろう。遠くの人と手軽に直接話せる携帯電話を駆使して，多くの人々をつなげ話すのが沖縄の人々だった。住んでみてもわからないことは多い。だが，住んでみて初めてわかることも多い。

| パーランクー |

　家族で，古波蔵に住むようになってすぐに，同じくらいの子供のいる職員がこう言ってくれた。「自分の子が通っている良い学習塾があります。お子さんたちもいかがですか。」。いずれ東京に戻ることを考え，学習の遅れを気にしてくれた。沖縄の余裕のある家庭では，九州の寮のある中高 6 年の進学校に行かせることも多かった。「ありがとう。沖縄での生活をじっくりと味合わせようと思うんだ。」と言って，謝した。子どもたちは，パーランクー（片腹太鼓）をバチで打って踊り歩く，子供エイサーの会に入った。行ったり来たりの友達もできて楽しく遊んでいた。

　家内は，玉城秀子先生の踊りのスタジオ（道場）に通っていた。先生は，休憩中，コーラを飲むフランクな人だ。ある日，スタジオで，お弟子さんたちの踊りをみていた息子に，「やってみない，教えてあげる。」と言われたそうだ。「惜しいことをした，組踊に出ていたかもね。」と家内と話をしている。家内は，先生から，かぎやで風を仕込んでもらい，金銀の扇子を東京に持って帰った。

松風園とウルトラマン

古波蔵（こはぐら）は，ラムサール条約対象地の漫湖の北岸にあり，南岸は本島南部になる。南部北端の南風原（はえばる）町に，松風園（しょうふうえん）という料理屋があり，ウルトラマンの脚本家として有名な金城哲夫さんの実家だった。野田聖子先生のウルトラマン所縁の方の家が宿舎のすぐ近くにあり，東京からお客さんが来た時に何回か使った。金城さんの家族にもお目にかかり，跡を継いだ弟さんから，階上の哲夫先生の書斎を見せていただいた。ウルトラセブンに出てくるチブル星人も沖縄の言葉，ゾフィーがウルトラマンにわたす命の玉はマブイ，ウルトラの国は光の国だ。金城先生は，海洋博の企画もし，いろいろな思いのなかで，若くして亡くなったと聞いた。令和3（2021）年になり，コロナ禍のなか，光の国のあるM78星雲は，ミ（M）ナミのナハ（78）ということで，那覇の国際通り商店街がPRを始めた。

島田懇長老会

島田懇の長老，稲嶺知事，新報・タイムスの両社長，連合の渡久地さんが，勉さんと私の歓迎会を開いてくれた。宮古島出身の勉さんの奥さんは，那覇の宿舎と千葉稲毛の実家とを行き来していた。渡久地さんは，「佐藤君，よくぞ沖縄勤務を，僕らの故郷，郵政で選んでくれた。家族を連れて来てくれたこともうれしい。」「空を飛ぶ鳥の眼で沖縄を広く見てほしい。アリの眼にならぬように。」と別の席で言ってくださった。会合は，梶山先生が亡くなった直後だったろうか，梶山先生の思い出を長老たちは語り合っていた。平成17（2005）年にタイムスの豊平良一さんが，平成29（2017）年に新報の宮里昭也さんが逝去された。宮里さんは，平成18（2006）年に新報を退かれていた。

伊是名

沖縄赴任中に，高良倉吉（たから・くらよし）琉球大学教授を，上原良幸さんから紹介してもらった。歴史・文化の碩学であり，当時すでに高名な方で，オリオンビールとタバコをこよなく愛する，伊是名（いぜな）島出身の気さくな方だ。伊是名は，尚諭さんの御先祖の第二尚氏と名護の末松さんの出所（でしょ）で，浦添市長を務めた儀

間光男先生の本籍地でもある。後年，副知事となり，基地問題も含め，仲井眞知事を助け，多難な状況を乗り切っていった。高良先生の弟の高良倉次さんは県庁職員で，当時，琉球エアコミューターに出向していたが，上原さんの紹介で，弟さんの方が最初に知己となり，**離島航路の大変さを教**えてもらった。

講義と朝勉強会　沖縄勤務時代，それまでの，沖縄振興の歩みを整理しようと思いたち，若い人々に語りつつ，レジュメを編んでおこうとも考えた。後に，内閣府でスタッフとして一緒に仕事をした，琉球大学工学部出身の翁長久さんに相談した。翁長さん所縁の宮城隼夫教授が研究室の講師にしてくださり，西原の琉球大学工学部で何度か講義をした。沖縄サミットから話を切り出した。学生のみなさんもだが，宮城先生，先生の師匠の翁長健治先生はじめ，研究室の先生方が熱心に聴講してくれた。翁長先生は，沖縄国際情報通信特区構想調査研究会のメンバーだ。法文学部でとも思ったが，価値中立的に話をしたかった。当時は，法文学部の高良倉吉先生とも深い面識はなかったし，ましてや，高良先生が後に副知事になることを知る由もない。

　東京に戻る前，沖縄テレビ放送の照屋健吉さんから，照屋さんが客員教授を務める沖縄国際大学（沖国大）で，一度話をしてほしいと言われた。照屋さんは，岡本補佐官はじめ本土の要人が訪沖した際のインタビュアーとしても第一人者だ。琉大での講義の大部のレジュメをコンサイスにして用意した覚えがある。大人数の学生さん達で面食らった。3年後の平成16（2004）年8月13日，海兵隊のヘリコプターが沖国大に墜落した。内閣府企画官時代，平成15（2003）年6月5日，比嘉鉄也理事長の求めで，北部振興，沖縄振興について，名桜大学で講演した。その際，理事長，学長から，名桜の教職の兼務を内々打診されたが，当時は，私の置かれた環境では教職兼務といった時代ではまだなかった。後日，岡本行夫さんから，小和田恆さんが名桜大学客員教授に就任したと伺った。沖縄で勤務するようになった翌年，照屋さんから，沖縄にはめずらしい朝勉強会の誘いがあった。照屋さんはじめ，経済界，県庁の有志，5，6人の会で，牧野副知事

も参加した。市内のビジネスホテルで，朝食をとりつつ，情報交換する会
合だ。情報交換の内容は，**沖縄の振興を将来的にも軌道に乗せる**，という
参加者の共通の認識からのものだ。沖縄はとかく夜の会合と言われていた
が，朝の情報交換はとても初々しく楽しかった。

伊平屋のティダ　沖縄郵政管理事務所の総務部長室で仕事をしている
と，突然，自民党沖縄県連の幹部で県議の方から電
話があった。「佐藤さん，沖縄のこと，よろしくお願いしますよ。」。電話
で，自分の生い立ちからお話をされた。初めての方ではないが，私を信頼
しての電話だった。「佐藤さんならわかってくれると思う。沖縄はこうい
う地縁人縁の塊だということを忘れないでほしい。」と言われた。総務部
長室には，急のお客さんも多く，沖縄の長老が，突然，来訪されることも
あった。総務部長室に飾ってある小さな洋画は海にそびえる鋭角の峰々か
ら太陽が昇る眩しい油絵だ。所長室，次長室，応接室にあった沖縄を描い
たことがすぐわかる絵画の方が大きくて，「上等」そうに見えた。「佐藤部
長室の絵が，事務所で一番価値があるのですよ。伊平屋（いへや）島から
昇るティダ（太陽）の絵ですよ。佐藤さんにふさわしいと思い，わざと
飾ってあります。来訪の方々にはわかる方々もいらっしゃると思いま
す。」。仲本さんはそっと教えてくれた。伊平屋島は第一尚氏の出た所で，
天の岩戸の伝説もある。私が内閣府企画官になった後，仲本さんは，自分
の総務部長室，支社長室に，この絵をずっと飾っていた。

　郵政管理事務所のある東町（ひがしまち）近くに，西銘恒三郎先生の住ま
いがある。行事でお会いする機会も多かった。後日，息子の大学の柔道部
の先輩であることを知った。東町には，本部出身の方が経営する「山海
（さんかい）」という，ヒージャー（山羊）を食べさせる小料理屋があり，仲
本さんに勧められ何度も行った。お子さん，お孫さんたちの書道の半紙の
横に，店で談笑する高円宮様の写真が貼ってあった。

二見情話大会　本土からの転勤で，沖縄勤務になった官民の幹部が，
沖縄の民謡を歌い，ふりをつけ，お楽しみ参加する企

画が2つあった。地元テレビ局の「いちゃりばちょーでー大会」と名護の
商工会と名護市が企画する「二見情話（ふたみ・じょうわ）大会」だ。初代
の沖縄大使の原島さんは，外務省沖縄事務所のスタッフとともに，いちゃ
りばちょーでー（一度会えば兄弟）に出演した。私は平成13（2001）年1月
27日の名護の大会に出ることになった。二見情話は，戦後，名護市東部
の二見で生まれた民謡で，久志小（くし・ぐぁー），辺野古（ひぬく）という
地名が歌詞に織り込まれている。銀座の恋の物語のようなデュエット曲
で，無論，うちなーぐち（沖縄の方言）だ。歴代の総務部長は単身者で，那
覇の行きつけのスナックで，歌の上手なママさんに相方をお願いすること
もあった。衣装もそれぞれ思い思いの沖縄風にするので，着付けの必要も
ある。

　本番は名護の桜の咲く1月末で，秋頃から，那覇の職員が，何人も相方
を推薦してくれた。本家の名護の方でも，地元の方々が推薦してくれて，
内心困ったなと思った。ある日，家内が私ではだめかという。沖縄の奥さ
んたちの友人ができ始めた頃だ。那覇の職員も，初めての夫婦参加を喜ん
でくれた。事務所の講堂で，芸事に精通した2人の課長が先生となって，
勤務時間後，猛特訓した。2人とも，いつもは温厚で声を荒げることなど
ないが，芸事は厳しい。何度かの練習でも，どうもよくないらしい。講堂
は体育館でもあったので，小学校がひけた娘と息子が遊んでいた。2人の
課長は，子供らに声をかけた。「お父さん，お母さんを助けてあげて。う
しろで，桜の木をふってあげてね。伯父さんたちがご褒美をあげるよ。」。
家族4人で参加することとなった。子どもたちの衣装は，国際通りのマチ
グァーの店で，バサージン（バサー）という着物と帯を買った。私と家内
の衣装一式は，那覇で借りて持ち込み，明治7（1874）年開局の名護郵便局
の肝いりで，現地名護の眞境名（まじきな）本流のお師匠さんが着付けを
してくれた。名護の比嘉元市長も，家族の参加を喜んでくれた。「首里の
王様から地域に隠密に派遣された巡察使という沖縄の芝居の役がある，そ
ういう監察の人の衣装がいいね。佐藤さんの在り様はそうだから。それを
みんなが期待しているから。」。それで，衣装揃えも大掛かりになった。歌
の方は，2人で練習を続け，上手な演者のテープを繰り返し聞き続けた。

　1月27日当日，ひんぷんガジュマル近くのステージには，知っている人々が大勢つめかけ，仲井眞さん，稲村さんの顔もあった。「泡盛残波（ざんぱ）」のCMに出ていたタレントがMCだ。4人で歌い踊り終わり，子供たちはマイクを向けられた。「お父さん，お母さんはどうだった。（小声になって，）上手だと言って。」「上手だった。」。笑い，大笑いだ。岸本市長から審査員特別賞をいただき，無事お開きになり，沖縄郵政・名護郵便局のご苦労様会，そして，比嘉さんの会にも呼んでいただいた。当時の名護郵便局長の伊江朝裕さんは尚家の分家の伊江家の一族で，斎場御嶽のある知念村（現，南城市）の知念郵便局長から，サミット開催地の名護郵便局長になった。「佐藤部長，私たちは，踊ったりできません。」「なぜ。」「踊りは見るほうですから。」。真顔だった。比嘉さんは，「よかった。よかった。一カ所だけ残念。なぜ，脚絆をはめたのか。あれは上り口説（ぬぶいくどぅち）といって，嫌々，薩摩・本土に行く，王府の役人の装束，民に交じる巡察使は素足でないと。」と言われた。実は，本流のお師匠は，那覇からもってきたトランクのなかの脚絆をみて，「これはいらないわね。」と言っていた。那覇から来てくれた沖縄郵政の師匠たちが，「部長を素足にさせられない。」と言う。もっと勉強していたら，「ありがとね。今日は暖かいから大丈夫。」と言えたのだが。楽しくも深い一日だった。その時の写真では，皆々，心から笑っている。特別賞の副賞は，沖縄の結婚式の引き出物と同じ，本土産の上等な新米だった。

台湾旅行　子どもたち2人は，最初の頃の涙はとうに吹き飛んで，見た目も逞しくなっていた。友達と一緒に，古波蔵から，急坂を元気にあがって，城岳（じょうがく）小に通った。古波蔵は漫湖のほとりの低地，城岳小は首里の台地の南端になる。娘はクラスの書記に，息子は学級委員長となった。委員長君には，毎朝，副委員長君が迎えに来て，仲良く登校していった。仕事から早めに帰ると，知らない子たちが，狭い宿舎のなかで，娘息子といつも楽しく遊んでいた。平成13（2001）年の年明け，伊藤所長の許可をもらって，有給休暇を使い，家族で3泊4日（台北→阿里山→台北）の台湾旅行をした。沖縄から戻る際の韓国旅行（釜山→慶

州→ソウル）でもそうだが，那覇から台北やソウルは本当に近かった。快適な小型ジェット機が「境」を越えると，フライトマップの沖縄の標示が琉球に変わった。沖縄の旅行社のワッペンを付けると，心なしか，どこでも親切だ。息子は帰国の際の中山空港で，お小遣いが欲しいと言うので，聞くと，ちょうど 50 個ぐらい入っているコインチョコを買いたい，委員長として，クラスのみんなに 1 枚ずつ配るのだそうだ。稲嶺知事はじめ，この話を沖縄の長老方にすると，みなさん，「息子さんは，沖縄の小学校で何を学んだのだろうね。頼もしいね。」と愉快に聞いて下さった。この時，私が企画し，旅行社に頼んだ行程が，直に，ツアー企画となって，地元紙の広告で募集されたのには驚いた。平成 13 年 7 月，総務省の調査官となり，内閣府企画官の発令を受けた。家内から，長女が，渡嘉敷（とかしき）島でのサマー・スクールをとても楽しみにしている。行かせてやりたいという相談を受けた。仲本さんと相談し，古波藏の宿舎に 9 月まで，家族 3 人居ることができた。家族が，沖縄になじめ，沖縄の友達も沢山できて本当によかった。結局，渡嘉敷には二度の台風で行けず，楽しみにしていた娘が可哀そうだった。

仲本さんの願い 前触れもなく，初代の内閣府事務次官だった河野昭さんの訪問を受けたことがある。総務省，郵政公社に行くのでなく，安達政策統括官の下，内閣官房的な内閣府に行くのではないかなと思い始めていた。その頃，仲本さんが言いにくそうに言った。「佐藤さん，よかったら，ぜひ，僕らと郵政事業，郵政公社の仕事をしませんか。」。うれしかった。官邸で沖縄の仕事に携われるかもしれない，平成 8（1996）年から 1 年 7 か月での未完の課題解決のお手伝いでなければ，仲本さんの懐に飛び込んでいた。仲本さんの家は，戦前からの由緒ある具志頭（ぐしちゃん）郵便局長の家柄で，父君の仲本稔局長は勤労節倹を詠った沖縄民謡の汗水節（あしみじぶし）の作詞者だ。本省郵務局の勤務も長く，全逓沖縄の信頼も厚い。特定局，普通局，沖縄の郵政人脈全てに通暁していて，本島南部八重瀬町（旧具志頭村）の名士でもある。

仲本さんは，内閣府企画官として，総合的な沖縄担当になると聞いて，

喜んで送り出してくれた。仲本さんが幹事となって，多くの職員が参加してくれた一大送別会を開いてくれた。場所は，家族で二見情話大会の特訓を受けた事務所の講堂だった。仲本さんはすぐ後の総務部長となった。内閣府から総務省に戻って，仲本さんが，日本郵政公社の沖縄支社長となった。沖縄県出身者として初めてのことだ。昭和47（1962）年の本土復帰以降，郵政管理事務所，総合通信事務所，支社の時代を通じて初めてだ。沖縄のマスコミは大きく取り上げた。ご本人の努力と人徳に加えて，生田正治総裁，團副総裁，勝野さんの後押しも大きかったと聞いた。**郵政事業と平成中期の沖縄振興が重なった1つの瞬間だった。**稲嶺知事はじめ，沖縄の各界がともに喜んだ。下地さんの特定郵便局の全国会長（代行）就任に次いでのことだ。**沖縄の有為の人材，努力してきた人財に光をあてること。これは沖縄振興の要諦だ。**その後，日本郵便沖縄支社長に比嘉明男さんが就任し，精力的に務めた。沖縄郵政3人目のよき人事となった。仲本さんは，今も，沖縄のメンター・長老でいてくれる。

「（私は）日銀の人事に介入はしませんが，「復帰後の初代沖縄日銀の支店長は新木文雄さんにしてくれ。大田少将の電信を受信した男である。本人に聞いてみろ」と（言った）。（新木さんは）「確かに私が受信しました」。そこで日銀の初代支店長は新木文雄さんになったわけです。これは裏の話ですよ。」「今も（この会場の）入り口に尚弘子さんがいらっしゃったから，「あんた，NHKの経営委員に任命された？」と聞いたら，「先生がおやりになったんですか？」と聞くから何も言わずに来たんですが，私がやったというのは最初ですね。沖縄が復帰したときですね。」（中略）「そこでNHKの生え抜きの職員でない沖縄の県民が，NHK沖縄局長（比嘉氏）になったでしょう。（中略）NHKには経営委員というのがおります。だいたい九州からひとりと決まっていて，定員いっぱいいたんですが，沖縄が初めてNHKの受信エリアに入るので，私が復帰の時に一人増員させて，沖縄代表をひとり経営委員に入れなさーいと，私は「誰をせい」とは言わないが，沖縄代表をひとり入れる枠を作ったのは間違いない。」「そういう細かい所に配慮をして，初めて皆さんの生活というものは割に順調にきていると私は見ています。」山中貞則『沖縄復帰25周年を語る』9・10頁

二見情話大会
（中央やや右に岸本建男名護市長）

3　沖縄担当政策統括官室の 1096 日
【平成 13(2001)年 7 月～平成 16(2004)年 7 月】

「沖縄のみなさんが支えてくれたのだね」

平成 13 (2001) 年 7 月，沖縄から戻り，内閣府企画官となってから，総務省の政策統括官だった稲村さんから聞いた話だ。野中廣務先生（当時，自民党沖縄振興調査会長）から，「佐藤君，沖縄に一年いて，何事もなく，よく無事に帰ってきた。沖縄のいろいろな人々が，彼と彼の家族を大切にし，彼らを守って，東京に帰したのだろうね。」と，言っておられたそうだ。後年，野中先生には何度かお会いし，電話をいただいたこともあった。役所を退いてから，京都のお墓に二度お参りに行った。お人柄を現す，目立たない，小さなお墓だ。

瀧川さん

瀧川元沖開次官から，沖縄赴任前には，名刺の肩書での英語の表記は事大主義（おおげさ）で，などとディーテールにわたる教えを受けた。帰任後の挨拶に行った。「よく戻った。お子さんたちは沖縄でどうだった。」と聞かれた。沖縄での子供たちや家内のことを伝えた。瀧川さんは目を閉じた。「君や僕は，沖縄のことが詳しくなっても，それは頭の世界。お子さんたちは，小学生それも低学年で，沖縄のこと，感度良く，心で吸収し交流したのだね。」。瀧川さんは，復帰前，琉球政府に大蔵省から出向した。瀧川長老は，今の沖縄と沖縄振興の状況をどう見ておられるだろうか。

真部さん

内閣府企画官として，総合調整担当参事官付となった。この参事官室が沖縄問題担当室の後裔にあたる。着任 1 か月を経ずに，参事官が真部朗（まなべ・ろう）さん（後の防衛審議官。現，IHI 顧問）になる。真部さんは，後日，沖縄防衛局長を務め，沖縄に精通し，沖縄問題，沖縄振興問題の本質とその重要性を深く理解されている。歴代の施設庁長官，那覇防衛施設局長（現，沖縄防衛局長）で印象深いのは，この時期の伊藤康成長官（後の防衛事務次官），嶋口さん（後の長官），北原巖男さ

ん（後に東チモール大使），沖縄勤務時代の山崎信之郎さんだ。海外経済協力会議の仕事で東チモールに行った際には，北原大使に大事にしていただいた。真部さんは，防衛OBのなかで，国内外の情勢を踏まえ，沖縄の地場のさまざまな動きを正確に受信されている。

初めての3協議会幹事会と團さん

最初の担務は，沖政協・特別調整費，北部協・移設先周辺協・北部振興，島田懇だった。後に，産業振興，特区税制などが加わった。官邸で，沖政協，北部・移設先周辺協，跡地協，いわゆる3協議会（移設先周辺協を別建てと考えると4協議会）に，企画官となって初めて参画した。沖政協，北部・移設先周辺協の幹事会（連絡会）では，古川副長官の司会の下，私もメイン・テーブルに座り，説明をした。今では考えられないことだ。担当室時代以上に，官邸に，新霞が関ビル（後に合同庁舎第4号館）から行き来した。旧沖縄問題担当室は，縮小前の3倍の陣容となっていた。

　最初の3幹事会の合間，総務省代表で出席の團官房長が，私の所に来た。「佐藤さん，古川副長官のところに連れて行ってほしい。」。各省の官房長なら自分で行く筈，まして，総務省の初代官房長の團さんならば，と思ったが，「わかりました。」とお連れした。長い時間がたったような気がした。10分ばかりだったろうか。次の幹事会のため会議室に戻った。やがて，團さんがすっきりとした顔で戻ってきた。司会の副長官も遅れて，「みなさん，すいませんね。」と何事もなかったように司会を始めた。そんなこともあった。

宜野座村ITオペレーションパークの始まり

北部振興事案で，宜野座（ぎのざ）村に，サーバーファームという案件があった。マルチメディア館の成功から，隣村の宜野座村で，IT企業誘致の施設の設営を行うもので，データセンターとしての機能も備えている。そのシステムまわりのことで，査定的にみると，相当に勉強いただかないと通らない，担当の経産省の苦労は並大抵でない案件だった。経産省の担当課が，一施設のために労力をかけ過ぎて，他の

様々な仕事に影響を与えないか心配となった。琉大講師の兼任をアレンジ
してくれた，この時は私のスタッフだった翁長さんと，経産省の担当の課
長のところに行ってみた。

　大事な案件，難航する案件は，各省庁に直接相談に行くことにしてい
た。その課長は，「沖縄のこの仕事は，雇用効果・波及効果もあり，全国
的にみても，とても有意義な案件だと確信している。佐藤企画官の言われ
ることはもっともだが，執行官庁としては，宜野座村を助け，県，官邸，
内閣府に素晴らしいと言ってもらえるよう，村とともにしっかりとやらせ
ていただく。」と言う。経産省の課長は，財務省からの出向者だった。宜
野座のサーバーファームは名実ともに立派にサービス・インし，平成21
(2009)年1月の第2サーバーファームの供用開始を経て，宜野座村ITオ
ペレーションパークとして発展している。

与儀さんと童神　沖縄県の与儀（よぎ）朝栄政策調整監から，県の企
画調整の事務方グループで，企画官になった歓迎会
をかねて，勉強会をしたいということがあり，みんなで一泊勉強合宿し，
来し方行く末を腹蔵なく語り合った。与儀さんから，節目ごとに大事なこ
とを教わった。二見情話大会には家族で出たが，沖縄の民謡の歌い方，本
土の人間でも，何とかさまになって聞こえる歌い方を教えてもらった。持
ち歌の話になり，てぃんさぐ（ほうせんか）ぬ花とか，シムクジ（芋くず）
の歌，男はつらいよ，とか言ってみた。「佐藤さん，佐藤さんは，童神（わ
らびがみ）がいい。うちなーぐち，でね。沖縄の子供たちの将来を願う，
という歌詞が，あなたにぴったりだ。」。この頃は，ずっとご無沙汰だが，
「大人（うふちゅ）なてぃ給（たぼ）り」と，カラオケで大事に歌っている。

宮城茂東村長　北部振興では，当時の12市町村長それぞれの方に思
い出がある。逝去された方のなかで，宮城茂東村長の
ことも忘れられない。最初の出会いは，担当室時代，東村のつつじ祭りで
お会いした時で，つつじの鉢を総理にさしあげてと言われ，飛行機に乗
せ，東京まで運んだ。その後，宜野座村と並ぶ周辺地域の首長，県内の首

長の重鎮として，言葉に尽くせぬ支援を受けた。あるとき，宮城村長はこう言われた。沖縄の厚い人脈のなかで，嘉手納の宮城町長，伊江の島袋村長と3人で，頻繁に連絡をとって，内外の事情を共有している，というのだ。3首長の共通点は，自分の町村ならではの施策を考えぬき実現させることにある。米軍基地所在の首長として，広く物事を考え，町民，村民のための，地に足の着いた振興策という気持ちは，3首長に共通していた。

　北部振興で，名護東海岸に行ったり，「やんばる」を北上したりする際には，東村長のところに伺って，お話を聞くようにしていた。村の経営のこと，12市町村のこと，県全体での位置づけ，様々なことを伺った。宮城さんは，平成24（2012）年9月23日に逝去されたが，その遺志は，地域プランナーとして活躍されている山城定雄さんはじめ有志にしっかりと引き継がれている。

宮城篤実嘉手納町長

平成15（2003）年4月26日，安達統括官の名代で，嘉手納の「道の駅」のテープカットに臨んだ。宮城篤実町長，施設局の部長と並んで，テープカットをした。午前10時のテープカットの後，宮城さんに，道の駅のなかを案内していただいた。地元の物産店，嘉手納町の歴史を扱ったジオラマのある資料館，おいしいハンバーガーがある飲食店もある。町長は，「宇宙一美味しいハンバーガーでしょう。」とすすめてくれた。「宇宙バーガー」という名だ。地元の人々が楽しめるように，舞台も切ってあった。「屋上に行きましょう。」と二人で屋上にと誘われたが，他には誰もいなかった。安保が見える丘よりも，嘉手納基地がよく見通せる。「ここが，これからの安保が見える丘ですよ。この嘉手納基地は日米同盟の要。僕は，町民のために，きついことも言います。しかし，この基地の重要性はよく理解しています。何より，それを米国がよくわかってくれています。ここに2人で立ったことと，私の話を忘れずにいてくださいね。」

　宮城町長は，岡本行夫さんに相談して，島田懇をつくった産みの親の1人だ。岡本さんのレポートにあった，基地交付金の傾斜配分の増加も，宮城町長が主体的に動いて，政府・官邸の理解を得て実現した。基地所在市

町村長の雄として，都市開発（嘉手納ロータリー），人材育成（町立嘉手納外語塾（平成 10 (1998)年 5 月 1 日設立）），産業創生（コールセンター・マルチメディアセンター）などに手腕を振るった。北部振興で北部振興会館ができたとき，在所の名護の宇武佐（うむさ）を偵察するなど，アンテナも高かった。中部市町村による中部振興会館をつくれないか，との思いもあったのだろう。稲嶺県政で，副知事就任が強く求められたが，嘉手納町政のため固辞したとの記事を，地元紙で読んだ。

島袋清徳伊江村長　岡本行夫さんは，伊江村の名誉村民だ。**大田県政**時，苦渋の決断の下，沖縄県下の首長のなかでただ 1 人，**島袋清徳伊江村長が米軍施設の使用権原について，代理署名を**した。海兵隊の補助飛行場を抱え，伊江村民の利益を第 1 にしながら，国益が叶うよう，苦渋の決断を続けていただいた。基地の負担を負う，村民の利益のためには，島袋村長は強く主張する。平成の市町村大合併のときも，歴史的地勢的な観点と住民の気持ちを重視する立場から，伊江村の自立を保った。理路整然としたその主張は，広域行政を推進する行政学の権威の西尾勝 ICU 教授（第 27 次地方制度調査会副会長（令和 4 (2022)年 3 月 22 日逝去））も一目置いた。西尾教授は，「沖縄県内離島の合併は本土とは別の考え方で」と那覇で講演した（平成 16 (2004)年 1 月 10 日）。琉球王国の貴い伊江間切（まぎり）の後裔である伊江村は今も単一の村として存在している。後継者に道を譲ってからも，清徳（せいとく）村長から，折々に便りをいただく。「伊江は遠いから，那覇に来ることがあったら，ぜひ声をかけてくださいね。那覇まで行きますから。」。令和 2 (2020)年 2 月，伊江に渡った岡本さんの見送りで，清徳さんは，「泳いででも（那覇まで）行きますよ。」と言ったと，追悼本に寄稿されている。

岸本建男名護市長　平成 9 (1997)年，島田懇の名護市担当となり，沖縄問題担当室で，名護市の岸本助役と末松企画部長にお目にかかった。それが岸本さんとの最初の出会いだった。平成 12 (2000)年，サミットが終わり，名護湾のビーチで地元の市民行事として，

無事終わったことを祝う後夜祭が開かれた。地元の民謡に聞きほれていると，ビーチを歩いてきた岸本市長から，奥様を紹介された。「この方が佐藤さん。家族で沖縄に来てくださった。」恐縮した。家族そろっての二見情話大会では，審査員を代表して，審査員特別賞を手渡してくれた。比嘉前市長は，そういう岸本さんを，決して前には出ずに温かく見守っていた。サミット後，移設のことで苦悩が続いたのだと思う。その**苦しみを何度も直接伺った**。平成 13（2001）年の年末，安達統括官から急な電話があって，岸本さんの苦悩を直接聞く安達さんのアテンドをしたこともある。

　若き日，世界漫遊をしたと聞いた。沖縄と風土・歴史が似ているアイルランドをこよなく愛した。芋（薩摩芋と馬鈴薯）で飢餓を脱し，多くの移民を送り出した（中南米・ハワイと北米）。精霊を信じるアミニズムの邦で，子供の数が多く，一族を大事にする，DX が成長の原動力となっているなど，沖縄とアイルランドとの共通点は確かに多い。あるとき，私の顔をまじまじと見て，「佐藤さんは，お公家さんみたいだね。今まで見てきた役人にはいなかった。」と言われた。マルチやバイで，市長の信念と苦悩を直接伺ってきた。平成 16（2004）年の国立高専の開校式でお会いしたのが最後となった。

沖縄セルラー電話事案　尾身大臣の何度目かの沖縄出張で，沖縄セルラー電話が，通信事業の会計規則でのドミナント指定を避けたいという陳情をしたことがあった。この時の出張には，安達さんも私も随行していなかった。総務省による，NTT ドコモの市場占有を避けるための措置だったが，沖縄には，経緯があって，県経済界の携帯会社，KDDI 系の沖縄セルラーがドミナントだった。総務省は，県や沖縄セルラーに趣旨を十分に説明していたが，沖縄の人々がつくったセルラーとしては，沖縄担当の尾身大臣にもお願いをしたのだろう。沖縄セルラーは地域の携帯会社だが，沖縄経済界が総出で事業を興した県民のための会社だった。無報酬の初代社長が稲嶺惠一さんだ。平成 9（1997）年 4 月の沖縄セルラー電話の店頭公開は画期的なことだった。

　尾身大臣は，「何とかする。」ということで，片山総務大臣と袂を分かっ

たが，主管は総務省だ。人がいないなか，いつのまにか，内閣府側の事務
方となっていた。担当室時代から，沖縄の任にある時，「生まれ島」と利
害が対立する際は，政府としての沖縄への立場を踏まえることにしてい
た。無論，筋が通らぬ話はだめだ。担当の総務省から出向の補佐と，ここ
を確認した。また，補佐が蹉跌を受けぬよう心した。総務省ということ
で，山本信一郎審議官（後の内閣府事務次官，宮内庁長官）が，「担当の上司」
となった。安達さんは，通産省出身ということで，あえて，部下の山本さ
んに，支援を頼んだと聞く。山本さんは，私の知らないところで，解決に
向けて，総務省各所と意思疎通されていた。尾身先生も片山先生も譲らな
かった。当時，内閣府の副大臣だった熊代昭彦先生に，本件で呼ばれ，山
本審議官と説明に行った。「沖縄のために見上げたことだ。ところで，企
画官，僕は，君のお父さんと一緒に仕事をしたことがある。」と突然言わ
れ驚いた。厚生省の出身の方だった。福田康夫官房長官の政務秘書官か
ら，突然，お電話をいただいたこともある。今思えば，ありがたいこと
に，誰かが，きちんと見てくれていた。

　ある日の夕刻，稲嶺知事の特別秘書の尚論（さとし）さんから電話があっ
た。「佐藤さん，セルラーの件で，苦しくなっていませんか。今，知事室
で，知事の前で，電話をしています。」「ありがとうございます。総務省の
言うことは，通信行政全体から見て，理に適ったことです。私は，今，沖
縄担当の企画官ですから，官邸と内閣府の指示に従います。行政官とし
て，心しているのは，沖縄，沖縄県民にとって何がよいかということで
す。」。稲嶺知事はじめ，沖縄経済界，沖縄県民全体の願いがかなったこと
になった。筋を通しつつ頑張ってくれた補佐は，今，総務省の幹部になっ
ている。沖縄セルラーは，平成16（2004）年12月，当時のジャスダック証
券取引所に上場した（平成25（2013）年7月，東京証券取引所のJASDAQに上
場。）。

　「沖縄と本土の経済人が手を携えて沖縄問題を前進させようと，1990年に沖
　縄懇話会が発足した。懇話会をきっかけにして91年に設立されたのが沖縄セ
　ルラー電話だ。第二電電（DDI）ほか県内の有力企業が出資した。沖縄のた
　めに企業を興そうという稲盛和夫さん（京セラ創業者）の思いが大きかった。

当初は利益が見込まれず，社長に報酬を支払う余裕はなかった。無報酬の社長なら稲嶺が一番いいということで，私が初代社長になった経緯がある。」
（稲嶺惠一『稲嶺惠一回顧録』74 頁）

仲宗根正和沖縄市長　仲宗根正和沖縄市長にもいろいろ教えていただいた。沖縄市政は，本土でいう保守革新の入れ替わりが激しいところで，そのなかで，沖縄市の職員として，中立公正に公務員としての分を果たして，プロジェクトを遂行することは大変なことだ。沖縄こどもの国（平成 14（2002）年 4 月 20 日オープン），コザ中心市街地の音楽の街づくり（中の町再開発：平成 19（2007）年 7 月 20 日整備完了）といった，島田懇の中核事業は，仲宗根さんの前市政からの案件で，沖縄市のテクノクラート達が大事に育んでいた。就任直後，市長は上京し，岡本元補佐官のところに連れて行って欲しいと言う。アテンドし，当時，神谷町にあった岡本アソシエイツにお連れした。岡本さんから，島田懇事業と沖縄市の取り組み，沖縄市における有能なテクノクラートの努力について話があり，その後，仲宗根さんはプロジェクトとそれを支える前市政時代からのテクノクラート達を大事にされた。

　令和 4（2022）年 1 月 21 日に逝去された。温和な方だった。生前，市長を退いてからも，懐かしむように何度もお電話があり，コザ市，美里村，沖縄市の歴史についていろいろ教えていただいた。とある出張が，沖縄の月見（旧暦 8 月 15 日）に当たり，こどもの国の市民行事に同行していた脇坂補佐とともに招いてくださった。サガリバナ（澤藤）が美しく咲いていた。「佐藤さん，脇坂さん，この月を忘れないで下さいよ。」とおっしゃった。お母さんの着物をワンポイントにした，かりゆしウェアを着ていた。サミットでの沖縄振興策もあって，「かりゆし」が県内で一般的になっていて，沖縄の織物をあしらった「かりゆし」も出た。「（稲嶺）知事さんはフルでだけど，僕は，切れ端でね。」と笑っておられた。後年，悠仁さまが，こどもの国の与那国馬にニンジンをあげている写真を拝見した。

文信さん　末松文信さんは，岸本市政で副市長に就任し，北部振興の調整でも，広域組合を大事にしつつ，名護市のナンバー・ツーである文信さんに，様々な相談をしてきた。いつも，有益な補助線を引いてくれた。沖縄勤務時代，自分で設計した『おうち』に，家族で遊びに行ったこともある。屋上まで吹き抜けで，天井に明り取りのガラスがあった。地階には井戸があり，秘密基地のようで，子供たちも大喜びだ。飼い犬とも仲良くなった。調整の日々，あるとき，名護市の公共宿泊施設で一泊して，いろいろ話をしようと言われた。一晩，名護と北部の将来像の豊富を伺った。沖縄では，親しみを込めて，姓名の名を音読みで呼ぶことが多い。末松さんのことは，文信（ぶんしん）さん，と呼んでいる。「ぶんしん」さんは，県議会議員として活躍されている。鉄也さん，建男さん，そして，文信さんも，「名護マサー（名護が勝る：逞しくエネルギッシュな気性）」だ。

久辺三区の区長・行政委員長の上京　移設先の久辺（くべ）三区，辺野古（へのこ），豊原（とよはら），久志（くし）の3区の区長・行政委員長6人が，国立高専着工のお礼に要路に会うため上京したいという。末松さんからの電話だ。上司と相談し，文科担当の山崎補佐とともにエスコートした。古川副長官からは，「今のうちに，旧官邸（現，公邸）をお見せするように。」という指示があった。組閣時に閣僚が並ぶ階段で写真も撮った。情と理とがつながり，久辺にも，名護にも，那覇にも，緊張は続きながら，穏やかな南風が吹いていた。

「そういえば，国立高専の設置に向けて采配をふるってくださったお礼に，久辺三区の区長さんたちとお邪魔したとき，古川氏は，官邸（旧官邸）をくまなく案内してくださいました。内閣発足時に新大臣が並ぶ赤絨毯の階段で写真まで撮らせてくださり，お礼に出掛けたのに意外なもてなしを受けて，みんな感激して帰りました。本当に優しいお人柄です。」（普天間基地移設10年史出版委員会『沖縄普天間飛行場代替施設問題10年史「決断」』150頁）

山中先生のスピーチ

平成13（2001）年末，沖縄新法，4次振計がらみで，税制の話も大詰めを迎えていた。12月4日，岸本市長が上京し，要路に挨拶をされた時，山中先生の砂防会館でのスピーチを聞きに行くと言われ，上司から，アテンドするように命じられた。平成12（2000）年のサミット前から，稲嶺知事，岸本市長にはSPがついていた。マスコミも常に動向を伺っていた。砂防会館では，沖縄税制の決起集会「沖縄振興関係税制特別措置実現東京大会」が開かれ，在京，在関東の様々な沖縄所縁の郷友会の人々が詰めかけていた。沖縄勤務時の朝勉強会で一緒だった経営者協会の方が司会をしていた。沖縄市町村議会代表（我那覇生隆那覇市議会議員），稲嶺知事，伊良皆高吉県議会議長の挨拶の後，山中先生のスピーチがあり，上司への口頭報告のため，走り書きでメモをとった。激しい言葉もあるが，沖縄の人々に訴える先生ならではの言霊として，山中先生のスピーチを受けた，野中先生のスピーチとともに，あえてそのまま文字にした。愛情のこもった言葉を，ぎっしりと集まった人々は一言も漏らすまいと耳をそばだてて聞いていた。

「よく集まったね。」「（米国の9.11）同時多発テロの影響で，沖縄は危ないという風評はおかしい。修学旅行がばったりなくなったね。京都は賑わいを取り戻したというのに。父兄や学校（の考え方）がおかしい。」「これから，沖縄にとっては，本土から暖かさを求めてやってくる（時期だ）。旅行代が割安の感があった沖縄にとって，全産業全地域の問題だ。」「（今回の税制では平成10年度の様な特別の）沖縄枠はないが，掲示された項目が要求される日々を，私は待っていた。（金融特区も雇用の）人間も1,000人（は必要と）詰めたが，中身も相当に詰めてきた。（その上で）本土政府がびっくりするような案をつくってきたね。」「（ここに居る）野中君に沖縄の親父になってみんなやれと言った。おれが悪人になって料理する。不肖野中広務，政治生命をかけると言え。」「山中は，総理にならず，（衆議院）議長も辞退した。いったい，何のために，（今，）国会にいるのか。これは，山中が居て，日本の背骨を正すため。野党に妥協するなら下野すべき。このため，山中は，（小泉）総理が言っても聞かない。」

「沖縄問題については，私も誇らしげに言えない。しかし，琉球王国を

潰した薩摩の出。その償いがある。」「明治の琉球処分，また，沖縄戦の報い，また，復帰までの27年間の苦しみ，これを皆償うため沖縄担当相を務めた。佐藤総理は大事にしてくれた。」「山中に私情は全くない。国家のため，沖縄のことについては息の続く限り努力する。」「財務省からの信頼。財務省に愛情をかけても，無理を言ったことはない。野中（で）は，（財務省は）何を言っているのかわからない。財務省は，自分の（事務所の）部屋に来てくれる。野中（沖縄振興調査）会長が（税制で）いい顔をしたことをなるべく実現させたい。私は手柄はいらない。」「私は沖縄の人が礼をしてくれるだけでよい。先日も，沖縄で車に乗って，信号機で止まっていたら，向こうの車で，若い夫婦が，幼い子に，あれが山中先生だと言って礼をさせる。幸せです。」「これは沖縄からいただいた幸せ。沖縄について，命のある限り，お返しする。ヤマトを代表して償いをする。」

　次に，野中沖縄振興調査会長がスピーチをした。「山中先生の温情溢れる言葉に感動に震えました。責任の重さを感じます。」「山中先生が沖縄振興に心を砕かれたのは皆さま承知のこと。そして，はらわたからの言葉で語っていただいた。ありがとうございます，ではかたいですね。よろしくお願いいたします，ですね。」「山中先生の足元にも及ばないが，私も熱き思いがあります。昭和37（1962）年の初訪沖での，摩文仁（まぶに）の丘の慰霊塔。京都は，嘉数（かかず）の丘で二千人が戦死。米軍基地そのものといった宜野湾市のサトウキビの見えるところで，妹が亡くなったという，タクシーの運転手さん。昭和39（1964）年の東京オリンピックの時に，（嘉数の丘に）慰霊碑を建てました。」「沖縄との出会いから，自治大臣の後，山中先生に次ぐような小渕総理の官房長官として沖縄担当もできました。橋本内閣時の難しい課題（を受け），さらに，沖縄開発庁長官も兼任しました。」「政治家としての最高の勲章は，沖縄開発庁長官，沖縄振興調査会長になれた幸せ。」

　「（平成11（1999）年の）4月28日，小渕総理とサミットの最終調整をしました。8候補地のなかの8番目のランクでした。総理は何とか沖縄でできないのかと。」「（小渕総理は，若い頃，）稲嶺知事の父君のお世話で沖縄の各地を歩かれました。大田海軍中将のお嬢さんにも出会いの機会を持たれま

した。（サミット沖縄開催は，）フォーリー駐日大使を通じて最後の交渉をされました。」「（サミット沖縄開催を決めて，）小渕総理の喜びが忘れられません。小渕総理は，（サミットでの）食事メニューのチェックまで行われました。（平成12（2000）年の）4月1日，沖縄から戻って6日後，これ以上，自由党との連立が困難となった5時間後，順天堂病院に入院されました。」「沖縄からの見舞いの手紙や折り鶴，いまだに小渕家の応接室に残っています。」「5月14日に御不例になりました。翌15日（（註）沖縄復帰記念日）は，メニューの試食日だったのです。」。両先生のスピーチの前，橋本先生は，岸本市長の労を深くねぎらった。その後，安達統括官，山本審議官の指示で，情報通信特区の指定同意，金融特区の指定を担当した。総務省，経産省，財務省から出向の3人の補佐とともに，主税局，主計局との調整にあたった。

　「昭和46年（1971年），本土復帰が決まった直後，石垣島を訪れた時のことだった。屋良先生は私を案内して下さり，自動車の中で二人っきりになった時，「自分の目の黒いうちは本土復帰は実現しないだろうと思っていた。しかし佐藤首相のおかげで復帰できるようになり，担当大臣が山中さんだと知った時の私の喜びはいかばかりだったか，感無量の思いがある。まさに天の時，地の利，人の和が一体になった」と言って，大粒の涙を流された。屋良先生の涙を見たのは，それが最初で最後だった」（山中貞則『顧みて悔いなし・私の履歴書』14頁）

「細面の青年と聞いたが」　平成14（2002）年の夏，古川副長官のところに，上司とともに説明に行った。副長官から，「ところで，佐藤君，細面の青年だったと聞いていたが。」，安達さんが，「沖縄勤務で…」と，私の体型をフォローしてくれた。「沖縄の人たちが皆，君が優しく導いてくれたと大変感謝していた。ありがとう。よくやってくれた。」。突然の言葉に首を上げることができなかった。週が明けて，勤務時間後，私の預かっている「島」で，ご苦労様会をしていた。文科省からの岡貴子主査，県庁からの大湾君，2人は三線（サンシン）が引ける。2人に爪弾いてもらって，みんなで聞き入っていた。山本審議官が，

「ねぎらい」の銘酒をもって，官邸から直に「島」を訪れた。

　当時は，県庁・市町村から出張者がたくさん来て和やかに情報交換をした。東京と沖縄との直結の密度がとても高い時だった。沖縄暮らしの経験で，沖縄では，よきことも辛いことも共有の密度がとても高いことを実感した。沖縄問題担当室の後継の沖縄担当政策統括官室総合調整担当の，こういう雰囲気も沖縄に伝わっていたのだろう，よき時代となっていた。平成8（1996）年からの，政府，沖縄双方の苦渋の決断，断絶，再度，再々度の握手，様々な人々の汗の積み重ねだった。

3 企画官兼務

平成14（2002）年の年明け14日，上司の山本審議官に呼ばれた。総合調整総括・総合振興と北部振興の旧沖縄問題担当室関係の2つの担務に加えて，企画・産業振興という旧沖開庁総務局企画課の担務も，企画官として担当してほしいとのことだった。当時の旧沖縄問題担当室関係2業務の上司の内閣府参事官は，1人は真部さん（後の防衛審議官）。もう1人の沖振法と沖振計画を主管する企画・産業振興担当参事官は安田さん（後の総務事務次官）。3人前の企画官の業務を1人で背負うこととなった。スタッフとして，補佐が10名，主査が4名，そして沖縄県からの研修生が1人いた。稲嶺県政の下，将来を嘱望された若手だった。私の内閣府企画官時代は，友利道男さん，町田宗男さん，大湾（おおわん）朝貴さんと3人が続いた。よきテクノクラートとなってもらって，グッド・クライメートを築けるよう，大事に育んだ。

3人の思い出，2人の足跡

企画官時代，沖縄県からの3人の若い派遣職員が次々に支えてくれた。できる限り，東京での知見を深めてもらって，人財として将来に益するよう育てようと努めた。1人目の友利さんは，宮古島出身で，柔和ななかに，豊富な人脈を持ち，よく状況を見ていた。宮古の方々に一目置かれていた。県に戻り，長く，県議会議長・副議長秘書を務めた。2人目の町田さんは，各種振興策が花開いた時分で，内閣府本府から官邸に足しげく通ってもらった。オニヒトデが繁茂した時で，大村秀章政務官（現，愛知県知事）ととも

に，官邸の記者会見場で，対策のため，オニヒトデの大きな剥製を持って登壇した。嘉数知賢副大臣と門中が一緒だった。3 人目の大湾さんは，財政のスペシャリストで三線が上手だ。3 人が，後日，県庁で迎えてくれた時はとてもうれしかった。3 人ともに，テクノクラートとして大成して欲しい，彼らが彼らの後継を育てて欲しい，と思い続けている。そのためには，能力人物本位のキャリア・ステップを保つ環境が大切だ。

　旧郵政省には，沖縄国際情報特区構想推進室が出来た。沖縄になじみ，地元から信頼された 2 人の人物が出た。高地晴子さんは，沖縄こども未来館プロジェクトに尽力し，岸本名護市長にも信頼され，2 人目の副市長にという話もあった。沖縄では，本土・霞が関から三役をという話は今でも稀だ。岡村信吾さんは，沖縄振興・北部振興に尽力し，今は，株式会社ディー・エヌ・エー代表取締役社長兼 CEO だ。横浜 DeNA ベイスターズ社長の時以来，キャンプ地の宜野湾市・嘉手納町を大切にしている。霞が関は沖縄県をよく理解し，沖縄県もまた霞が関を十分に知ること，沖縄問題，沖縄振興問題にとって大事なことと常々考えている。

　　紐を保つ　　名護市の末松副市長から，ある日，電話があった。「比嘉前市長のことで，沖縄県の推薦で，叙勲の申請をしているところです。」官邸での辞職表明と引き換えに，沖縄と日本の将来のため，苦渋の決断をしていただいたこと，一行政官として脳裏に刻まれていた。旭日中綬章（旧制の勲三等旭日中綬章）を受章された。一行政官として，**本土と沖縄との紐帯の保持を深く思っていただいた方へのお報いがあって**本当に良かったと思った。平成 15（2003）年 12 月 1 日，名護市宮里のホテル「ゆがふいん」で，岸本市長を発起人として，比嘉さんの受章の祝賀会が盛大に開かれた。沖縄問題担当室と同じフロアには，賞勲局があって，勲記を書く，能書家の総理府技官（現，内閣府技官）の人たちが，流しで筆と硯を洗っていた。沖縄郵政管理事務所総務部長時代，那覇中央郵便局に置かれていた那覇逓信診療所長の医師が現職で逝去された。戦前だと逓信医と言われていた職務だ。沖縄出身の元沖開庁総務局長の嘉手川さんの従兄弟だった。仲本総務課長から従五位の位記を伝達して欲しいとのこと

で，先生の『おうち』に出向いた。

　仲本さんから託された，読み上げ文書には，「天皇陛下に代わりまして，沖縄郵政管理事務所総務部長佐藤裁也より…」とある。とても驚いた。内閣府企画官になって，位記を司る，総理府官房総務課（現，内閣府官房総務課）勤務経験のある「重鎮」に聞くと，実は，この言い回しが正道とのことで，沖縄郵政に正道が残っていた。「重鎮」氏からは，メモのコピーが欲しいと言われた。

芳敬さん　　沖縄市の島袋芳敬さんのこと，一言する。島田懇の沖縄担当の時に出会った。最初は，本土の人間に，沖縄のことはわからない，と言われ相当の議論をした。その時は，こどもの国の担当の室長だったが，保守革新，政争の厳しい沖縄市にあって，仕事師の彼は，異動を繰り返した。オフィス自体，地下にいったり，階上になったり，目まぐるしかったが，めげることなく，後輩の育成も怠らず，市町村のテクノクラートの雄の1人だった。島田懇の語り部の1人だ。本部町の出身。お願いして，「やんばる」のとある御嶽（うたき）に連れて行ってもらったこともあった。郵政省に戻っての私的な沖縄行でのことだ。この頃，中南部と北部との「くびれ」のところを歩き横断してみた。同じ日に，西海岸と東海岸から，東シナ海と太平洋，それぞれの海を眺めた。

岸本市長の遺言　　平成15（2003）年11月15日，奄美群島復帰50周年記念式典が，奄美大島で挙行された。天皇皇后両陛下（上皇上皇后両陛下）も臨席された。そこには，岸本名護市長も招待されていた。奄美群島と，群島と隣接する「やんばる」」は，相互の交流が深い。薩摩藩が，奄美を直轄地にした後も，長く，奄美のノロは，琉球全体の神女の長である首里の聞得大君（きこえ・おおきみ）との縁をつないだ。後年，奄美市立奄美博物館で，その証左を拝見した。平成中期の沖縄振興が具体化していたこの頃は，奄美の人々が，沖縄に一層関心を寄せるようになっており，奄美群島最南端の与論島（与論町）では，「沖縄県に奄美群島を編入して欲しい。難しければ，与論町だけでも沖縄県に編入を。」と

いう声があった。

　戦後まもなく，静岡県の郵便局を，名古屋管内でなく東京管内に，難しければ，伊豆の郵便局を，それも難しければ，伊東（特定）郵便局だけでも，こういう，郵政大臣充ての陳情書を，伊東郵便局長時代に見たのを思い出した。岸本さんは，奄美に行った際に，大阪大学のエルドリッヂ先生に会い，親しく話が弾んだという。「エルドリッヂさんは，海兵隊員のお父さんがいて，沖縄でも暮らし，沖縄，奄美のことをしっかりと実地で学んでいる。佐藤さんとはよい友人になれると思う。」と語った。阪大所縁の知人にお願いして連絡をとってもらい，総務省に戻ってから，先生と一度お会いした。先生は，「日本政府に，沖縄をよく知り，よくし得る人がいた。いつかは一緒に仕事をしたい。」と言ってくれた。岸本さんは平成18（2006）年3月27日に旅出たれ，4月2日に市民葬があった。総務省の広報室長だった時で，上司の森清官房長に話し，有休をとり，比嘉鉄也さんのお宅で，懐かしい方々と故人を偲んだ。葬儀のあと，しばらくして，末松副市長経由で，奥様にお願いして，宇茂佐（うむさ）の『おうち』で，お線香を上げた。ご命日は，琉球処分の日だ。

小渕総理像の除幕　平成13（2001）年4月29日のことだ。名護の部瀬名岬の万国津梁館の隣地に，小渕総理の座像の除幕式があり，参列した。2年前のこの日，沖縄サミット開催が決まった。沖縄はじめ全国の特定郵便局長会が多くの寄付を行った。東日本大震災の直後，稲嶺知事が上京された。ご自身の半生記を，お世話になった方々に配るためだ。王子のお宅にも伺ったそうだ。

　小渕優子先生とは，企画官時代，野田聖子先生の勉強会で，沖縄に詳しいと紹介され，熱心に話を聞いてくださった。先生に，「沖縄振興調査会で同僚の若い先生方が意見を述べられているのに，沖縄ゆかりの父上をもつ先生はなぜいつも静かにしておられるのですか。」と大変に失礼なことを聞いてしまった。先生は，微笑みながら，「佐藤さん，私は，父の娘だからこそ，もっと勉強してから，沖縄の支えになりたいのですよ。」と言われた。頭が下がった。先生は，今，沖縄振興調査会長だ。長男が独立し

て，滝野川・飛鳥山に住むこととなった。家内とともに，ときに一人で，王子近辺を散策することがある。沖縄からの折り鶴に包まれていたという応接間のあった旧小渕邸を長男の住むマンション近くに見つけうれしくなった。

> 「父はこの王子という場所がとても好きだったようです。国会へ遠くても，都心へ遠くても，父はここを離れようとはしませんでした。」（小渕暁子『父のぬくもり』42 頁）

沖縄サミットを思い出させるイコンは少ない。ブセナの万国津梁館と，名護市民会館前の小さな建物だけだ。小建築の方は，プレスセンターの受付施設として建てられ，その後，名護市役所の離れの事務棟として使われた。万国津梁館では，末次一郎先生の姿を見かけたことがある。小建築では，そっと，岸本市長の苦悩を，上司とともに伺ったことがある。

> 「（稲嶺知事の小渕暁子さんへの問い）小渕総理は（サミットが行われる会場の下見の）あの日，サミット会場予定地である万国津梁館の前から，海をみつめて動かなかったんですよ　何分たったのでしょうか，10 分いやいや 15 分何をみつめておられたんでしょうね　水平線の彼方に総理は何を見つめていらっしゃったのですかね。」「父が海をみつめていた場所に銅像がたつ　沖縄の思い，父の思い」（小渕暁子『父のぬくもり』113 頁）

> 「（夫は，）「沖縄の人たちにはいつも苦労をかけている，沖縄に日をあてたい。」といつも言っていました。」（小渕千鶴子：平成 22 年 10 月 7 日付日本経済新聞 6 面）

尾身沖縄大臣　企画官になって，多くの日々は，尾身大臣の下にいた。最初のご挨拶の時に，「君は何省からか。」と聞かれた。総務省などと言うと，そんなことはわかっていると直撃を喰らうだろう。「旧郵政省です。」と答え，とても怪訝な顔をされた。すかさず，総務省（旧自治省）からの内閣府審議官，経産省からの統括官，財務省からの沖縄振興局長が，口々に，「大臣，佐藤企画官は大臣の思っておられるような郵政の人間ではありません。」と言う。おかしかったが，とっさの

省庁連携が有難かった。「自分は，通産省の役人時代，政治家になってからも，ありとあらゆる難しい政治・行政の課題をこなしてきた。その上でだが，沖縄のことこそ，どんな政治・行政課題より難しい。内政，外政，安保だけでなく，歴史，人文，社会，心理学まで，ありとあらゆる知見が必要になることを知った。」。尾身先生の沖縄相退任の際の挨拶だ。

安達統括官　平成9（1997）年から，ずっと，沖縄問題担当，沖縄担当の任にあった安達さんのこと，沖縄の首長さん達はまだまだ任にあるのだろう，と思っていた。岸本市長の何十何回目かの上京で，安達さんと私と3人とで懇談をという一夕があり，遅れて，安達さんがやってきた。「退くことになった。」と言う。岸本さんが唖然としていた顔を思い出す。平成中期の沖縄振興は，沖縄問題という大きな次元でも山を越えつつあった。この頃，安達さんは，いたずらっぽく，「たっちゃんは，ちょうど，物事がまとまる時に，沖縄から戻って，キセルのように乗ることができたね。」と言われたことがある。自分なりに，「軸」の汗水ももたらしてきたとは思うが，平成8（1996）年からの逆風を何度も味わった安達さんならではの言葉だ。安達さんは，その後，シャープの副社長となり，シャープの再建にも携わった。機械工業会の副会長を務め，尾身先生を助け，STSフォーラムでも活躍された。及川さんからもだが，いつか，担当室OBみんなで，沖縄行との話をしている。安達さんが，政府（内閣府）を退いてから，1年，私は企画官として職務を続けた。

斎場御嶽　担当室時代から，知念村（現，南城市）の斎場御嶽（せーふぁー・うたき）には何度も参った。事務所時代，家族が合流する前，1人でバスを乗り継いで行ってみたこともある。ハブに注意と書いてある標識があった。総務省に戻る前，財務省主計局から出向しているデキヤー（優秀な人物）の横山幹生補佐と2人で，南部関係の出張の際に，「参る」機会があった。地元の方が案内してくれた。横山さんは，志願して，沖縄県の参事を務め，主計局の主査にもなり，今は，民間で活躍している。

中部3首長と「IT連絡会議」

総務省に戻る内示を受ける前のこと，沖縄への出張の際，仲宗根沖縄市長，宮城嘉手納町長，辺士名朝一北谷町長，3首長からランチに誘われた。1人で来て欲しいという。安達統括官が退く前に，嘉手納町も沖縄市もIT（この頃は，マルチメディアから，ITと呼ぶようになっていた。その後，ICT，DXとなる。）の勉強会を立ち上げていた。統括官の話では，3首長の依頼として，私に参加して欲しいという。本籍はITの担当省だが，広く各省庁のお世話をというのが自分の使命だと思っていたので，二の足を踏んだが，是非ということゆえ，オブザーバーという形にしてもらった。当時，沖政協，島田懇，北部振興関係の施策で実のある会議が沢山開かれていた。県，市町村の自主性を尊重し，会議参加を請われた際，私と私のスタッフは，あえてオブザーバーの形で参加するようにした。3首長は，平成15（2003）年1月10日，合同で，沖縄市役所内で，IT施策に関する連絡協議会を立ち上げた。5月20日には，嘉手納町役場内で，中部3市町連絡会議を組成した。3首長が嘉手納基地対応以外で「連絡」するのは稀なことだ。沖縄市内の，地元の方々で賑わうファミリアだが歴史ある月苑飯店で，4人でランチをした。

　3首長は，「ずっと，沖縄の仕事をしてもらいたい。プライベートででもよいから沖縄を見守ってほしい。復帰前後から，沖縄関係の国の行政官は，たとえよい人がいても，ある方面，ある時期だけで，継続性がない。沖縄の複雑さを理解した上で，継続性をもって，政治の俎上にあげる仕組みが定着していない。ぼくら3人だけでなく，佐藤さんは稀有な人財だ，とみんなが言っている。」と声をそろえて言われた。ありがたかった。岡本行夫さん流の言い方だと，涙が，ちょちょぎれた。この方たちは，担当室時代，事務所時代，そして今に至るまで，私を見てくれていたのだと感動した。「仕事のことは，1人ではどうにもなりませんが，時機が許すなら，この先，何度でも，かかわらせていただきたい。」と言うのが勢一杯だった。

3　沖縄担当政策統括官室の1096日【平成13年7月～平成16年7月】

儀間浦添市長と翁長那覇市長

島田懇，那覇軍港移設協（那覇港湾施設移設協議会：平成13（2001）年11月15日発足）で，浦添市，那覇市との関りもあった。浦添市役所で，儀間光男市長のお話しを伺った。国立劇場の記念公演で，両陛下が市役所でご昼食をとられ，光栄であり緊張した話をしてもらった。翁長雄志那覇市長とは1回だけ，企画官になる前，紹介を受けて会ったことがあった。お2人とも，市長になる前，山中先生の愛弟子として，自民党の県議として活躍されていた。平成9（1997）年末，自民党本部の沖縄県総合振興対策等に関する特別調査会で，自民党沖縄県連としての建議書を説明されていた姿を思い出す。そのなかに，今の名護の高専につながる国立マルチメディア高専の話もあった。

稲嶺知事の使者とフィナンシャル・タイムズの記事

内閣府から総務省に戻る話を聞き，沖縄県の伊佐嘉一郎東京事務所長が困惑した顔で，私のところに飛んできた。「本当ですか。」「そうです。」「稲嶺知事から，実は，是が非でも，内閣府（沖縄担当）に残ってもらうよう，注視せよ，と厳命を受けていたのですよ。」「ありがとうございます。決まったことですから。」。有難かった。担当室から郵政省に戻る時と違い，総務省にも官邸にも理解してくださる人々が居る。総務省に戻る以上は，その職務をしっかりやっていくのは当然，しかし，「内交官」として，ずっと沖縄のことを続けていこう，機会があれば，政務の指示と支持を得て，次の時代の橋渡しの職責を果そうと，あらためて心に誓った。これからも沖縄振興はたゆみなく進むだろう，しっかりとした成長のエンジンが備わり，弛緩することなく，沖縄から人材が輩出し，正統な発信が続くだろう，と思っていた。この頃，平成16（2004）年4月24日・25日両日付フィナンシャル・タイムズ3面に，「沖縄県は首都東京を上回る成長」という記事が出た。平成中期の沖縄振興への国際的な評価として，担当の行政官としての立場からも誇らしく思っている。

229

白石長老

　いつの頃からか，山中先生の沖縄での大秘書は，カヌチャベイリゾートのオーナーの白石武治さんだった。白石さんの先祖の地は鹿児島県だ。白石さんのような一族を，沖縄では寄留商人というと歴史の本で学んだ。沖縄県老人クラブ連合会会長を長く務めた。白石さんのお名前は，名護の比嘉鉄也さんからも度々聞いていたが，実際にお会いしたのは，企画官から，総務省に戻って，プライベートで沖縄に行った時だ。

　これからの沖縄について，意見を聞きたいとのことだった。逆に白石さんのお話を何時までも聞いていたかったが，飛行機の時間が迫り，沖縄郵政の総務部長時代の秘書の佐敷町（現，南城市）出身の津波さんを遺して，飛行機に乗った。白石さんも佐敷に所縁があると教えてもらった。白石さんは，令和3（2021）年2月26日に旅立たれた。

川口先生

　後のことだ。岡本行夫さんから電話があった。「元外務大臣で，自民党の沖縄振興に関する特別委員会の委員長から，沖縄のことに詳しい人の話を聞きたいとのこと。佐藤さんのことを言っておいたから，電話がある。よろしく。」とのことだった。すぐに川口順子先生から電話があった。「よろしければ，お時間あるときいつでも，先生の地元に参ります。」と申し上げた。先生は，「そういうことなら，懇意の小料理屋の個室にお出でなさい。」とおっしゃった。広い個室で，美味しいものをいただきながら，川口順子先生は質問を重ねつつ，じっくりと耳を傾けてくださった。「現地も東京も，何より人間関係が大事です。」と申し上げた。「**重層的な人間関係を絶やさぬようにすること。**切れ切れになるのを，沖縄の長老たちは見てきましたし，見慣れてきたのです。その度ごとに本土への不信が溜まります。そういう状況は，国際関係においても，日本のアセットを毀損します。純真素朴すぎる考え方かもしれませんが，実感した真実です。」。後年，内閣官房で，海外経済協力会議担当の内閣参事官になった際，日々の仕事のなかで，外交の要諦も，最後は誠実さにあると学んだ。

あかしょーびん

　企画官として最後の出張は，石垣市となった。担当室時代，島田懇では，石垣市の担当でもあった。平成16（2004）年6月18日，名護で北部振興の打ち合わせをし，19日に伊江島へ渡り，20日に石垣市に入った。懐かしい入松田局長にもお会いした。たまたま，「生まり島」に来島していた牧野副知事にもお会いした。牧野さんと入松田さんは大の友人だ。石垣島で島田懇事業の状況や新石垣空港の建設予定地を見て回った。宮古島と同様，石垣島にも何度となく訪れていたが，行くたびに，石垣港の離島ターミナルや島々への高速船はじめ海のインフラも立派になっていた。街もにぎやかだ。後日のことだが，石垣も，那覇，本部，宮古とともに，国際クルーズ船の拠点となった。

　この出張の途中で，総務省（官房厚生企画管理室長）への内示を受けた。内示を受けたこと，家内に話した後で，末松さんに話をした。末松さんは，石垣からの帰途，名護か，かなわぬなら那覇で会えないかと言ってくれたが，出張日程から無理だった。途中，当時の与那国町長が石垣市内の視察に訪れていた。「太鼓」を叩き合ってくれたのかもしれない。石垣市最後の夕食は，石垣市長が市のリーダーの方々をそろえてくださった。挨拶をうながされて，「平成中期の沖縄振興」の想いを語った。窓の外を見ると，嘴の大きな鳥が飛んできた。「あかしょーびん」だと，声があがった。「瑞鳥ですよ。」と誰かの声がした。

北部から中部へのリレー

　内示後，正式に，異動挨拶のため，那覇，名護，コザを回った。名護では，新築された北部振興会館の屋上で，北部事務組合はじめ旧知の人が，「ビーチパーティー」を開いてくれた。この会館は，ツール・ド・おきなわの備えの自転車の車庫であり，防災備蓄基地でもある。単なるドンガラは忌避するが，意味あるドンガラは有りとした，平成中期の北部振興の象徴だ。末松副市長から末松「分身」名で，「表彰状と任命状」をいただいた。平成16（2004）年6月26日のことだ。「貴殿は，名護市及び北部地域の発展において多大な貢献をされ，功績を収められました。ここに表彰すると共に，東京において名護市・北部地区OB会会長を任命いたします。」と書いてあ

る。宮城安秀さん（現，名護市議）はじめ久辺三区の区長さん・行政委員長さんたちからは，「志有る者は竟には意を達す。」というプレートをいただいた。北部事務組合の比嘉克宏さんが，北部と中部との境まで送ってくれた。そこからは，沖縄市の兼本正人さんが迎えに来てくれた。丁寧に回りたかったが，日限時限もあり，中途の思いのなか，私にとっての平成中期の沖縄振興に一段落をつけた。

講話　総務省に戻ることが決まり，安田参事官から，沖縄担当部局職員への沖縄振興の講話を依頼された。その内容は，本編の元資料の一つになっている。もう1人の上司，真部参事官の後任の武藤義哉参事官のチームでも，慰労会を開いてくれた。みんなが出し合って，沖縄の織物のネクタイを餞別に贈ってくれた。後年，古川さんにご挨拶に伺った。諸事万般，沖縄のことも，前向きなアウトプットには，天・地・人がそろっていなければならない，と話をされた。

左より，岸本建男名護市長，稲嶺惠一県知事，小渕恵三総理大臣（『決断』所掲）

おわりに　令和4（2022）年5月15日

沖縄復帰50周年

　本書を書き下ろしてあらためて思う。平成中期の間のネットに残っている情報量が，それ以降に比べて非常に少ないことだ。復帰時の方が，「かわいた」「良質な」情報を検索できる。復帰時の沖縄振興も，リアルな人間関係と残された文献資料とで，平成中期の沖縄振興に吸収され発展した。令和の振興を考える上で，**沖縄問題・沖縄振興の複雑な多元方程式を解く上でも，平成時代，その中頃の経緯と成果の振り返りは避けて通れない。事実をもとに，中庸を心掛けて**。四国赴任の際，徳島県吉野川市美郷のポケットパークで，後藤田正晴先生の顕彰碑に出会った。旧美郷村は後藤田官房長官の出身地だ。顕彰碑の文面に後藤田長官の言葉が記されている—歴史に正対せよ，それだけの国として，また国民としての勇気を持て，道義性を持て，これがいちばん大事だよ，歴史から逃げたらあかん，ということです—。

　岡本さんをはじめ，小渕先生，尾身先生，梶山先生，岸本市長，香西先生，國場さん，小坂先生，崎間さん，椎名先生，下地さん，白石さん，豊平さん，仲宗根市長，野中先生，野村大使，橋本先生，原島大使，福井さん，宮城村長，宮里さん，牧さん，そして，山中先生……。平成中期の沖縄振興に尽力され逝去された方々も，きっと令和の世も見守っておられる。

　本書を編むにあたって，金澤薫さんはじめ多くの人々の励ましを受けた。「はじめに」に記したように，特に，小和田恆さん，古川貞二郎さん，五百旗頭真先生の思いもかけぬ御縁をいただき，有難い励ましをいただいた。沖縄の長老の方々，これからを担う人々から，筆を進める勇気をいただいた。信山社の袖山貴さん，稲葉文子さんには，「記録性を大事にしつつ，私見を示す」という本書のタスクを，言葉に尽くせぬほど支えていただいた。皆様にあらためて感謝する。一昨年10月から書き出した本書，沖縄復帰50周年の日に筆をおく。沖縄のことを続けること，励ましてくれてきた『トゥジ（刃自）』の京子，われわれと沖縄でともに暮らし，執筆の間に母となった長女と実家から独立した長男，わが家族の支えを付記する。

肝内に赤花燃ゆる慰霊の日　風歩

源平（減兵）の

争い果てぬ琉球の

我が傍らに　平泡盛

行夫

岡本補佐官退任時の「歌」

〈解題〉
歴史の中の沖縄返還と沖縄振興

　本書は「沖縄振興」についての初めての本格的な著作である。

　1972(昭和47)年の沖縄返還から23年後のことである。1995(平成7)年9月4日の米兵による少女暴行事件を契機として，沖縄には米軍基地の理不尽に対する抗議が湧き起った。続いて，日本政府内には沖縄に眼を向け，沖縄を支え包摂しようといううねりが起った。その端緒は，村山富市内閣が政府と沖縄県とを結ぶ協議会を新設したことであったが，翌年，橋本龍太郎内閣において，梶山静六官房長官の情熱を駆動力としてうねりは高まり，岡本行夫氏や島田晴雄教授ら傑出した民間人が参画しての前例のない活動が加乗された。日本政府と沖縄県，そして沖縄の市町村までを結ぶ大きな沖縄振興運動に高まった。沖縄の基礎自治体の民意を踏まえた数多くの施策が提案され，日本政府はそれに予算をつけて沖縄振興策を実施して行った。1998(平成10)年に成立した小渕恵三内閣にもそれは継承され，小渕首相は沖縄振興の集大成として，もしくはその象徴として，2000(平成12)年の日米欧の首脳会談（サミット）を沖縄県名護市に新設の万国津梁館において開催しようと計画した。小渕首相は不幸にも急逝したが，森喜朗内閣が沖縄サミット実施に当った。沖縄振興策はその後も継続され，通常のインフラだけではなく，2004(平成16)年の国立沖縄工業高等専門学校の開校や，2011(平成23)年の沖縄科学技術大学院大学の設立に示されるように，日本政府の通常の行政的基準からは望み難い創造的振興策も実施された。

　そうした振興策の全貌がこれまで明らかにされることはなかったが，その展開を政府内で静かに内側から長年にわたり支え，従って誰よりも細部まで知る著者によってこのたび初めて本書が世に出されることを心から喜ばしく思う。

　序文を寄せられた古川貞二郎官房副長官は，5つの政権にまたがり，当

時，最長となった副長官の在任期間を通じて，静かにしかし効果的に職権を行使し，沖縄振興プロジェクトを変わることなく支え続けた。その信を享けた著者の多面的活動とそこでの観察が，本書の基盤である。やはり巻頭に一文を寄せられた小和田恆氏は，幅広い国際経験に基く見識から沖縄振興の重要性を洞察され，著者に出版を強く勧められただけでなく，出版社を紹介する労をとられた。沖縄振興が歴史に貴重な営みであり，しかもまだ未完であるとの信念をお持ちの2人の偉大な先達の導きに，感謝と敬意を表したい。

　さて，なぜ，沖縄返還から四半世紀を経て，平成の沖縄振興がなされねばならなかったのか。実は日米間の歴史的偉業といえる沖縄返還であったが，それにも積み残した問題があった。とりわけ沖縄の地に大きな米軍基地負担を負わせる結果を招いた，沖縄の日本復帰に際して，法制度的な「核抜き・本土並み」は実現されたが，基地負担は本土並みから大きく離れて過大であった。加えて，戦後27年にわたって米国の施政権下に置かれた沖縄は，戦後日本が高度経済成長をとげた恩恵から切り離され，その面でも，「本土並み」から遠かった。

　日本本土と沖縄のこうしたギャップを認識し，沖縄の苦難の歴史にも想いを寄せた「心ある日本人」によって，沖縄振興の試みが起動されることになった。

　そうした歴史的文脈にかんがみ，本解題は沖縄返還が何であったかをスケッチしたうえで，平成の沖縄振興の全体像が本書によって明らかにされたことを踏まえ，その歴史的意義に注目したいと思う。

　戦前の日本帝国は，35年にわたって韓国を支配し，中国はじめアジア諸国に大規模な軍事侵攻を行った。そのことは過去の負債として，戦争の当事者でなかった戦後日本のわれわれにも重く押しかぶさっている。他国との歴史的問題だけでなく，国内にも歴史的問題は存在する。その最も大きなものが沖縄であろう。不幸な歴史を逆転させて沖縄の発展を支え，国民的一体性を築くことは，世界的な動乱期を迎えた今，今は格別に重要な課題ではないだろうか。

沖縄返還

　戦争で奪った領土を平和的に返還することは歴史に稀である。今日の日本は近隣諸国との間に，北方領土，竹島，尖閣諸島などの領土問題をかかえているが，交渉により返還する姿勢を示す国は存在しない。日露戦争末期の1905（明治38）年，日本帝国は主戦場から離れた樺太に出兵し，軍事的占領の実績を根拠に，ポーツマス講和会議で樺太の南半分を獲得した。今日のプーチンのロシアによるウクライナ侵攻も，戦場での実績こそが国境線を変更しうるとの判断に基づいているであろう。

　交渉による解決不可能な紛争は，力の行使によって決着する。それが「ジャングルの掟」と評されようと，人類史の長いならわしであった。それが，20世紀の二つの世界大戦を経て変わった。核兵器すら登場する破壊力の極大化の中で，戦争手段は合理性のない禁じ手とされるに至った。国連憲章は，自衛戦争以外の力の行使による現状変更を禁じ，主要連合国5か国を「世界の警察官」として，国際安全保障の管理人とした。その一国であるロシアが侵略を開始する今日の事態は，大戦後77年を経て，戦後秩序崩壊とジャングルのルールへの再転落の危険を孕むものである。

　ともあれ，大戦末期に軍事的に制圧した沖縄を，米国が平和的に日本に返還したのはきわめて例外的な事例である。

　なぜ，それが可能になったのか。

　まず第一に指摘すべきは，日本が独立を回復する1951（昭和26）年のサンフランシスコ講和条約に際して，吉田茂首相はダレス特使との交渉で，米国が獲得するのは沖縄の施政権であって領土権ではないこと，日本に「潜在主権（residual sovereignty）」が存在することを認めさせた。条約文に「潜在主権」の言葉はないが，沖縄と小笠原についての「アメリカを唯一の施政権者とする信託統治」との第3条を裏から読めば領土権にまで手をつけないと了解できるのである。

　とはいえ，米側は沖縄における基地の自由使用を含む制限のない利用権を獲得したのであり，それは，朝鮮戦争，ベトナム戦争などの断続するアジアに対する米軍の重い安全保障拠点となることを意味した。

　沖縄基地の自由使用権こそがアメリカ軍部の強い要求であり，米国側は
その立場を Blue Sky Position と表現した。1957(昭和 32)年に訪米し，沖
縄・小笠原の施政権返還への日本国民の希望を語った岸信介首相に対し
て，アイゼンハワー大統領は，日本の潜在主権を確認したうえで，「極東
に脅威と緊張が存在する限り」困難である旨応答した（岸・アイゼンハワー
共同声明，1957(昭和 32)年 6 月 19 日）。極東に緊張の雲一つない，ありえない
青空の時まで返還は拒否される運命を示唆する言葉なのであろうか。米軍
が体現する安全保障の壁は，沖縄と日本にとって誠に厚いものであった。

　他方，希望のもてる面もあった。

　20 世紀の米国は，ウィルソン大統領の民主主義外交の提唱に示された
ように，民族自決，反植民地主義の立場を強めており，19 世紀までの米
国史と異なり，領土的野心は強くなかった。1941(昭和 16)年 8 月の大西洋
憲章において，米英両国は領土不拡大の方針を言明した。前世紀末の米西
戦争でスペインから獲得したフィリピンについても，米国は自治能力を高
めたうえで独立させる準備を進めていた。米国にとり絶大な安全保障上の
価値がある沖縄についても，日本側の要請を聞くと，領土主権まで奪わな
かった。国際的公正を大事にするアメリカ社会の気風があればこそであろ
う（ちなみに，英国は講和条約直前まで沖縄を日本から切り離すことを考えていた。）。

　早い時期から沖縄返還の論陣を張ったマンスフィールド上院議員は，米
国政府にアンフェアーな国際行動を許さないことを公的責任と自覚する政
治家であり，沖縄返還についても，日本の正当な主張と認め，早くから支
持を表明し（筆者の同氏へのインタビュー，1991(平成 3)年 9 月 30 日，ワシントン
D.C.)。

　1966(昭和 41)年 6 月，ジョンソン政権は国務省と軍部にまたがる極東地
域省間協議会の下に，沖縄問題調査委員会を設け，前年 1 月に佐藤首相か
ら正式に要請のあった沖縄返還問題の検討を加速することになった。国務
省の R. スナイダー日本部長がその長となり，M. ハルペリン国防次官補が
緊密に協力して，主として，軍部から沖縄返還の了解を取り付ける役割を
担うこととなった。

　ハルペリンは，まず上司のマクノートン国防次官の了解を得ようとし

た。上司の返答は，「君は私が沖縄戦の戦士だったことを知っているのか」だった。知っている旨，答えると，「君は私の友人が何人も沖縄で戦死したことを知っているのか」と重ねた。肯定すると，「それを知っていて，君は私に沖縄返還に同意しろというのか」。「その通りです」。しばし，沈黙の後，マクノートンは「いいだろう，やってくれ」と承認し，以後よどみない支持者となった（筆者のハルペリン・インタビュー，1991（平成3）年10月1日，ワシントンD.C.）。

よきアメリカ人のフェアネス（公正さ）や開かれた率直さを大切にする精神が示されるエピソードである。なお続けてハルペリンはマクマナラ国防長官に御説明のアポを求めたところ，「説明はいらない。やれ。」だったという（同上）。視野の広い国防省トップの支持は，米国政府にけるシビリアン・コントロールの原則を思えば大きな収穫であったが，JCS（統合参謀本部）の武人たちには米国の安全保障上の必要を断固として貫く硬骨漢も多く，その説得は難航する。

軍部のBlue Sky Positionを乗り越える上で力のある論理が存在した。「70年安保危機」論である。それは，内乱前夜とも見えた60年安保闘争の残像といえよう。アメリカを代表する知日派のライシャワー教授は，60年安保を東京の現場に観察した。教授が反安保デモの参加者の一人に道を訊ねたところ，アメリカ人である教授に親切に教えた。これは反米闘争ではないのでは，と感じたという。その秋，教授は，「絶たれた日本との対話」と題する論文を『フォーリン・アフェアーズ』誌に寄稿し，米国は日本の保守政権だけでなく反政府派を含む幅広い対話を行うべきと論じた。それが大統領選挙に勝利してチームづくり中であったケネディ陣営の眼にとまり，教授は日本大使に任命された。1962（昭和37）年1月に訪日したロバート・ケネディ司法長官に対して，ライシャワー大使は説得を試みた。もし1970年（昭和45）年の安保改訂期に沖縄問題の解決に目処をつけていなければ，日米関係はもたなくなる危険があると論じたのである（ライシャワー教授の筆者への談話，ハーバード大学，1977（昭和52）年）。

その2ヶ月後の3月，ケネディ大統領は「琉球諸島は日本本土の一部で

ある」ことを確認した上で,「自由世界の安全保障上の利益が,琉球の日本復帰を許す日を待望している」と声明した。相変わらずの Blue Sky Position の繰り返しと受け止める向きもあるが,微妙に変わっている。青空になるまで返還できないと否定形でくくっていた従来から,事態が返還を可能にする日を望むと,肯定形に言い変えているのである。

　ライシャワー大使の 70 年安保危機論がケネディ兄弟を動かしたように見えるが,1963(昭和 38 年) 11 月の大統領暗殺によって,その結果を確かめることはできなくなった。だが,「70 年安保危機」と「沖縄返還」をセットで論ずる議論は,まず政府内の知日派に共有されることになる。沖縄問題調査委員会の長となったスナイダー日本部長は,1966(昭和 41)年に出された第一次報告書に,5 年以内に沖縄返還の方途を見出さねば,安保条約破棄を招く恐れがあると記した。同じ観点をハルペリンも共有しており,政軍にまたがる政府内説得のロジックとして頻繁に用いられることになった(筆者の同前ハルペリン・インタビュー。沖縄返還 20 周年記念出版・北岡伸一編『沖縄返還関係主要年表・資料集』1992(平成 4)年)。

　米政府内の沖縄返還に向けての研究と地ならしはかなり進展した。スナイダー・グループは,もし沖縄を日本に返還して日米安保条約が沖縄に適用された場合,安全保障上の機能はどれ程損なわれるかを研究し,1967(昭和 42)年 9 月には答を得た。核貯蔵(大統領の政治判断による)を別にすれば,ベトナム戦場への B52 の直接発進のみが影響を受けるとの結論であった。米軍関係者には,日本に沖縄を返還し,「本土並み」となれば,沖縄基地の機能は自由使用に比して大きく失われるとのイメージがあったが,綿密に検討すれば意外に大きな障害はなく,日本側との交渉によって解決可能と思われる範囲であった(同上)。彼らはこの検討結果を投じて,軍部説得に努めた。沖縄返還によって日本との友好協力関係を強めて基地を活用する方が,返還を拒否して「70 年安保」の騒乱を招くよりも賢明ではないか。

　周知のように,1967(昭和 42)年 11 月の訪米によって,佐藤首相は「両 3 年」内の返還決定を取り付け,1969(昭和 44)年 11 月のニクソン大統領との首脳会談により,「1972 年,核抜き,本土並み」の沖縄返還を決めるこ

とができた。

　ただ，米国政府内の調整はかなり早くから進んだものの，米国側の秘密保持はしっかりしており，日本側にそのことはほんとうに伝えられなかった。ベトナム戦争中の米国が返還するのは難しいと考える日本外務省は，対米返還要求について慎重論に傾きがちであった。それに不満な佐藤首相は，積極論をとる諮問機関，大濱信泉早大総長を座長とする沖縄問題等懇談会などを設け，また若泉敬を密使として1967(昭和42)年にも1969(昭和44)年にも繰り出した。そのルートによる対米繊維輸出の自主規制問題とのリンクや，核再導入を可能とする密約など，問題の多い，やらないでよかったかもしれない対応まで行う結果となった。沖縄返還という歴史に稀な獲物を前にして，それを失いたくない日本政府は米国政府に対して弱い立場にあった。それを利用して，繊維で譲歩を迫るニクソン政権は，歴史的偉業にふさわしい品位を持したとは言い難い。

　詳述するつもりはないが，返還に伴う経費について，米国側実務レベルの要求は強く，時に理不尽であった。返還の大きな流れを傷つけたくない日本側は，厳しい反論を慎み，それを飲み込んだ。そのことが国会で追及され，政府が窮地に立つこともあった。他方，この時期はドル・ショックを経て，1ドル360円の固定相場が崩れ，円高に振れる時代であった。日本側の担当者は米国の要求する諸経費を通例に反しドル価格で決めたが，それによりかなり日本の支払いは節約となった。

　細かいことを言えばキリがないが，大局を見れば，戦争で失った沖縄を平和的交渉で取り戻すという歴史的偉業の達成であった。それまで沖縄に保持されていた核兵器メースBを撤去する旨，ニクソン大統領は1969(昭和44)年の首脳会談で佐藤首相に告げた。「1972年，核抜き，本土並み」という日本側の望みに沿った決着が，1969(昭和44)年11月に明らかとなった。

　何と言っても，沖縄返還について圧倒的な役割を果たしたのは佐藤首相であった。ナショナリスト佐藤にとって，敗戦国日本が名誉ある地位を回復して「戦後を終わらせる」という国家の基本にかかわる大事業であった。第二に，政治的師表である吉田茂が中途半端に残した事態を自らが完

成するという思い入れの強い事業であった。第三に楠田実を中心とするブレーングループSオペが，1964(昭和39)年5月，佐藤政権が生まれた場合の政策綱領の目玉として沖縄返還を提起したことに示されるように，佐藤政権が国民的求心力を持続するうえでの重要な施策であった。

佐藤日記は，鉄道省出身者らしく，「○時○分発」といった乾いた事実記述が多い。

そんな中で沖縄返還の展望が開けた1967(昭和42)年の日米首脳会談時の記述はめずらしく情緒過剰である。「吉田，ダレスの二人で桑港(サンフランシスコ)条約が出来，更に二人のお芝居で，沖縄を第三条で占領を認め，その結果が今日の交渉になった……　その二人今やなし。天国で何を語りおるか。今日の地上の共同コミュニケを何と見るか。誠に感無量」(『佐藤栄作日記』第3巻，1967(昭和42)年11月15日の記述)。

佐藤政権が沖縄返還に走るのに対し，全学連は激しく反対運動を繰り返し，野党も厳しく批判した。保守の側にも，もとより，沖縄返還を望みはするが，米国がベトナム戦争下で返還に応ずることは難しく，佐藤首相は「焼身自殺」へ自らを追い込むのではと危惧する声もあった。それだけに，「核抜き，本土並み」の返還が達成されると，1969(昭和44)年師走の総選挙で佐藤自民党は300議席の大勝利に輝いた。国民は佐藤の大きな仕事を評価し報いたのである。

残された課題は，沖縄の人々にとって，返還は何を意味したかである。

沖縄振興

1967(昭和42)年の佐藤・ジョンソン首脳会談により，沖縄返還の方向性が定まった翌年に沖縄で行われた世論調査結果が，私の手許にいくつかある。沖縄の施政権の返還問題と米軍基地の扱いをからませた設問に対し，人々の心が揺れ動くのが手にとるように分る調査結果である。沖縄の人々にも，米国の支配から脱し日本に復帰したいとの想いは広くあった。しかし，「鉄の暴風」に苦しんだ人々には，反軍反基地の願いは深い。二者択一はでなく，双方が欲しい。どう組み合わせればよいか。

〈解題〉歴史の中の沖縄返還と沖縄振興〔五百旗頭 真〕

1968(昭和43)年11月, それまで米高等弁務官と民政府の下部機関であった行政主席が初めて住民の直接選挙により選ばれることになった。自民党が復帰を前に制度の一本化を要するとの二段階論を説いたのに対し, 革新共闘会議は,「即時, 無条件, 全面」の返還を主唱し, その候補となった屋良朝苗氏が勝利した。「無条件」とは何を意味するか, 明らかではないが, 要は単純明快に前進を主張する立場が共感を呼んだのではあるまいか。

そして屋良氏という人物が大きかった。氏は沖縄読谷村に生まれ, 広島高等師範学校を卒業し, 沖縄はじめ各地で教鞭をとり校長を務めた。台湾第一師範学校時代の教え子には山中貞則氏がいた。保革のイデオロギーを超えた教育者・人格者として屋良氏は尊敬を集め,「祖国復帰運動」の中心人物であった。返還が秒読みとなった1969(昭和44)年段階になると, 外務省の千葉一夫北米課長は, せわしく日米間を行き来する間に, 時間を割いては屋良主席との連絡を欠かさぬため沖縄を訪れるのを常とした (中島琢磨『沖縄返還と日米安保体制』有斐閣 2012(平成24)年)。

日本政府の「核抜き」方針を屋良は支持した。しかし日米間の了解である安全保障機能の維持, すなわち米軍による沖縄基地の自由使用について屋良が同ずることはなく, それでは「沖縄だけ差別あつかいになる」と強く反対した。1969(昭和44)年11月の日米首脳会談については, 屋良主席は,「解決の方向に大きく動いた」と評価しつつも, 千葉課長の「核抜き, 本土並み」の説明に対し,「基地の機能, 規模, 密度など本土とちがう」, 法制度上の「本土並み」に留まらず, 基地負担の実質的な「本土並み」を, と鋭く反駁した (同上)。沖縄の心を体現する屋良の面目躍如というべきであろう。

1970(昭和45)年には, 米軍基地の整理・縮小が沖縄でも日本本土でも課題となり, 中曾根康弘防衛庁長官が米軍基地の日米共同使用や日米地位協定の改定にも言及した。しかし米国が実施したのは日本本土の米軍縮小約12,000名を中心とするものであった。沖縄については, 米軍部の抵抗を押して施政権を返還した上に, 基地の整理・縮小を不機嫌な米軍部に求めることは難しかった。そもそも, 米軍の機能を低下させない方針が日米両

政府間に了解されての沖縄返還であった。

他方，自衛隊の沖縄配備計画は進展し，陸上自衛隊 1，100 名，海上自衛隊 700 名，航空自衛隊 1，400 名の計画を，10 月に沖縄を訪問した中曽根長官が発表した。その際，長官はランパート高等弁務官に重ねて沖縄の米軍基地の整理を求めた。米軍は沖縄中北部の軍用地を閉じるなど，整理・縮小をある程度行った。ただ，それは屋良主席が求めるような，沖縄の基地負担の「本土並み」化や沖縄住民の安寧という観点に立つものではなく，米軍自体の軍事的合理性の要請に沿ったものであったと見られる。その結果，日本全体の米軍基地の 7 割もが沖縄の地に集中する結果となった（同上）。

1970（昭和 45）年 12 月 20 日深夜，コザ市で米軍兵士が住民を車ではねる事件があり，住民による大きな騒乱が起った。

沖縄米軍基地の機能を低下させない約束のもとで，ベトナム戦争下に敢行された沖縄返還であってみれば，この段階ではやむを得なかったかもしれない。しかし屋良主席はその時点において，本土と沖縄の基地負担の大きな較差があってはならないことを重く指摘していた。ただちに反応できないとしても，コザ事件の警鐘があったにも拘わらず，その後，長く放置されたことこそ問われねばならないであろう。

1975（昭和 50）年，ベトナム戦争に敗れた米国は撤退し，アジアへの関与を縮小した。しかも米中日の接近によって，極東の国際環境は平穏化した。この機をとらえて，沖縄基地の整理・縮小や地位協定の改定を，日本政府が米国政府に提起することはなかった。

1980 年代半ば，長期政権を享受した中曽根首相は，レーガン大統領との間に「ロンヤス」関係と呼ばれた稀な親密さを築いた。それを活かして，沖縄の事態改善を働きかけることはなかった。

1989（平成元）年，ベルリンの壁は壊され，ソ連・東欧の共産体制は雪崩を打って崩壊した。冷戦終結に伴う平和のボーナスとして，1992（平成 4）年，ブッシュ政権は海外配備の核兵器をなくし，米本土に撤収した。米国はフィリピン上院の要請を受け，東洋最大ともいわれたスービック湾とクラークの米軍基地を完全撤収した。その国際環境の激変をとらえて，日本

政府が沖縄基地や地位協定について米国に提案することはなかった。

　その間の無為の蓄積の結果，つもりつもった沖縄住民の悲しみと憤りが，1995(平成7)年9月4日の米兵による少女暴行事件を機に大爆発を起すこととなった。

　沖縄の人々から見て，日本本土の人々は，"ヤマトンチュー"とも呼ばれる。そこには，歴史的な関係からにじみ出た想いがこめられることがあろう。沖縄の人々にとって，日本人とは何か。

　1943(昭和18)年7月，大戦中の米国務省の会議室で，戦後日本の領土をどう再定義するかが論じられていた。沖縄が議題になった時，沖縄は日本の一部と見るべきか，沖縄の人々の言葉は日本語と同じかとの質問が発せられた。日本史が専門であったコロンビア大学のヒュー・ボートン准教授が答えた。「スペイン語とポルトガル語程度の違いだ。」。違いもあるが，同系のものとの意味合いである。会議は，台湾は戦後の日本領土から切り離すが，沖縄は日本に留める方針を了解した(拙著『米国の日本占領政策』上，中央公論社，1985(昭和60)年)。

　われわれはワシントンの会議室よりも歴史に踏み込むべきであろう。琉球は日本民族の一分枝ではあるが，独自の歴史的発展を遂げてきた。15世紀から16世紀にかけて，尚氏の琉球王朝が海域アジアの交易ハブとして繁栄し，明清に朝貢しつつも独自の文化と政治を育くみ，遠く大航海時代のポルトガル人の来訪も受けた(中島楽章『大航海時代の海域アジアと琉球―レキオスを求めて』思文閣，2021(令和3)年))。沖縄の歴史にあって，その時代が黄金期であったといえよう。

　失楽園は，1609(慶長14)年の薩摩による侵攻により始まった。平和に慣れ親しんだ琉球王国は，戦国時代の雄，薩摩の軍事力に抗すべくもなかった。琉球はその後も清朝との冊封関係を持続はしたものの，薩摩の琉球支配は重税もあり甘いものではなかった。

　1872(明治5)年，明治政府は琉球藩を設置し，1979(明治12)年には，中央集権国家の下の沖縄県とした(琉球処分)。日本への同化政策に穏やかな沖縄の人々は概して協力的であったが，第二次世界大戦末期の1945(昭和20)

年4月に米軍が沖縄に上陸し，日本国内で唯一戦場となった。軍人だけでなく住民も戦争に巻き込まれ，4人に1人が犠牲になったといわれる。日本軍は住民が米軍に投降し捕虜となることを許さなかったため，犠牲と悲惨を拡大した。やさしく協力的であった沖縄の人々に対して，末期の日本帝国は暴をもって報いる結果となった。

　ヤマトンチューは乱暴で酷いという印象があるかもしれない。しかし，そうした歴史を直視し，これではいけない，沖縄のお役に立ちたいと願う心あるヤマトンチューもいる。そのことを見落としてはならないと思う。米軍上陸直前の1945(昭和20)年1月に沖縄に赴任し，米軍制空権下にありながら，台湾に飛び，住民に不足していた米を買い付け，「命こそ宝」と疎開を勧めて，多くの住民を救った島田叡知事が典型例である。
　そして本書に現れる群像がそれに続く。その内容は本書に見る通りであり，ここでは繰り返さないが，なぜ沖縄問題にかかわる人物群が現れるに至ったか，何人かの例を見ておきたい。
　1995(平成7)年の少女暴行事件のあと，村山富市首相は，古川貞二郎官房副長官の策案に従って，大田昌秀知事を官邸に招き，4時間以上胸襟を開いて語り合い，政府と沖縄県が直接話し合える協議会を設立した，これが沖縄振興の始まりである。村山首相に格別な沖縄関与があったわけではなく，人の痛みが分る，あたたかいお人柄ゆえにとられた行動と思われる(薬師寺克行『村山富市回顧録』岩波書店，2012(平成24年))。古川副長官も同様であり，正義感が強く，公平さを重んじ，やさしい責任感の強いお人柄ゆえの対応であったろう。そしてその点は本書の著者にも通じるであろう。
　岡本行夫や島田晴雄ら民間人が型破りの役割を果したが，この二人は明治維新の志士に劣らない，昭和・平成の志士というべきであろう。

　橋本龍太郎首相は，若い頃から戦後処理に関心があり，遺骨収集に沖縄にも度々訪ねたという（五百旗頭真・宮城大蔵編『橋本龍太郎外交回顧録』岩波書店，2013(平成25)年）。
　小渕恵三首相も，若い頃から頻繁に沖縄を訪ね，稲嶺惠一知事の父であ

り，琉球石油の創業者で元参議院議員だった稲嶺一郎邸に泊めてもらい，沖縄の歴史について教えられたという。おそらく橋本氏も稲嶺氏のお世話になったことと思われる。

梶山静六官房長官は，沖縄摩文仁の丘が深夜まぶたに浮かんで来るという。「第二次大戦で最後の激戦地となり，多くの犠牲者を出したこの丘を訪れたとき，私は抑えようにも涙を止めることができなかった……　私に課された職務は，戦中のみならず，戦後半世紀にわたって担ってきた沖縄の重荷を軽減」することであると，官房長官としての想いを熱く記している（梶山論文『日米安保と沖縄』1997 年（平成 9）3 月）。梶山長官のほとばしる情熱が，岡本行夫氏を走らせることになった情景は本書に見る通りである。

佐藤首相が，「沖縄の祖国復帰が実現しない限り，わが国にとって戦後は終わっていない」と 1965(昭和 40)年 8 月に沖縄を訪ねて声明するに至ったのには，政治上の師である吉田茂の教えがあったことは先に述べた。吉田－佐藤の人脈に，橋本，梶山，小渕らは連なっている。他方，薩摩は琉球に申し訳ないことをしたと，断固たる沖縄支援派となった山中貞則氏は，屋良朝苗氏の教えを受けて沖縄にめざめたものと思われる。

こうして，沖縄の苦難の歴史に思いを寄せ，沖縄返還後も日本本土との較差が放置されてきたのを改めようと参戦した心ある人々が本書のアクターである。全うな歴史を起動しようとの熱い志を持つ人々の物語には勇気づけられる。だが，それは完了したわけではない。

2022(令和 4)年 2 月 24 日，先に述べたように，プーチンのロシアはウクライナ侵攻を開始したが，もしそれに中国が連動して，台湾や尖閣へ侵攻する事態を招けば，沖縄を含む日本は戦乱の最前線となり，第二次大戦後の世界秩序の全面崩壊を招くかもしれない。「鉄の暴風」の悲惨を二度と沖縄の人々に起さないために平和を守り抜くことを，日本政府と国民は心に期すべきだと思う。

2022(令和 4)年 5 月 15 日の沖縄復帰 50 周年記念式典で，今上陛下と岸田文雄総理が語られたように，われわれには沖縄とともになすべきことが，まだまだある。沖縄は日本の不可欠の一部であり，ともに共同体の一

員であることを，沖縄振興の事業を本書に見ることを通して確認し，さらなる一歩を進めることができればと思う。

　2022(令和4)年7月

　　　　　　　　　　五百旗頭　真（兵庫県立大学理事長）

〔参考文献・引用文献〕

1．昭和64（1989）年1月までの発刊・公表など

渡久山寛三『沖縄経済の足あと』1969（昭和44）年5月31日：琉球工業連合会

山里永吉『沖縄史の発掘』1971（昭和46）年8月25日：潮出版社（潮新書71）

琉球政府『復帰措置に関する建議書』1971（昭和46）年11月18日

南方同胞援護会『追補版　沖縄問題基本対策資料集』1972（昭和47）年7月15日：南方同胞援護会

財団法人沖縄協会『南援（南方同胞援護会）17年のあゆみ』1973（昭和48）年5月15日：財団法人沖縄協会

沖縄振興開発特別措置法研究会編『沖縄振興開発特別措置法の解説』1974（昭和49）年3月30日：第一法規出版

岩尾一『新しい年を迎えた沖縄経済（沖縄振興開発シリーズ第23号）』1977（昭和52）年2月20日：財団法人沖縄協会

屋良朝苗『屋良朝苗回顧録』1977（昭和52）年6月20日：朝日新聞社

新里清篤『記録と証言　あゝ学童疎開船対馬丸』1978（昭和53）年8月22日：対馬丸遭難者遺族会：琉球文教図書

発足50年記念誌編集委員会『在沖宮古郷友連合会発足50年記念誌「みやこ」』1980（昭和55）年8月30日：在沖宮古郷友連合会会長金城英浩

山野幸吉『山野幸吉沖縄返還ひとりごと』1982（昭和57）年5月15日：ぎょうせい

外間守善『沖縄の歴史と文化』1986（昭和61）年4月25日：中央公論新社（中公新書799）

小玉正任『島痛び―沖縄の離島に生きる―』1988（昭和63）年3月30日：文教図書

徳川義宣『迷惑仕り候　美術館みてある記』1988（昭和63）年5月23日：淡交社

垣花秀武『沖縄の真の発展を望む（沖縄問題研究シリーズ第99号）』1988（昭和63）年7月31日：財団法人沖縄協会

2．平成元（1989）年1月から平成7（1995）年8月までの発刊・公表など

首里城研究グループ（高良倉吉他7名）編『首里城入門その建築と歴史』1989（平成元）年9月15日：ひるぎ社（沖縄文庫）

『本土企業人が支援，沖縄懇話会発足，交流で経済振興，代表幹事に牛尾氏，崎間氏』1990（平成2）年10月10日付沖縄タイムス11面

『絵はがきに見る沖縄，明治・大正・昭和』1993（平成5）年8月10日：琉球新報社

徳川義宣『殿さまのひとりごと』1994（平成6）年6月1日：思文閣出版

3．平成7年9月から平成10年11月までの発刊・公表・記事など

■平成8（1996）年

刊行編集委員会（渡久地政弘，金城秀安，仲村信正ほか6名）『労働界の英傑　亀甲康吉を語る―3年忌追悼出版―』3月22日：閣文社

岡本行夫『沖縄問題は解決できるか』6月：外交フォーラム緊急増刊「日本の安全保障」

岡本行夫『2000年サミットの開催地に沖縄を』7月11日付産経新聞1面

小和田恆・山室英男『外交とは何か』7月25日：NHK出版

〔参考文献・引用文献〕

■平成 9（1997)年
山中貞則『沖縄復帰を語る（月刊・琉球フォーラム第50号)』5月14日：琉球新報社
　琉球フォーラム事務局：琉球フォーラム講演会
『沖縄政策協議会中間とりまとめ』7月：沖縄政策協議会
島田晴雄『「沖縄問題懇談会」提言と沖縄の将来』9月20日：第122回沖縄問題研究
　会（沖縄協会）
『沖縄復帰25周年記念式典（パンフレット)』11月21日：沖縄コンベンションセン
　ター
内政審議室委託調査『沖縄振興中長期展望についての検討調査（中間報告)』11月：
　総合研究開発機構
自由民主党『平成10年度税制大綱』12月16日
■平成 10（1998)年
『琉球銀行「倒産」デマで捜査依頼，「経営に問題ない」崎間会長が全面否定，日銀支
　店長ら預金者に冷静な対応呼び掛け』1月9日付琉球新報
香西泰『沖縄経済振興策の中長期展望』1月15日：フォト誌
國場幸一郎『もう一度考えよう，振興への情熱・愛情の減退懸念』1月18日付琉球新
　報5面（論壇）
内政審議室委託調査『沖縄振興中長期展望についての検討調査（最終報告)』3月27
　日：総合研究開発機構
『沖銀調査・停滞続く県内景況・政府の経済対策に期待』5月5日付沖縄タイムス9面
『岡本元補佐官の沖縄通いは続く』5月15日付朝日新聞7面（記者席）
『宙に浮く政策協，扱い定めにくい振興策，冷めた県，政府の仲，迫る来年度概算要
　求』5月25日付沖縄タイムス2面
『新たな風NTT104センター女性50人・業務開始・名護』5月25日付沖縄タイムス
　19面
櫻井溥『小指の痛みは全身の痛み：沖縄祖国復帰物語』5月：東京沖縄経済研究会
田村重信『龍ちゃん流・橋本龍太郎・新しい政治スタイルの実像』7月5日：KKベス
　トセラーズ
沖縄県『沖縄県マルチメディアアイランド構想』平成10年9月策定
『縮小された沖縄担当室』10月4日付沖縄タイムス
『稲嶺氏大差で当選，大田氏に3万7千票差，保守，8年ぶり県政奪還，投票率
　76.54％，都市部で高い得票』11月16日付沖縄タイムス1面

4．平成 10（1998)年 12 月から平成 16（2004)年 7 月までの発刊・公表・記事など（HP を除く。）

■平成 10（1998)年
杉野耕一『稲嶺沖縄新知事10日就任・経済を最優先・基地を先送り・政治手腕は未知
　数・振興策具体化急ぐ』12月7日付日本経済新聞（じんじロジー）
末次一郎『昭和天皇をお偲びして，天皇陛下と皇室の繁栄を』12月23日：展転社
■平成 11（1999)年
飯塚恵子『沖縄・稲嶺県政発足3か月・基地問題で柔軟さ・経済振興，政府に期待』3
　月11日付讀賣新聞
岡本行夫『沖縄に新しい未来開く機会に』4月30日付産経新聞1面
『新局面の沖縄基地問題・問われる「サミット効果」』5月3日付日本経済新聞

真栄城守定『サミットと沖縄経済自立へ若者の人材育成を』5 月

『「沖縄経済振興 21 世紀プラン」中間報告』『「沖縄経済振興 21 世紀プラン」中間報告の概要』6 月

『特別調整費，プロジェクトの方針出そろったが…，計画倒れの懸念強まる』6 月 20日付沖縄タイムス

『コールセンター人材育成懇発足，国内先進地に沖縄位置づけ，CTI センター設置へ』11 月 20 日付　琉球新報 9 面

『情報化人材が必要，沖縄懇話会，教育の重要性指摘，現状は供給不足』11 月 23 日付沖縄タイムス（経済面）

嶺井政治『嶺井政治回顧録・わが人生』11 月 25 日：新沖縄経済社

『沖縄北部振興策原案の要旨』12 月 14 日付讀賣新聞夕刊 2 面

香西泰『沖縄経済の今後の展望・技術革新を活かして不利を克服』：フォト誌

■平成 12（2000）年

『振興等の協議機関，月内にも設置方針，普天間移設で政府』1 月 12 日付朝日新聞

『沖縄知事と名護市長，20 日，官房長官と協議，北部振興策』1 月 14 日付讀賣新聞

翁長健治『地方の未来エンジン―大学教授の感慨』3 月 1 日：沖縄経済ネットワーク社

外間守善校注『おもろそうし上』3 月 16 日：岩波文庫

（財）沖縄県文化振興会公文書管理部資料編集室『概説沖縄の歴史と文化』3 月 21 日：沖縄県教育委員会

平成 11 年度内閣官房内閣内政審議室調査『沖縄米軍基地所在市町村活性化特別事業に関する効果調査報告書』3 月：株式会社大和総研

沖縄県『おきなわ　2000 年沖縄県の概況　日本語版』3 月：沖縄県総務部知事公室広報課

『沖縄国際情報特区への戦略・情報大交易時代の海図の中身』5 月 30 日付琉球新報（ビジュアル版・沖縄大図解シリーズ）

『沖縄米軍基地所在市町村に関する懇談会提言の実施に係る有識者懇談会報告書』5 月 31 日

郵政トピックス『編集後記』2000 年 5 月号：郵政省

週刊東洋経済『特集沖縄サミット・サミット開催沖縄世界デビュー』7 月 22 日：週刊東洋経済

稲村公望『情報通信で島々を興す』7 月 31 日：季刊沖縄第 17 号 2000 夏（沖縄協会）

『名護を IT 集積地に・「普天間移設に伴う振興策」・雇用創出に重点・北部 15 万人圏目指す・2 協議会で基本方針』8 月 25 日付沖縄タイムス 1 面

『「沖縄経済振興 21 世紀プラン」最終報告』『「沖縄経済振興 21 世紀プラン」最終報告の概要』8 月

大城常夫・高良倉吉・真栄城守定『沖縄イニシアティブ―沖縄発・知的戦略―』9 月：ひるぎ社（おきなわ文庫 91）

外間守善校注『おもろそうし下』11 月 16 日：岩波文庫

■平成 13（2001）年

ロバート・D・エルドリッヂ『日米間の沖縄問題の原点』1 月 31 日：季刊沖縄第 19 号 2001 冬（沖縄協会）

知念清張『ポスト三次振計，自立向け内なる弱さ克服を』2 月 1 日付沖縄タイムス（記者私論）

『証明書を郵便局で，住民サービスが生かせる』2 月 6 日付沖縄タイムス（社説）

〔参考文献・引用文献〕

『基地負担早い解決を，沖縄・関西交流セミナー，岡本氏が基調講演』4月5日付沖縄タイムス夕刊1面

八代英太『車いす郵政大臣奮闘記』4月27日：株式会社日本テレソフト

小渕暁子『父のぬくもり』4月30日：扶桑社

『新たな沖縄振興に向けた基本的な考え方——平和で安らぎと活力のある沖縄県を目指して——』6月29日：沖縄県

『国立高専，名護市に設置・創設準備室きょう用地取得を依頼』7月27日付琉球新報26面

鳥山忠志『振興策にらみ地元決断・普天間代替工法固まる・15年期限なお課題』11月4日付讀賣新聞4面

下地達男『鼎・沖縄地方特定郵便局長会と共に』12月20日：鼎編集委員会編

平成12年度名護市委託業務『「移設先・周辺地域活性化構想策定業務」報告書』（株）国建

■平成14（2002）年

鳥山忠浩『閣僚の基地問題発言，沖縄でそれを言っちゃあ……』1月20日付讀賣新聞4面（政治を読む）

杉野耕一『沖縄復帰30年目の「基地」「経済」相克続く・世代交代で新しい風も』4月29日付日本経済新聞20面（地域発ニュースの焦点）

『沖縄復帰30年，地の利を生かした自立を』5月3日付琉球新報2面（社説）

『沖縄の長寿・高齢社会のお手本に』5月6日付朝日新聞2面（社説）

石原慎太郎『日本よ，シンガポールで痛感された』5月6日付産経新聞1面

岡本行夫『沖縄への提言2〜復帰30年〜基地の一部を本土へ〜』5月12日付沖縄タイムス2面

『47番目の県から脱却へ，沖縄復帰30年に思う』5月14日付朝日新聞（社説）

山中貞則『顧みて悔いなし・私の履歴書』5月15日：日本経済新聞社

『各計画に評価指標・県民ニーズに的確に対応』5月15日付沖縄タイムス2面

『自立・発展　県民の英知で』5月15日付琉球新報9面（沖縄開発庁歴代長官3氏（伊江朝雄・上原幸助・橋本龍太郎）紙上座談会

『情報産業拠点づくり着々と・本土との距離一気に縮まる・経済活動にも弾み・企業の立地相次ぐ・コールセンターなど中心に・課題は「人材不足」』5月15日付琉球新報14面

『沖縄復帰30周年記念式典（パンフレット）』5月19日：沖縄コンベンションセンター

嘉数啓『東ティモールと沖縄・真の自立支える施策を』5月26日付沖縄タイムス4面

『「那覇・浦添」，「名護・宜野座」情報特区に指定へ・県の情報通信産業振興計画・3,000億円産業目指す』6月16日付琉球新報1面

スポルディング（島田孝右訳）『日本遠征記』6月25日：雄松堂出版（新異国叢書第Ⅲ輯4）

植木光教『ゆうなの花』7月7日付琉球新報3面

持田浩一郎『沖縄の実験1：1国2制度，優遇措置多く，中国より魅力』7月25日付産経新聞3面

谷下秀洋『沖縄の実験4：高度な土木工事，格差痛感，本土に負けるな』7月28日付産経新聞3面

『パソコン指導53％が大丈夫・全国平均上回る・県内教諭・文科省調査で初めて』8月23日付琉球新報19面

尚弘子『松山御殿（マチヤマウドゥン）物語——明治・大正・昭和の松山御殿の記録——』

8月31日：『松山御殿物語』刊行会：ボーダーインク

『泡盛さらに発展を・振興策等検討会発足・業界の基盤強化へ』10月5日付琉球新報
13面

『国立沖縄高専・地域と二人三脚で歩め』10月6日付沖縄タイムス「社説」5面

岡本行夫『沖縄工業高等学校開学祝賀会への祝電』10月24日

『オキナワ型戦略展開』10月25日付沖縄タイムス2面

"Inamine re-elected as Okinawa governor, Result seen as green light for relocation
of Futenma heliport operations to Nago" The Japan Times, November 18, p1

『沖縄知事選，稲嶺氏に青空を期待』11月18日付朝日新聞2面（社説）

尚弘子『王家の伝統，琉球の誉れ◇沖縄発展に尽くした義父・尚順の記録，一冊に◇』
12月2日付日本経済新聞「文化欄」40面

下條正男・照屋健吉・田中弘之・児玉泰子『知っていますか，日本の島』12月20日：
東京財団・虎ノ門 DOJO ブックス

『03年度沖縄予算，〝釣りざお〟どう生かす』12月21日付琉球新報5面（社説）

『沖縄担当部局予算，政策的経費15.9％増，新振計始動に対応，振興開発事業費も
5.8％増，知事「高く評価」，大学院大学設置へ意欲』12月23日付沖縄タイムス2
面

『天皇陛下69歳に～「拉致」や沖縄戦に触れる～』12月23日付琉球新報22面

『年の瀬，連休どっと人出，新水族館40万人突破』12月24日付沖縄タイムス23面

■平成15（2003）年

『県政の課題，ワンランク上の沖縄へ』1月3日付琉球新報5面（社説）

『脱閉塞感①―島田懇事業中間報告―宜野座村の挑戦㊤タラソ施設の自信，国内最大，
総事業費は24億円』1月3日付沖縄タイムス2面

『県経済の展望，自立への変革の年に，求められる企業の知恵，最大の課題は雇用問
題』1月3日付沖縄タイムス5面（社説）

『テークオフ2，特区とおきなわ第一部，始動した沖縄新法，進出企業㊤，税優遇だけ
では来ない，理由は「地の利とコスト」』1月6日付琉球新報2面

『IT振興で連絡協，沖縄，嘉手納，北谷の3市町，国，県も参加，事業展開を検討』1
月11日付琉球新報

『IT振興で連絡会議，沖縄，嘉手納，北谷，企業集積や施策など協議』1月11日付沖
縄タイムス

『本土経済界も大学院大学支援，沖縄懇が声明決議』2月15日付沖縄タイムス2面

『SARS禍で沖縄観光再び，キャンペーン効果』4月28日付朝日新聞夕刊1面

与儀朝栄『テークオフ30，特区とおきなわ第二部，～新たな挑戦，構造改革，インタ
ビュー，経済特区制度の周知進まず，沖縄は「特区」の先進地域』5月12日付琉球
新報2面

『5．15，31年目の経済社会，上，県民所得それほど低くない？幸福感とバランス大
事，失業率アジアと比較しても…。県民巻き込む施策が必要』5月15日付沖縄タイ
ムス

ロバート・D・エルドリッヂ『沖縄問題の起源・戦後日米関係における沖縄1945－
1952』6月23日：財団法人名古屋大学出版会

『SARS感染経路遺伝子で解析，沖縄の研究所グループ，中国・浙江省→北京→香港→ベ
トナム』7月10日付朝日新聞2面

『那覇港管理組合，中継拠点戦略をPR，国際公募向け海外訪問へ』7月22日付琉球新
報2面

〔参考文献・引用文献〕

御厨貴『沖縄問題の起源，ロバート・D・エルドリッヂ著，講話までの駆け引き綿密に』8月3日付日本経済新聞23面（書評）
『秋の叙勲に4068人，比嘉氏ら県内は39人』10月3日付琉球新報1面
『奄美復帰50年琉球弧の仲間として祝福，交流促進し共に栄えたい』11月16日付琉球新報5面（社説）
野中広務『老兵は死なず・野中広務全回顧録』12月20日：文藝春秋
■平成16（2004）年
『20年後の都市像示す，県が7地域のマスタープラン策定，10年以内の事業明記，那覇広域以外は初めて』1月4日付琉球新報2面
『生まれ変わる「こどもの国」，「見る」から「体験する」に，遊びながら学べる』1月5日付琉球新報
『南の劇場，チャンプルーの新風を』1月23日付朝日新聞（社説）
『両陛下，沖縄の旅終え帰京へ，「戦禍の歴史」胸に戦没者遺族と交流』1月26日付日本経済新聞夕刊
沖縄県『（社）日本経済団体連合会―沖縄現地視察ミッション―』1月
『コールセンター誘致激化，充実する助成制度が魅力，人材育成で勝負に』3月17日付沖縄タイムス9面
『侍医長に大城秀巳氏，那覇市出身46歳，歴代最年少』3月17日付琉球新報1面
『沖縄郵政所長に仲本氏，地元採用で復帰後初』3月26日付琉球新報1面
David Pilling "*Poorer rivals leading Tokyo in the recovery game, Japan's forgotten prefectures such as Okinawa are growing faster than the capital.*" FINANCIAL TIMES, APRIL 24/APRIL 25, p3
※『（無題）内閣府企画官離任時の沖縄担当部局職員レクチャー資料』7月13日

5．平成16（2004）年8月から平成31（2019）年4月までの発刊・公表・記事など（HPを除く：ネットメディアで平成中期の沖縄振興に源流があるHP記事について，本論・補論・余論に引用。）

■平成16（2004）年
※『今後の沖縄問題と沖縄振興の課題』8月25日
陳舜臣『宮古の歴史は白波の彼方』9月6日付琉球新報
信田智人『官邸外交，政治リーダーシップの行方』10月8日：朝日新聞出版（朝日選書）
田崎史郎『梶山静六 死に顔に笑みをたたえて』12月15日：講談社
名桜大学開学10周年記念誌部会『名桜大学10年史』12月21日：名桜大学（非売品）
知念村『久高島 琉球民族発祥の地で，悠久の歴史に触れる』知念村教育委員会社会教育課
■平成17（2005）年
古川貞二郎『霞が関半生記』3月10日：佐賀新聞社
木村茂樹『IDB沖縄総会マネジメント面からの総括』ファイナンス2005年6月号
■平成18（2006）年
第28次地方制度調査会（諸井虔会長）『道州制のあり方に関する答申』2月28日
徳川義宣『徳川さん宅（ち）の常識』3月31日：淡交社
市民葬実行委員会『故岸本建男前名護市長市民葬「逆風張帆」』4月2日
天野宏司『沖縄における郵便路線の展開と変遷―近代日本のネットワーク形成』：文化

情報学（駿河台大学文化情報学部紀要）第 13 巻第 2 号（論文）
■平成 19（2007)年
J. Willett Spalding; *The Japan Expedition, CHPTER Ⅲ SHEUDI*. 2007. Edition Synapse（Reprint Version)
（Original Version）*The Japan Expedition, JAPAN and AROUND THE WORLD, AN ACCOUNT OF THREE VISITS TO THE JAPANESE EMPIRE, WITH SKETCHES OF MADEIRA, ST. HELENA, CAPE OF GOODHOPE, MAURITTIUS, CEYRON, SINGAPORE, CHINA, AND LOO-CHOO*. 1855. REDFIELD（NEW YORK)
■平成 20（2008)年
嘉手納町『新町・ロータリー地区第二種市街地再開発事業事業史：ネオ・カデナ・ルネッサンス～都市再生に向けて～』7 月 5 日（沖縄米軍基地所在市町村活性化特別事業竣工式典・祝賀会)
普天間基地移設 10 年史出版委員会『沖縄普天間飛行場代替施設問題 10 年史「決断」』10 月 25 日：北部地域振興協議会
渋沢栄一『論語と算盤』(1916 年（大正 5 年）初版）10 月 25 日：角川学芸出版（角川ソフィア文庫)
五百旗頭真，伊藤元重，薬師寺克行編『90 年代の証言　岡本行夫　現場主義を貫いた外交官』12 月 30 日：朝日新聞出版
■平成 22（2010)年
島袋吉和『鳩山政権に行き場なし』2 月 1 日：日経ビジネス
小原浩『明治前期における郵便局配置に関する分析』3 月：郵政資料館研究紀要創刊号
『揺さぶられる台湾，「普天間早く移設して」,「日米同盟，地域の安全と安定の要』4 月 25 日付毎日新聞 3 面
『「普天間」現行案回帰，歴史を軽視，大きな代償，不信深めた 8 か月』5 月 24 日付讀賣新聞
『迷走の果て，辺野古回帰，観念した首相，沖縄到来，知事「裏切られた」』5 月 24 日付朝日新聞 2 面
杉野耕一『「普天間」沖縄が吹かせる風』5 月 24 日付日本経済新聞
牧野浩隆『バランスある解決を求めて―沖縄振興と基地問題―』8 月 10 日：牧野浩隆著作刊行委員会
小渕千鶴子『夫，小渕恵三元首相，命を削った 616 日間，連立・サミット…成功願い』10 月 7 日付日本経済新聞 6 面（女が語る政治家の家)
自由民主党政務調査会沖縄振興に関する特別調査会（川口順子委員長）『沖縄振興に関する特別委員会中間報告』10 月 29 日
■平成 23（2011)年
稲嶺惠一『稲嶺惠一回顧録・我以外皆我が師』1 月 9 日：琉球新報社
■平成 25（2013)年
『故宮城茂追悼集』9 月：編集・山城定雄：発行人・宮城俊子
■平成 27（2015)年
公益財団法人対馬丸記念会『対馬丸記念館行幸啓記念誌　平成二十六年六月二十七日』3 月 31 日
古川貞二郎『私の履歴書』10 月 23 日：日本経済新聞出版社

〔参考文献・引用文献〕

■平成 29（2017）年
『本土復帰 45 年の沖縄経済の歩み』5 月：一般財団法人南西活性化センター
『ランキングによる都市の持つ「成長可能性」の可視化～地方創生の成功の鍵はどこに
　あるのか～』7 月 5 日：株式会社野村総合研究所
■平成 31（2019）年
橋下徹『沖縄問題，解決策はこれだ！　これで沖縄は再生する。』1 月 21 日：朝日出
　版社

6. 令和元（2019)年 5 月以降の発刊・公表・記事など（HP を除く：ネット
　　メディアで平成中期の沖縄振興に源流がある HP 記事について，本論・補
　　論・余論に引用。)

■令和元（2019）年
※上原良幸『沖縄経済同友会・地方分権改革委員会講演』8 月 6 日
※安達俊雄『沖縄について思うこと―沖縄担当時代を振り返って―』9 月 24 日
■令和 2（2020）年
飯塚恵子『沖縄，イラク…現場を走る（追悼抄・岡本行夫・外交評論家）』8 月 11 日
　付讀賣新聞夕刊
五百旗頭真，伊藤元重，薬師寺克行編『岡本行夫：現場主義を貫いた外交官（追悼本）』
　12 月 30 日：朝日新聞出版
『沖縄懇話会 30 年記念誌　ともに歩んだ「未来づくり」の軌跡』12 月末日：沖縄懇話
　会
■令和 3（2021）年
岡本行夫『日本にとっての最大の危機とは？：〝情熱の外交官〟岡本行夫・最後の講演
　録』1 月 30 日：株式会社文藝春秋
東村『東村村民の森つつじ園開園 40 周年記念誌』3 月 12 日：東村村民の森つつじ園
　開園 40 周年記念誌編集委員会・東村役場
奥村禎秀『美ら海漂流記』3 月 28 日：新星出版株式会社
日本郵政グループ『すべてを，お客様のために。―郵政百五十年のあゆみ―』4 月 20
　日：日本郵政株式会社
兼原信克『安全保障論』4 月 21 日：日経 BP・日本経済新聞出版部
川瀬弘至『沖縄復帰，40 年自立経済半ば　コロナで観光業打撃　財政依存度は増大
　新計画に「待った」』5 月 15 日付産経新聞 2 面
『尖閣占拠を想定　図上演習　自衛隊・海保・警察　米軍とも連携』6 月 7 日付産経新
　聞 1 面
『返還合意 50 年　沖縄の今①基地返還少しづつ』6 月 16 日付讀賣新聞 1 面
『返還合意 50 年　沖縄の今②対中「最前線」攻防続く　米「台湾有事」に警鐘　政府
　自衛隊の行動具体的に検討』6 月 17 日付讀賣新聞 4 面
杉本康士『沖縄変わる戦略環境　「出撃拠点」から「防衛最前線」に返還協定締結 50
　年』6 月 19 日付産経新聞 3 面
OX メンバー『自立自尊であれ』6 月 30 日：幻冬舎（幻冬舎ルネッサンス新書）
『若者就労，沖縄・群馬 3 倍，県民所得も増加傾向，若い働き手が増えると県民所得は
　向上』12 月 4 日付日本経済新聞 1 面（データで読む―地域再生―）
■令和 4（2022）年
『農業新品種，登録 2.9 倍，北海道・沖縄ブランド戦略で攻勢』1 月 15 日付日本経済新

〔参考文献・引用文献〕

　聞1面（データで読む―地域再生―）
岡本行夫『危機の外交　岡本行夫自伝』4月15日：株式会社新潮社
『沖縄と5人の政治家　経済と基地，探った融和』4月15日付　日本経済新聞夕刊2
　面（政界Zoom)』

※は，「はじめに：「岡本行夫からの伝言」〔令和2 (2020)年4月24日〕」で触れた4
　つのレジュメ。文献は冒頭に記した，安達・上原両氏に加え，神山吉朗，金城正
　秀，尚諭，村上光信，山城定雄の各氏をはじめ，多くの方々から提供を受けた。あ
　らためて御礼を申しあげる。

〈主要年表〉

1853	嘉永6年6月6日	ペリー艦隊訪沖・首里城訪問（スポルディング，旗艦に乗艦）
1872	明治5年3月27日	琉球処分
1879	明治12年4月4日	沖縄県設置
1894～1895	明治27～28年	日清戦争
1896	明治29年4月1日	沖縄県区制導入，那覇区・首里区成立
1908	明治41年4月1日	島嶼町村制導入，間切制廃止
1921	大正10年5月20日	那覇市・首里市成立
1945	昭和20年3月26日～9月6日	沖縄戦
	4月1日	米軍，沖縄本島上陸
	6月6日	海軍次官充て打電
	6月23日	沖縄戦終結日（慰霊の日）
1952	昭和27年4月28日	サンフランシスコ平和条約発効（同条約第3条下の米国の施政）
1953	昭和28年12月25日	奄美群島本土復帰
1965	昭和40年8月19日	佐藤総理訪沖・復帰声明，沖縄問題閣僚会議発足
1967	昭和42年8月16日	沖縄問題等懇談会発足
1968～1970	昭和43年3月～昭和45年5月	日米琉諮問委員会（那覇東町）
	6月26日	小笠原諸島本土復帰
	11月10日	琉球政府主席に屋良朝苗氏当選
1969	昭和44年11月21日	佐藤・ニクソン会談（沖縄返還合意），沖縄復帰対策関係協議会設置
1970	昭和45年5月1日	沖縄・北方対策庁設置
	8月1日	名護市，広域合併により誕生
1971	昭和46年6月17日	沖縄返還協定調印
1972	昭和47年5月15日	本土復帰，沖縄開発庁設置，沖縄振興開発特別措置法施行
	6月17日	佐藤総理退任
1975	昭和50年4月	那覇空港国内線第一ターミナル供用開始
	5月20日	沖縄自動車道開通
	7月20日	沖縄海洋博覧会開幕（～翌年1月18日）
1987	昭和62年1月27日～10月30日	海邦国体
	9月19日～22日	徳仁親王殿下（天皇陛下）沖縄初訪問
1990	平成2年10月9日	沖縄懇話会発足
1991	平成3年6月1日	沖縄セルラー電話設立
1992	平成4年9月23日	第2次沖縄振興開発計画決定
	11月13日	首里城正殿復元一般公開

1993	平成5年4月23日〜26日	行幸啓（23日「沖縄県における特別ご挨拶」（糸満），25日「第44回全国植樹祭」（糸満））

（平成7年〜平成16年）

1995	平成7年2月24日	古川貞二郎氏，内閣官房副長官就任
	8月3日	行幸啓（戦後50年「慰霊の旅」）
	9月4日	少女暴行事件
	10月21日	県民総決起大会
	11月17日	沖縄米軍基地問題協議会設置
	11月19日	SACO合意
1996	平成8年1月11日	第一次橋本内閣
	3月27日	橋本総理，梶山長官，モンデール米大使会談
	4月12日	日米普天間合意，橋本総理，中曽根総理・大田知事に電話
	4月16日〜18日	クリントン米大統領訪日
	5月8日	普天間飛行場等返還作業委員会設置
	6月	岡本行夫氏「沖縄問題は解決できるのか」外交フォーラム緊急増刊号で発表
	6月1日	内閣官房に沖縄米軍基地問題担当室設置
	8月19日	島田懇発足
	8月28日	沖縄代理署名訴訟最高裁判決
	9月2日	翁久次郎氏逝去
	9月8日	県民投票
	9月10日	橋本総理・大田知事会談，総理談話（沖政協設置）
	9月11日	島田懇提言
	9月13日	大田知事公告・縦覧代行手続き応諾
	9月17日	橋本総理「宜野湾スピーチ」，沖政協設置の閣議決定
	9月24日	内閣官房に沖縄問題担当室設置（沖縄米軍基地問題担当室拡充）
	10月1日	※沖縄問題担当室に出向，島田懇会合
	10月4日	沖政協初会合
	11月	ゆいレール着工，※沖縄初出張
	11月7日	第二次橋本内閣
	11月12日	岡本行夫氏，総理大臣補佐官（沖縄問題担当）就任
	12月	那覇NTT104センター開業
	12月2日	SACO最終報告
	12月5日	東アジア社会保障担当閣僚会議（橋本総理基調講演）
1997	平成9年1月20日〜23日	沖政協各PT県庁内開催
	1月27日	島田懇連絡協議会設置
	2月	原島秀毅氏，初代沖縄担当大使（政府代表）就任

〈主要年表〉

	3月	天久新都心地区一部供用開始，※総理府地下講堂で，沖政協10のPTの連合会議
	4月	琉球大学が大学院工学博士課程設置，沖縄セルラー電話店頭公開
	4月23日	駐留軍用地特措法一部改正法施行
	6月9日	島田懇有識者懇発足
	6月17日	島田懇有識者懇初会合
	7月	沖縄政策協議会中間とりまとめ（1〜10PT）
	7月15日〜17日	皇太子殿下・皇太子妃殿下（天皇皇后両陛下）沖縄行啓
	7月24日・25日	開発に関する沖縄会議
	8月6日	沖縄県人材育成海外派遣事業一期生が総理表敬
	9月	NIRA検討調査研究会発足，及川審議官の後任として，安達審議官が着任
	9月1日	沖縄問題担当室員，式典・調査事務を併任，※沖縄復帰25周年記念式典実施本部員に
	9月11日	第二次橋本改造内閣
	10月17日	吉元副知事退任
	11月	NIRA検討調査会中間報告
	11月21日	沖縄復帰25周年記念式典・総理式辞（宜野湾）
	12月8日（一部12月6日）	「北部地域の振興に向けて」発表（村岡官房長官は6日，鈴木沖開庁長官分含め8日），※施設局と総事局にレクチュア
	12月12日	対馬丸船影確認
	12月20日	沖縄経済6団体との意見交換会
	12月21日	名護市住民投票
	12月24日	比嘉名護市長辞意表明，※羽田空港に迎えに
	12月25日	名護市住民投票
1998	平成10年1月	内閣内政審議室長，田波耕治氏から竹島一彦氏に
	1月6日	株式会社電通沖縄設立（県内メディア7社出資）
	1月8日	國場幸一郎氏『もう一度考えよう，振興への情熱・愛情の減退懸念』，琉球新報に投稿
	2月6日	大田知事移設拒否表明
	2月8日	岸本建男氏，名護市長当選
	2月9日	※山中健太郎秘書から電話
	2月10日	山中元沖縄相「党本部コメント」
	3月10日	岡本補佐官退任
	3月16日	通信・放送機構沖縄情報通信研究開発センター・沖縄リサーチセンター開所（沖縄）
	3月27日	NIRA検討調査会最終報告
	4月	琉球大学が海洋環境博士課程を設置
	4月22日・23日	※渡名喜島へ出張
	5月1日	嘉手納外語塾設立

	5 月 13 日	※北東公庫参事来訪
	5 月 24 日	名護 NTT104 センター開業
	6 月 22 日	※牧沖開事務次官からの話
	6 月 23 日	※沖縄問題担当室離任
	6 月 30 日	牧次官退任
	7 月 30 日	小渕内閣
	10 月 4 日	沖縄タイムス『縮小沖縄問題担当室』記事掲載
	10 月 9 日・10 日	第 3 回餌 APEC 沖縄エネルギー大臣会合
	11 月 15 日	稲嶺惠一氏，沖縄県知事当選，沖政協再開
	12 月 10 日	知事任期初日，第 9 回沖政協で調整費 100 億円計上決定
1999	平成 11 年 1 月 14 日	第一次小渕改造内閣
	2 月	名桜大学に留学生センター竣工
	3 月	普天間那覇港湾施設返還支援グループ発足，特別自由貿易地域指定，名護市マルチメディア館竣工
	4 月	琉球大学が総合情報処理センターと沖縄・アジア研究センターを設置，沖縄ポリテックカレッジ大学校化
	4 月 4 日	沖縄尚学甲子園初優勝
	4 月 28 日	小渕総理，野中長官，沖縄サミット最終調整
	4 月 29 日	沖縄サミット開催決定
	4 月 30 日	岡本行夫『沖縄に新しい未来開く機会に』産経新聞 1 面に掲載
	5 月	那覇空港国内線新ターミナル竣工，那覇マルチメディアセンター開所
	6 月	名桜大学に多目的ホール設置，沖縄経済振興 21 世紀プラン中間報告
	6 月 17 日	島田懇有識者懇再開
	7 月 1 日	沖縄自動車道，沖縄特別割引始まる
	7 月 21 日	サミット開催閣議決定
	9 月	かりゆしウェア，沖縄県議会で議会内着用を容認
	10 月	那覇空港内 DFS 指定
	10 月 5 日	第二次小渕改造内閣
	11 月 22 日	稲嶺知事受入れ表明（「県民の皆様へ」），官房長官コメント
	11 月 23 日	沖縄懇話会，沖縄情報通信ハブ国際シンポジウム開催
	12 月 27 日	岸本市長受入れ方針表明，北部振興協議会等 3 協議会発足（沖政協で了解）
	12 月 28 日	普天間飛行場移設に関する政府方針（閣議決定）
2000	平成 12 年 1 月 26 日	沖縄市テレワークセンター開所式
	2 月 10 日	北部協，移設先周辺地域協初会合
	2 月 14 日〜16 日	※谷郵政事務次官の沖縄出張に随行
	3 月	名護市に総合研究所，国際交流会館が竣工
	3 月 26 日	小渕総理，訪沖より帰京の記者会見

〈主要年表〉

	4月1日	小渕総理入院
	4月5日	第一次森内閣
	4月21日	仲井眞会長，沖縄国際情報特区構想調査研究会最終報告を八代郵政大臣に提出
	5月	八重山マルチメディアセンター開所，国際サンゴ礁・モニタリングセンター設置（石垣）
	5月14日	小渕総理逝去
	5月15日	小渕総理，サミット食事メニュー試食予定日
	5月31日	跡地対策協議会初会合，島田懇有識者懇最終報告
	6月	久米島に海洋深層水研究所設置
	6月6日	梶山静六氏逝去
	6月27日	国際会議沖縄開催推進閣議決定
	7月3日	※沖縄郵政管理事務所に赴任
	7月4日	第二次森内閣
	7月21日〜23日	沖縄サミット開催
	8月	沖縄経済振興21世紀プラン最終報告
	8月10日	3元官房長官訪沖
	8月24日	第2回北部協・移設先周辺協（雇用機会の創出と定住条件の整備を目的に）
	9月	名護市議会で国際海洋環境情報センター関連予算取下げ
	11月28日	国立劇場起工（浦添勢理客）
	11月30日	琉球王国のグスク及び関連遺跡群世界遺産登録
	12月1日	行革大綱（閣議決定）で17（2005）年3月まで，市町村合併特例延長
	12月5日	第二次森改造内閣
	12月20日・21日	※北大東村・北大東郵便局訪問
2001	平成13年	名護東道路着工
	1月1日	名桜大理事長，東江康治氏から比嘉鉄也氏に
	1月6日	沖縄問題担当室・沖開庁，内閣府移行，沖縄郵政管理事務所は沖縄総合通信事務所に
	1月27日	※名護市の二見情話大会に参加
	3月16日	※福井忠義さんを偲ぶ会
	3月17日〜20日	※家族で台湾旅行
	4月	糸満市マルチメディアセンター開設
	4月2日	NHK「ちゅらさん」放映開始
	4月5日	第4回沖縄・関西交流セミナー（名護）で，岡本氏基調講演
	4月26日	第一次小泉内閣
	4月29日	小渕総理像除幕式（名護))
	5月	宮古マルチメディアセンター開所
	5月9日・10日	※与那国町・与那国郵便局訪問

	6 月	沖縄自動車道月間利用台数 160 万台に
	6 月 20 日	尾身沖縄担当相，大学院大学設置構想を発表
	7 月	対馬丸記念会組成
	7 月 6 日	※宮古・八重山特定郵便局長会合同会議（平良市）
	7 月 10 日	※内閣府企画官に
	7 月 11 日	末次一郎氏逝去
	8 月 3 日	※北部広域組合事務局で，「3 重の円」を説明
	9 月	公立久米島病院新築
	9 月 11 日	米国同時多発テロ
	11 月	名護市に国際海洋環境情報センター開所
	11 月 15 日	那覇港湾施設移設協議会発足
	12 月 4 日	税制特別措置実現東京大会
	12 月末	※安達審議官と名護に緊急出張
	12 月 26 日	西銘順治氏県民葬
	12 月 27 日	移設主要事項決定
2002	平成 14 年 1 月	那覇港湾管理組合発足，※3 企画官担務（総合調整・北部振興・中長期展望）兼務に
	2 月	恩納村に亜熱帯計測研究センター開所
	3 月	宜野座サーバーファーム開設
	3 月 8 日	※沖縄復帰 30 周年記念式典実施本部員に
	4 月	嘉手納マルチメディアセンター開設，OIST 建設予定地を恩納村に決定，東村につつじエコパーク開所
	4 月 1 日	沖縄振興特別措置法施行，合併で久米島町誕生
	4 月 20 日	沖縄こどもの国リニューアルオープン
	5 月	通信定額制エリア全市町村カバー
	5 月 19 日	沖縄復帰 30 周年記念式典・総理式辞（宜野湾）
	5 月 28 日	※金澤総務事務次官と沖縄出張
	7 月 10 日	沖縄振興計画（4 次振計）策定，金融業務特別地区指定
	7 月 29 日	基本計画閣議決定・使用協定調印
	8 月	オリオンビールとアサヒビールとの包括的業務提携
	9 月 10 日	情報通信特別地区指定同意
	9 月 30 日	第一次小泉第一次改造内閣
	10 月	空港内 DFS 拡充，久辺 3 区まちづくり懇話会発足
	10 月 4 日	泡盛産業活性化調査研究会初会合，※斎場御嶽へ横山補佐と
	10 月 24 日	国立高専開学記念シンポ
	11 月	かんなタラソセンター竣工（宜野座），OIST 第一回国際シンポジウム，名護市中心市街地活性化計画策定調査委員会開催
	11 月 1 日	美ら海水族館竣工式
	11 月 16 日	SARS 発生（中国広東省仏山市）

〈主要年表〉

	11月17日	稲嶺知事再選
	11月21日	高円宮憲仁親王殿下ご逝去
2003	平成15年1月10日	（中部3市町）IT施策に関する連絡協議会開催（沖縄）
	3月25日	つつじエコパーク整備完了（東）
	4月	沖縄市ITプラザ開設，琉球大学が大学院医科学専攻と大学院感染制御医科学専攻を設置
	4月1日	名護市食肉センター操業開始
	4月26日	※嘉手納道の駅開所
	5月	宜野湾市ベイサイド情報センター開所
	5月16日	第3回太平洋・島サミット（名護）
	5月20日	中部3市町IT連絡会議開催（嘉手納）
	6月	那覇市IT創造館開設，那覇市に沖縄キャリアセンター設置
	6月5日	※名桜大学で講演
	6月21日	名護市食肉センター落成式
	7月	万国津梁館拡張工事，島袋光史氏，人間国宝に組踊関係で初認定
	7月5日	橋本元総理「名桜スピーチ」
	7月15日	安達政策統括官退官
	7月18日	那覇港国際コンテナターミナル地区で，2基目のガントリークレーン整備決定（閣議決定）
	8月	具志川市（現，うるま市）に沖縄健康バイオテクノロジーセンター開所，名護市に北部雇用能力開発総合センター設置，対馬丸記念館着工（那覇若狭）
	8月10日	ゆいレール開通
	9月22日	第一次小泉第二次改造内閣，古川副長官退任
	11月15日	奄美群島復帰50周年記念式典
	11月19日	第二次小泉内閣
	12月1日	比嘉元名護市長叙勲祝賀会
	12月2日・3日	第4回アジア原子力協力フォーラム（名護）
	12月上旬	沖縄美ら海水族館約300万人入館達成（本部）
2004	平成16年1月10日	西尾勝ICU教授，沖縄県自治研究講演（離島市町村合併・道州制と沖縄）
	1月18日	国立劇場開場記念式典・祝賀会（浦添勢理客）
	1月18日・19日	古川元副長官訪沖
	1月23日～26日	行幸啓（国立劇場おきなわ開場記念公演ご臨席（23日）及び地方事情御視察）
	2月3日～5日	経団連沖縄投資環境視察ミッション
	2月20日	山中貞則氏逝去
	3月	沖縄市こども未来館（現ワンダーミュージアム）開館
	4月	国立高専学生受入れ開始，沖縄工業高等専門学校産学連携協会発足

	4月1日	仲本薫氏，日本郵政公社沖縄支社長就任
	4月10日	国立高専開校式（名護辺野古）
	4月25日・26日	フィナンシャル・タイムズ紙「沖縄県は首都東京を上回る成長」記事掲載
	6月18日～20日	※名護市，伊江村，石垣市に出張
	6月26日	※末松「分身」氏から「表彰状と任命状」
	7月9日	※内閣府企画官離任
	7月13日	※沖縄担当部局職員レクチュア
	8月13日	沖国大米軍ヘリ墜落事件
	8月22日	対馬丸記念館竣工
	8月25日	※人事院研修でレジュメ発表
	9月27日	第二次小泉改造内閣
	12月	沖縄セルラー電話，ジャスダック上場

（平成17年～令和4年）

2005	平成17年3月	那覇新都心に空港外DFS開業
	3月30日	伊江村民レク広場完成
	4月	琉球大学が観光科学科を設置（国立大学では初）
	4月1日	うるま市誕生
	4月10日～12日	那覇で米州開発銀行総会，皇太子殿下（天皇陛下）行啓
	7月2日	豊平良一氏逝去
	10月1日	宮古島市誕生
2006	平成18年1月1日	南城市発足
	1月28日	※比嘉元名護市長からの琉歌
	2月28日	第28次地方制度調査会（諸井会長），「道州制のあり方に関する答申」で，道州制3区域例すべてで単独の「沖縄州」を提示
	3月27日	岸本名護市長逝去
	4月1日	県立南部医療センター・こども医療センターオープン
	4月2日	岸本名護市長市民葬
	6月20日	泡瀬ゴルフ場跡地に大規模商業施設（ライカムイオン）誘致決定（北中城）
	7月1日	橋本龍太郎氏逝去
	12月10日	仲井眞知事任期スタート
2007	平成19年3月16日	椎名素夫氏逝去
	4月	嘉手納タウンセンター竣工
	7月20日	コザ中心市街地音楽の街づくり整備完了（沖縄）
2008	平成20年4月	琉球大学が観光産業科学部を開設（観光科学科を拡充改組）
	7月5日	嘉手納タウンセンター竣工式典・祝賀会，岡本行夫氏出席
	11月23日	沖縄高専，高専ロボコン全国優勝

〈主要年表〉

2009	平成 21 年 1 月	宜野座村第 2 サーバーファーム供用開始
	3 月	第一回沖縄国際映画祭
	6 月	沖縄 IT 津梁館（パーク）供用開始（うるま）
2010	平成 22 年 5 月 4 日	鳩山総理「学べば学ぶにつけて」発言
	8 月 10 日	※下地元全特沖縄会長を訪問
	11 月 28 日	仲井眞知事再選
2011	平成 23 年 3 月 11 日	東日本大震災
2012	平成 24 年 2 月 26 日	鷲尾悦也氏（島田懇委員）逝去
	3 月 16 日	今帰仁アグー商標登録
	3 月 31 日	※金澤 NTT 副社長と宜野湾市の下地家弔問
	5 月 15 日	第 5 次沖縄振興計画決定
	9 月 23 日	宮城茂氏逝去
2013	平成 25 年 7 月	沖縄セルラー電話 JASDAQ 上場
	11 月 2 日	沖縄都市モノレール延伸起工
2014	平成 26 年 6 月 18 日	沖縄県，国際物流拠点整備計画策定
	6 月 26 日・27 日	行幸啓（対馬丸犠牲者の慰霊）
2015	平成 27 年 2 月 21 日	※立命館大学岡本行夫ゼミで講義
	4 月 5 日	東江康治氏逝去
	4 月 10 日	イオンモール沖縄ライカム開業（北中城）
	9 月 28 日	鹿児島銀行が沖縄支店・事務所を開設
2016	平成 28 年 4 月 19 日・20 日	伊勢・志摩サミット香川高松情報通信大臣会合
	8 月 13 日	下河辺淳氏逝去
	10 月 1 日	小坂憲次氏逝去
2017	平成 29 年 1 月 12 日	宮里昭也氏逝去
	2 月 27 日	原島秀毅氏逝去
	12 月 19 日	崎間晃氏逝去
2018	平成 30 年 1 月 26 日	野中廣務氏逝去
	3 月 27 日〜29 日	行幸啓（沖縄県地方事情ご視察）
	5 月 20 日	香西泰氏逝去
	6 月	比嘉明男氏，日本郵便沖縄支社長に就任
2019	平成 31 年 4 月 11 日	國場幸一郎氏逝去
2019	令和元年 8 月 6 日	OIST，Nature Index 2019 年ランキング（正規化ランキング）で，世界第 9 位，日本第 1 位に
	10 月 1 日	沖縄都市モノレール延伸供用開始
	10 月 21 日	首里城正殿被災
	12 月 25 日	村岡兼造氏逝去
2020	令和 2 年 2 月	岡本行夫氏，伊江島へ
	3 月 26 日	那覇空港第二滑走路供用開始
	4 月 24 日	岡本行夫氏逝去

	5月29日	※岡本アソシエイツより資料返却
	10月	※本書を書き始める
2021	令和3年2月26日	白石武治氏逝去
	4月19日	モンデール氏逝去
	7月31日	名護東道路全線開通
2022	令和4年1月21日	仲宗根正和氏逝去
	3月22日	西尾勝氏逝去
	4月12日	立石信雄氏（島田懇委員）逝去
	4月14日	尾身幸次氏逝去
	4月21日	岡本行夫さんを偲ぶ会
	5月15日	復帰50周年・同式典（沖縄・東京）※本書擱筆

1. 平成7年から平成16年の10年間を中心に記載。その前後は関連事項を記載。
2. ※は著者に関する事項。

【執筆者紹介】

佐藤裁也（さとう たつや）

昭和61（1986）年，郵政省（現総務省）入省。伊東郵便局長，仙台市企画局情報化推進室長を経て，平成8（1996）年10月，内閣事務官（内閣官房内閣内政審議室沖縄問題担当室），翌年9月，沖縄復帰25周年記念式典実施本部員。平成12（2000）年7月，沖縄郵政管理事務所総務部長。翌年7月，内閣府企画官（沖縄政策担当政策統括官室），翌々年3月，沖縄復帰30周年記念式典実施本部員。その後，総務省官房広報室長，情報通信政策課長，消費者行政課長，内閣参事官（内閣官房副長官補付），四国総合通信局長，九州管区行政評価局長，株式会社サンケイビル顧問。現在，西日本電信電話株式会社監査役。

序文	小和田 恆	（元外務事務次官）
	古川貞二郎	（元内閣官房副長官）
解題	五百旗頭真	（兵庫県立大学理事長）

沖縄担当2000日の記録
—— 平成の沖縄振興 ——

2022（令和4）年8月10日　第1版第1刷発行
8502：P288　¥2800E-012-010-005

著　者　　佐　藤　裁　也
発行者　　今井 貴・稲葉文子
発行所　　株式会社信山社
〒113-0033 東京都文京区本郷6-2-9-102
Tel 03-3818-1019　Fax 03-3818-0344
info@shinzansha.co.jp
出版契約 2022-8502-4-01011 Printed in Japan

©著者，2022　印刷・製本／藤原印刷
ISBN978-4-7972-8502-4 C3332 分類323.9000

国際法研究 1〜10号 続刊

岩沢雄司・中谷和弘 責任編集

サイバー攻撃の国際法
タリン・マニュアル2.0の解説

中谷和弘・河野桂子・黒﨑将広

国家による一方的意思表明と国際法

中谷和弘

航空経済紛争と国際法

中谷和弘

国際法先例資料集 1・2 －不戦条約
【日本立法資料全集】

柳原正治 編著

プラクティス国際法講義 (第3版)

柳原正治・森川幸一・兼原敦子 編

《演習》プラクティス国際法

柳原正治・森川幸一・兼原敦子 編

信山社

変革期の国際法委員会

―山田中正大使傘寿記念―

村瀬信也・鶴岡公二 編

実証の国際法学の継承

―安藤仁介先生追悼―

芹田健太郎・坂元茂樹・薬師寺公夫
浅田正彦・酒井啓亘 編

国際紛争の多様化と法的処理

―栗山尚一先生・山田中正先生古稀記念論集―

島田征夫・杉山晋輔・林司宣 編

国際法と向き合う

―捨てる神あれば拾う神あり―

村瀬信也 著

国際人権・刑事法概論 (第2版)

尾﨑久仁子 著

信山社

国際社会における法の支配を目指して　松井芳郎

ヨーロッパ地域人権法の憲法秩序化　　小畑 郁

国際人権法・庇護法研究　　戸田五郎

ＥＵ司法裁判所概説　　中西優美子

〈人権の守護者〉欧州評議会入門　齋藤千紘・小島秀亮

ＰＫＯのオールジャパン・アプローチ
　　―憲法９条の下での効果的取組　　今西靖治

東南アジア外交　　加納雄大

検証可能な朝鮮半島非核化は実現できるか　　一政祐行

核軍縮入門　　黒澤 満

核兵器禁止条約は日本を守れるか　　佐野利男

国際機関のリーガル・アドバイザー　　吉田晶子

信山社

信山社

国際関係と法の支配

小和田恆国際司法裁判所裁判官退任記念

岩沢雄司・岡野正敬 編集代表

〔編集委員：岩沢雄司・岡野正敬・浅田正彦・河野真理子
三上正裕・村瀬信也・薬師寺公夫・柳井俊二〕

【執筆者】
岩沢雄司・岡野正敬・玉田大・江藤淳一・大森正仁・酒井啓亘・佐藤義明
河野真理子・兼原敦子・石塚智佐・柳井俊二・高柴優貴子・松井芳郎・最上
敏樹・杉山晋輔・村瀬信也・長谷川正国・森田章夫・薬師寺公夫・三好正弘
中谷和弘・中村仁威・尾崎久仁子・古谷修一・三上正裕・植木俊哉・吾郷
眞一・佐藤哲夫・廣部和也・西海真樹・坂元茂樹・田中清久・御巫智洋
浅田正彦・青山健郎・廣瀬和子・山影進・田中明彦・山本吉宣・猪口孝
佐藤安信・茂田宏・旭英昭・赤松秀一・角茂樹・金城亜紀／〔随筆〕（論稿執
筆者を除く）加藤良三・兼原信克・竹内行夫・鶴岡公二・林貞行・上川
陽子・小林賢一・佐藤地・望月敏夫・折田正樹・芹田健太郎（掲載順）

信山社